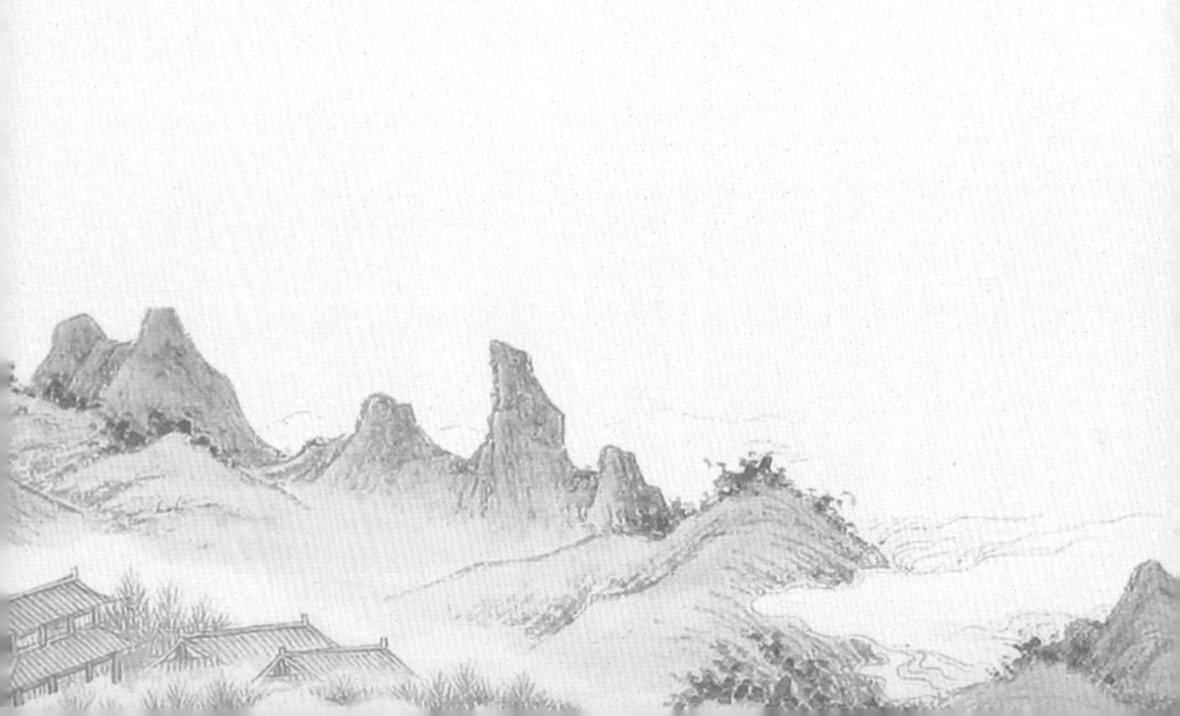

中华
优秀传统文化与社会主义核心价值观研究

ZHONGHUA
YOUXIU
CHUANTONGWENHUA
YU SHEHUIZHUYI
HEXINJIAZHIGUAN
YANJIU

陈永胜 编著

甘肃人民出版社
甘肃·兰州

图书在版编目（ＣＩＰ）数据

中华优秀传统文化与社会主义核心价值观研究 / 陈永胜编著． -- 兰州 ： 甘肃人民出版社，2024.1
ISBN 978-7-226-05988-3

Ⅰ．①中… Ⅱ．①陈… Ⅲ．①中华文化—关系—社会主义建设—价值论—研究—中国　Ⅳ．①K203②D616

中国国家版本馆CIP数据核字(2023)第169879号

责任编辑：李依璇
装帧设计：韩国伟

中华优秀传统文化与社会主义核心价值观研究

陈永胜　编著

甘肃人民出版社出版发行

（730030　兰州市读者大道568号）

甘肃海通印务有限责任公司印刷

开本 710毫米×1020毫米　1/16　印张 17　插页 2　字数 250 千
2024 年 1 月第 1 版　2024 年 1 月第 1 次印刷
印数：1~2000

ISBN 978-7-226-05988-3　　定价：78.00 元

前 言

　　社会主义核心价值观是党的十八大以来以习近平同志为核心的党中央站在以中国式现代化实现中华民族伟大复兴、构建人类文明新形态的战略高度提出的重大创新理论成果，是马克思主义基本原理和中国特色社会主义实践相结合、和中华优秀传统文化相结合的产物，蕴含中华优秀传统文化的思想精华和道德精髓，体现中国特色社会主义的本质规定，反映社会主义制度的本质属性和价值取向。贯穿着马克思主义立场、观点和方法，有着深厚的中华优秀传统底蕴和基因。

　　这一重大理论成果深刻回答了我们要建设什么样的社会主义现代化国家、构建什么样的社会主义和谐社会、培育什么样的现代国家公民等一系列重大理论和现实问题，勾绘出一个国家的价值内核、一个社会的共同理想、亿万国民的精神家园。对于调动一切积极因素、动员激励全国各族人民团结奋斗、增强国家核心竞争力、全面建设社会主义现代化国家、实现中华民族伟大复兴有着十分重要的作用。"文化兴国运兴，文化强民族强。"中华民族的伟大复兴不仅要在经济发展上创造奇迹，也要在精神文化上书写辉煌。

　　1949年10月1日中华人民共和国的成立，开辟了人类新纪元。深刻改变了中国人民和中华民族的前途命运。在古老的中华大地上确立了社会主义基本政治制度、基本经济制度和以马克思主义为指导思想的社会主义意识形态，为社会主义核心价值体系建设奠定了政治前提、物质基础和文化条件。改革开放以来，我国社会主义意识形态建设不断进行新的探索，提出了从建设社会主义核心价值体系到以"三个倡导"为内容，积极培育和践行社会主义核心价值观的重要论断和战略任务。

1978年12月，党的十一届三中全会重新恢复和确立了实事求是的思想路线，坚持把马克思主义与改革开放和我国社会主义建设伟大实践相结合，科学继承了毛泽东思想，创立了邓小平理论，马克思主义在意识形态领域的指导地位不断巩固。

2006年3月，我党提出社会主义荣辱观，继承和发展了我们党关于社会主义思想道德建设褒荣贬耻、我国古代的"知耻"文化传统，同时又赋予了新的时代内涵，深化了我们党对社会主义道德建设规律的认识。

2006年10月，党的十六届六中全会第一次明确提出了"建设社会主义核心价值体系"的重大命题和战略任务，明确提出了社会主义核心价值体系的内容，并指出社会主义核心价值观是社会主义核心价值体系的内核。学界对社会主义核心价值观的概括开始深入探讨。

2007年10月，党的十七大进一步指出了"社会主义核心价值体系是社会主义意识形态的本质体现"。

2011年10月，党的十七届六中全会强调，社会主义核心价值体系是"兴国之魂"，建设社会主义核心价值体系是推动文化大发展大繁荣的根本任务。提炼和概括出简明扼要、便于传播践行的社会主义核心价值观，对于建设社会主义核心价值体系具有重要意义。

2012年11月，党的十八大报告明确提出"三个倡导"，即"倡导富强、民主、文明、和谐，倡导自由、平等、公正、法治，倡导爱国、敬业、诚信、友善，积极培育社会主义核心价值观"，这是对社会主义核心价值观的最新概括。

2013年12月，中共中央办公厅印发《关于培育和践行社会主义核心价值观的意见》，明确提出，以"三个倡导"为基本内容的社会主义核心价值观，与中国特色社会主义发展要求相契合，与中华优秀传统文化和人类文明优秀成果相承接，是我们党凝聚全党全社会价值共识作出的重要论断。

2017年10月18日，习近平同志在党的十九大报告中指出，要培育和践行社会主义核心价值观。要以培养担当民族复兴大任的时代新人为着眼点，强化教育引导、实践养成、制度保障，发挥社会主义核心价值观对国民教育、精神文明创建、精神文化产品创作生产传播的引领作用，把社会主义核心价值观融入社会发展各方面，转化为人们的情感认同和行为习惯。坚持全民行动、干部带头，从家庭做起，从娃娃抓起。深入挖掘中华优秀传统文化蕴含的思想观念、人文精神、道德规范，结合时代要求继承创新，让中华文化展现出永久魅力和时代风采。

2018年3月11日，第十三届全国人民代表大会第一次会议通过中华人民共和国宪法修正案，将"国家提倡爱祖国、爱人民、爱劳动、爱科学、爱社会主义的公德"修改为"国家倡导社会主义核心价值观，提倡爱祖国、爱人民、爱劳动、爱科学、爱社会主义的公德"。

2022年10月16日，习近平总书记在党的二十大报告中深刻阐述新时代如何广泛践行社会主义意识形态，他指出："社会主义核心价值观是凝聚人心、汇聚民力的强大力量。弘扬以伟大建党精神为源头的中国共产党人精神谱系，用好红色资源，深入开展社会主义核心价值观宣传教育，深化爱国主义、集体主义、社会主义教育，着力培养担当民族复兴大任的时代新人。推动理想信念教育常态化制度化，持续抓好党史、新中国史、改革开放史、社会主义发展史宣传教育，引导人民知史爱党、知史爱国，不断坚定中国特色社会主义共同理想。用社会主义核心价值观铸魂育人，完善思想政治工作体系，推进大中小学思想政治教育一体化建设。坚持依法治国和以德治国相结合，把社会主义核心价值观融入法治建设、融入社会发展、融入日常生活。"

在全面建成社会主义现代化强国、全面推进中华民族伟大复兴的新征程上，学习好宣传好阐释好贯彻好社会主义核心价值观，以社会主义核心价值观为引领，发展社会主义先进文化，弘扬革命文化，传承中华优秀传统文化、满足人民日益增长的精神文化需求，巩固全党全国各族人民团结奋斗的共同思想基础，不断提升国家文化软实力和中华文化影响力，是摆在我们面前一项重要而紧迫的战略任务。

本书以《中华优秀传统文化与社会主义核心价值观研究》为题，以习近平文化思想为指导，在深刻理解习近平文化思想"明体达用""体用贯通"理论品格的基础上，努力运用中华优秀传统文化的丰富内容、精神精髓尝试对社会主义核心价值观进行了宣传、研究、阐释、探讨，全书基本内容分为文化概论、爱国是人生的大德、家庭是人生的开始之地、孝道是中华文化的精髓、立德是人生的第一根本、敬业才能创造人生新天地、诚信是维护社会存续的基石、友善是人的本性、自信才能赢得未来等九个方面。在写作方面，为了使社会主义核心价值观更容易让大家理解，在编写过程中尽量体现以下几个方面的特点：一是通俗易懂，让社会主义核心价值观接近百姓生活，通过浅显的语言、生动的事例来说理；二是引经据典，大量引用了古今名人、领袖的经典名句，深化大家对社会主义核心价值观和中华优秀传统文化的理解。

之所以把这一具有重大理论意义和实践价值的选题作为研究主题，主要是基于以下两个方面的考虑：

一是从历史的角度来看。近代以来中华民族经受了国家蒙辱、人民劫难、文明蒙尘，中华民族遭受了前所未有的劫难。究其原因，其中重要一条就是文化的保守衰落。为了寻求国家价值内核、实现社会的共同理想，构建国民的精神家园，中国人民以马克思主义为指导，在精神文化领域上下求索，经历了从文化自卑到文化自信再到文化自觉的涅槃重生，诚如毛泽东指出，"自从中国人学会了马克思列宁主义以后，中国人在精神上就由被动转入主动。从这时起，近代世界历史上那种看不起中国人，看不起中国文化的时代应当完结了。伟大的胜利的中国人民解放战争和人民大革命，已经复兴了并正在复兴着伟大的中国人民的文化"。艰难困苦，玉汝于成，社会主义核心价值观的提出正是中华民族上下求索结出的精神文化硕果。她是我们把稳人生奋斗的梦想之舵、是复兴中华民族的精神之钙，是实现强国目标的兴国之魂。

二是从现实需要来看。中华民族面临百年未有的变局，当代中国的思想文化领域呈现出思想相互激荡、内容包罗万象、形态多元多样、生态纷繁复杂的"文化图景"，面对世界范围思想文化交流交融交锋形势下价值观较量的新态势，国际敌对势力加紧对我国实施西化分化战略，思想文化领域是西方敌对势力长期渗透的重点领域。解决这一系列我国现代化建设过程中面临的困难和挑战，我们必须建强建牢建好我国社会主义核心价值观，发挥价值观念在社会文化中的中轴作用，打造引领时代发展的社会主义核心价值体系，激发社会主义核心价值观的影响力引领力塑造力，筑牢中华民族伟大复兴的精神家园、思想基础。

社会主义核心价值观只有植根本国、本民族历史文化沃土才能根深叶茂。中华优秀传统文化源远流长、博大精深，是中华文明的智慧结晶，是中华民族在长期历史演进中形成的宝贵精神财富，凝聚着丰富的思想智慧，涵养着中华民族的精神气质，与社会主义核心价值观具有高度契合性。不断推进社会主义核心价值观与中华优秀传统文化的结合融合，既是实践要求，也是人民群众的期盼。习近平总书记在文化传承发展座谈会上强调："'结合'的结果是互相成就，造就了一个有机统一的新的文化生命体，让马克思主义成为中国的，中华优秀传统文化成为现代的，让经由'结合'而形成的新文化成为中国式现代化的文化形态。""只有全面深入了解中华文明的历史，才能更有效地推动中华优秀传统文化创造性转化、创新性发展，更有力地推进中国特色社会主义文化建设，建设中华民族现代文明。"

2023年11月13日

目 录

第一章　文化概论 /001

　第一节　文化是人生存意义之网 /001

　　一、文化是精神生产的创造物 /002

　　二、文化是保持社会稳定和同一性的精神加固器和黏合剂 /007

　第二节　我们为什么学文化 /011

　　一、我们处在中国特色社会主义新时代 /011

　　二、时代新人要以民族复兴为己任 /013

　　三、树立正确的人生观 /014

　第三节　文化与我们的成长 /017

　　一、文化与我们的生活方式息息相关 /017

　　二、文化增强了我们的社会归属感 /020

　　三、文化教会我们热爱生活 /021

　第四节　文化教给我们活着的意义 /023

　　一、活着，是一种积极的人生态度 /023

　　二、放弃活着，是一种病态 /026

第二章　爱国是人生的大德 /029

　第一节　国是千万家 /029

一、优秀传统家风对青年一代的影响 / 030

二、积极弘扬优秀传统家风的路径 / 033

第二节 国泰才能民安 / 037

一、加强当代青年人的爱国主义教育 / 037

二、提高当代青年对国家、社会、民族的责任感 / 042

第三节 国之本在民 / 045

一、提高教育质量，促进教育公平 / 047

二、增加就业机会，转变就业观念 / 048

三、提高人民收入，缩小贫富差距 / 048

四、完善社会保障体系，增强人民的幸福感和获得感 / 048

五、提高人民健康水平，实现健康中国 / 049

六、完善住房供应体系，提供更舒适的居住环境 / 049

七、加强生态文明建设，实现美丽中国 / 050

第四节 国为人生提供了奋斗的舞台 / 051

一、维护和推进祖国统一 / 052

二、促进民族团结 / 055

三、增强国家安全意识 / 056

四、弘扬爱国奋斗精神 / 057

第三章 家庭是人生的开始之地 / 059

第一节 家庭是社会的基本细胞 / 059

一、天下之本在于家 / 059

二、社会和谐归于家 / 061

三、道德建设源于家 / 063

第二节 家庭是人生的第一所学校 / 066

一、良好的家庭教育和家庭环境是个人成长的基础 /066

　　二、特定的家庭氛围是个人社会化的关键 /068

　　三、注重家庭建设，传承良好家风 /070

第三节　父母是孩子的第一榜样 /072

　　一、正确认识父母教育的重要性 /072

　　二、父母做好孩子榜样的标准所在 /073

　　三、发挥父母榜样作用的重要路径 /075

第四节　人生从家庭开始 /079

　　一、发挥好家庭教育的作用 /079

　　二、新时代家庭教育的主要内容 /081

　　三、家庭教育的时代价值 /084

第四章　孝道是中华文化的精髓 /086

第一节　"我从哪里来"是孝的根蒂 /086

　　一、孝道起源追溯 /087

　　二、孝之内涵与外延 /089

　　三、孝道的基本要义 /090

第二节　孝老爱亲是中华民族的美德 /092

　　一、孝之价值意蕴 /093

　　二、正确理解孝老爱亲 /095

　　三、弘扬孝老爱亲，传承传统美德 /096

第三节　小孝在于爱家爱亲友，担当作为 /099

　　一、"孝"乃齐家之要 /099

　　二、爱家爱亲友是小孝的重要条件 /102

　　三、小孝要求担当有作为 /104

第四节　大孝在于爱国爱民 / 105

一、大孝乃治国之道 / 105

二、爱国爱民提升大孝的境界 / 108

三、大孝要求忠诚祖国 / 110

第五章　立德是人生的第一根本 / 114

第一节　立德在于树人 / 114

一、人无德不立 / 115

二、立德是人之为人的前提 / 117

三、立德在于树人 / 119

第二节　道德是人生的第一根本 / 121

一、家庭美德是立业立家的第一根本 / 122

二、职业美德是干事创业的第一根本 / 125

三、社会公德是公共生活的第一根本 / 128

第三节　好品德是每一个人的修为 / 131

一、个人品德需要不断地通过道德修养加以提升 / 132

二、加强道德修养，锤炼品德修为 / 134

第四节　仁爱尚德是构建和谐社会的重要前提 / 137

一、社会主义道德是构建和谐社会的核心原则 / 137

二、中华传统美德是构建和谐社会的道德资源 / 139

第六章　敬业才能创造人生新天地 / 142

第一节　勤勉敬业是中华民族优秀品质和优良传统 / 142

一、勤勉敬业的主要内涵 / 143

二、勤勉敬业的历史传承 / 145

三、大力弘扬勤勉敬业 / 147

第二节　敬业是社会主义核心价值观的应有之义 /149

一、敬业是社会主义核心价值观在公民层面的价值要求 /150

二、敬业的核心要求 /152

三、把敬业的要求变成自觉奉行的信念理念 /154

第三节　敬业爱岗是干事成事的基础 /156

一、敬业是立业之本 /157

二、"干字当头"是爱岗敬业的基础 /159

第四节　勤业敬业才能谱写人生事业的华彩篇章 /163

一、在勤业敬业中谱写人生华彩篇章 /163

二、勤业敬业是实现个人价值的必要条件 /166

第七章　诚信是维护社会存续发展的基石 /170

第一节　诚信是做人之本 /170

一、"诚"与"信"的词源解释 /171

二、认识现代诚信概念 /173

三、诚实守信至关重要 /174

第二节　守诚信是做事的第一要务 /176

一、检视诚信缺失现象 /176

二、诚信缺失原因分析 /179

三、加强诚信体系建设 /181

第三节　诚信守法是和谐社会的基础 /183

一、诚信守法是建立和谐人际关系的准则 /184

二、诚信守法是维护市场秩序和谐的链条 /185

三、诚信政府是推进政治生活和谐的基石 /187

第四节　诚信赢得尊重，赢得尊严 /189

一、诚信具有正当性 /190

二、诚信是价值共识 /193

三、诚信之现代意蕴 /196

第八章 友善是人的本性 /198

第一节 友善是做人之要 /199

一、友善观念传统溯源 /199

二、现代友善丰富内涵 /201

三、友善美德必不可少 /204

第二节 利他是友善的第一前提 /206

一、善待他人是利他基础 /206

二、帮助他人是利他核心 /208

三、成就他人是利他灵魂 /210

第三节 友善是赠人玫瑰手有余香的美德 /211

一、培育友善观念 /212

二、提高友善修养 /214

三、践行友善美德 /216

第四节 友善是社会最温暖的美景 /218

一、友善温暖个人 /218

二、友善温暖社会 /221

第九章 自信才能赢得未来 /225

第一节 相信自我才能迈出成功的每一步 /225

一、自信的基本含义 /226

二、自信的四层维度 /228

三、自信与成功的逻辑联系 /229

第二节 自信需要能力与梦想比翼齐飞 /231
 一、能力是自信的基础要素 /231
 二、梦想是自信的重要导向 /233
 三、树立正确的自信观 /234

第三节 文化自信是最深沉最基本的力量 /235
 一、新时代文化自信的生成逻辑 /236
 二、文化自信的提升路径 /240

第四节 自信方可赢得未来 /245
 一、自信的力量 /246
 二、自信开创美好未来 /248

后 记 /253

第一章 文化概论

在中国古代,"文"的本义是花纹,引申为后天形成的品德、修养。"化"的本意是改易,包括从无到有的"造化"和宇宙生成后的"演化",在古代典籍里多代指"教化"。当代对文化的定义总的来说不外乎广义和狭义两种,广义的文化是以人类与非人类的分野作为立论依据,指人类社会历史实践过程中所创造的物质财富和精神财富的总和,它的外延涵盖物质创造和精神创造的全过程,因此,广义的文化是一个历史概念,是一个传承发展综合概念。而狭义的文化又称人文文化,指某一社会集体(民族或阶层)在长期历史发展中经传承累积而自然凝聚形成的共有的人文精神,即社会意识形态,以及与之相适应的制度和组织机构。在日常生活中,我们经常所提及的文化多指代狭义的文化概念。

第一节 文化是人生存意义之网

据不完全统计,时至今日,人们关于文化是什么的答案有近三百种之多。为什么大家都讲文化,可是又没有任何人能明确地说出什么是文化呢?这是由文化的特性决定的,文化具有广泛的渗透性,每一个领域都可以从自己的角度给文化下一个定义,形成了文化多元化的、各具特色的定义,使得文化很难被给予一个统一的、确切的、大家一致赞成的定义。从当今国内具有说服力和影响力的几种文化定义来看,文化具有以下共同点:

一、文化是精神生产的创造物

对文化本质的理解歧见毕呈、众说纷纭,但在国内有一种非常流行的、占主导地位的说法:文化就是人化。

从人的角度考察文化,把人与文化结合起来,原则上是正确的。文化是人创造的,而人又是文化的产物,把人与文化割裂开来,既不能正确理解文化也不能正确理解人。但是,如果我们仅仅在人与文化的两级结构中思维,脱离人与文化借以存在的社会,往往陷入自相矛盾。

文化极具个性,一经产生便独具风格。不同时代、民族和地区的文化存在着差异性和多样性。既然文化是人创造的,为什么文化呈现得如此多样?我们只能说人是具体的、多样的,所以文化也是多样的,可为什么人是多样的?为什么不同时代、不同民族、不同地区的人会有所不同呢?因为文化是多样的,作为文化产物、文化凝结物的人是多样的。我们用人来解释文化,又用文化来解释人,我们自以为在做解释,实际上是在人与文化的怪圈中循环。德国当代著名哲学人类学家兰德曼力图解决这个矛盾,他认为,"每一个人首先为文化所塑造,只是然后,他或许会成为一个文化的塑造者"。他还说:"对于个体来说,不仅平常的人,甚至最伟大的天才,他之作为被文化所形成的人远甚于作为文化的形成者。"① 尽管分清了主次,但他的观点仍然局限在人与文化的圈子之中。

文化就是人化的定义,往往导致两个理论失误:

第一,唯心主义的大文化观认为文化就是人化。凡人类所创造的一切

---

① [德]马克思·舍勒.哲学人类学.北京:北京师范大学出版社,2014:217、229.

都是文化,这样,一些学者便把文化分为三个层次:观念文化,即人们的哲学、道德、法律、艺术、信仰等;制度文化,即各种经济制度、政治制度和各种组织;物质文化,即生产工具、物质产品以及各种建筑物、器皿等。在他们看来,物质文化和制度文化是文化的表层,最深层的是观念文化,物质文化和制度文化是观念文化的投影,可观念文化从哪里来?决定观念文化最深层的东西是文化心理结构,不过困境并不会因此轻易摆脱,人们还是要问:心理结构是如何形成的?据说是文化的积淀,可文化又从哪里来?据说是心理结构的外在表现。这无非是把人与文化的关系做了循环解释,变为人化与文化心理结构的相互解释。

第二,抽象人本主义的文化观。为了摆脱人与文化相互解释的困境,有的学者进一步肯定,文化是人的本质的展现;有些学者认为文化是人摆脱了一切强制条件向自己本性的复归。至于人的本质是什么,各持己见,有的认为是自我意识,有的则认为是理性和精神,总之是人把自己内在的东西,如自我意识或理性外化为文化,实质上这种看法是一种抽象人本主义的观点。费尔巴哈就把人化看成人的固有内在本性的发挥,他认为精神作品不是由人以外的客观事物创造的,而是在于人自身。

文化当然与人密不可分,文化是人类社会特有的,是自然物与社会存在的分界线。落霞、孤鹜、秋水、长天是自然,可"落霞与孤鹜齐飞,秋水共长天一色"的审美意境是文化;树木花草、山水虫鱼是自然,可公园里的湖光山色、鸟语花香属人文景观。毫无疑问,不同的文化凝结着人们不同的智力发展水平、不同的思维方式、不同的价值观念和审美情趣,但不能说文化是人的本质的展示和显现,因为,人并没有永恒不变的抽象本质。人在展示自己的精神世界、创造力、价值观念和审美观念之前,必须获得这些,为了从内到外必须从外到内。因此,在考察人与文化关系时不应以人的抽象本质为中介,而应充分考虑到人的社会性和实践性,如果离开了这个基点,不把文化回归为人的本质、回归为人的自我意识和理性，就不可能说明人的精神创造力的源泉，也不可能说明人的精神活动的社会制约性和文化延续性，从而导致对人与文化相互关系的理解难以突破抽象人本主义的樊篱。

国外一些哲学家和文化学家不赞同对文化的人本主义解释，例如，美国著名的人类学家莱斯利·怀特就反对把文化和人联系在一起，他强调用文化来解释文化，把文化看作人类创造和运用符号的能力以及在此基础上建构的文化系统的自我决定和自我运动。用怀特的话说："文化是自成系统的，它既是依据自己的原则和规律而运行的一种事件和过程，并仅能根据它自己的因素和过程来加以解释。这样，文化可被认为是一种自足、自决的过程，人们只能根据文化自身来解释文化。"[1]怀特把文化看成一个系统，强调要研究文化自身的过程和规律以及文化的延续性和继承性是有启发的，但他把文化和人割裂开来，只强调用文化来解释文化，把文化看成是自我决定的独立系统。实际上是把人的精神世界及其产品变成不依赖人的客观精神，也即一个与人无关的绝对观念的世界。这是把用文化解释文化的观点推到极端，把某些合理性的认识变成谬误。其实，如果离开了人的实践活动，抽象掉在人的活动中形成的经济关系和政治关系，文化就变成无源之水、无本之木，变为纯粹主观自生的东西，这就从另一条道路走向了文化神秘主义。

我们要想正确理解文化的本质，科学地、历史地把握人与文化的关系，就应该摆脱大文化观把人的一切创造物都称为文化的观点的束缚，把文化看成是由知识、信仰、哲学、法律、道德、艺术、风俗习惯等组成的观念形态。文化当然是由人所创造的，不过，它是处于一定社会形态中的人，直接或间接、自觉或自发地为适应和改造自己生存的环境（自然环境和社会环境）而进行精神生产的产物。

---

[1]［美］莱斯利·怀特.文化科学——人和文明的研究（序）.杭州：浙江人民出版社，1988：2.

物质生产方式制约着精神生产，从事精神生产的人，生活在一定的社会形态之中，他们不可能越出自己社会许可的范围创造自己的文化。尽管影响文化的因素是多样的，文化与经济的联系也由于许多中间环节而变得模糊，但物质资料生产方式在精神生产中的最终决定作用是确定无疑的。毛泽东同志关于文化的定义是非常著名的，他说："一定的文化（当作观念形态的文化）是一定社会的政治和经济的反映，又给予伟大影响和作用于一定社会的政治和经济；而经济是基础，政治则是经济的集中的表现。这是我们对于文化和政治、经济的关系及政治和经济的关系的基本观点。"[1]这种观点与用人的本质解释文化，或用文化解释文化是截然不同的。

马克思曾经非常尖锐地批评把精神生产同物质生产对立起来的观点，特别是强调要从具体的社会经济形态来考察特定时期的文化，他指出："要研究精神生产和物质生产之间的联系，首先必须把这种物质生产本身不是当作一般范畴来考察，而是从一定的历史形式来考察。例如，与资本主义生产方式相适应的精神生产，就与中世纪生产方式相适应的精神生产不同。如果物质生产本身不从它的特殊的历史的形式来看，那就不可能理解与它相适应的精神生产的特征以及这两种生产的相互作用，从而也就不能超出庸俗的见解。这一切都是由于'文明'的空话而说的。"[2]

既然物质生产决定精神生产，因此随着物质生产的发展，人类的文化也是进步的，认为人越来越堕落的观点是违背历史事实的。但文化的进步不同于生产的进步，生产力发展是沿着上升路线前进的，生产方式的更迭也是如此，处在社会发展更高阶段的人，不会再回到过去，采用过时的生产工具和生产方式。文化的发展则不同，古希腊直至罗马帝国的哲学包含着人类天

---

[1] 毛泽东.毛泽东选集（第2卷）.北京，人民出版社，1991:663—664.
[2] 中共中央马克思恩格斯列宁斯大林著作编译局.马克思恩格斯全集（第26卷第一册）.北京，人民出版社，1972：296.

才的智慧，古代的史诗和神话具有永久的魅力，中国春秋战国时期的诸子百家所代表的中国文化是史上的黄金时代，而且文化越古老，就越具有历史价值，尽管当今的不锈钢和玻璃器皿比出土的古代陶瓷瓦罐要漂亮得多、实用得多、坚固得多，但他们不具有文化历史价值，因为陶瓷瓦罐代表的是人类历史的足迹，是一个已经逝去的永远不会重复的年代。物质生产和精神生产的非同步性与不平衡性是存在的，但我们不能说，精神生产沿着下降路线是与物质生产的上升路线背道而驰的，我们应该说，文化同样是进步的，不同的是文化不像生产力进步那样是加速度的，如不停旋转的陀螺那样，而是如同万里群山，不断地有高峰和低谷。某一个民族有自己突出的文化发展高峰期，但可能随之而来的是文化的湮没、文化传统的中断或跌入发展的低谷，这种情况在人类历史中并不罕见。为此，文化发展是曲线的，但它归根结底是以物质生产为轴心而起伏波动的。

如果文化是观念形态，何以解释文明可以区分物质文明和精神文明呢？在这里关键是文明和文化的区别，这两者可以交叉和部分重叠，但绝不等同。文明是标志社会进步的范畴，物质文明以生产工具和物质产品来表明社会进步的程度，由于衡量社会的标准是多方面的，所以文明区分为物质和精神两个方面；文化则不同，文化是表示社会形态结构的概念，它从精神生产的角度表明社会的构成和层次，如果泛文化化，把人类所创造的一切都称为文化，势必混淆物质生产和精神生产的界限，使整个社会结构模糊不清、难以分辨。

或许有人认为文化不限于观念，它有其物质表现，例如，故宫的建筑、苏州的园林、敦煌的石窟、普陀的庙宇、王羲之的书法、齐白石的绘画等。的确如此，文化不是完全存在于人的头脑之中的，它有物质载体，这种载体不仅是语言、文字符号系统，而且表现为实物，但实物之所以表现文化并不在于实物自身，而在于它所表现的文化观念；建筑的文化价值不在于砖头瓦块、钢材木料,而在于它的风格;书法的文化价值不在于文房四宝,而在于透过文字所表现的风骨和神韵。离开了作为观念形态的文化,所有的实物无非是僵死的材料,并不具有文化价值。这种看法不同于大文化观,因为在这里,物质仅限于文化观念的载体或外部表现,而不是泛指社会物质生产方式和人类的一切物质活动,人类社会的经济关系不属于文化范畴,而是作为观念形态的文化借以产生的经济结构。

二、文化是保持社会稳定和同一性的精神加固器和黏合剂

文化是包括多种形式在内的复合体。在阶级社会中,有的文化有阶级性,有的没有阶级性;有的政治性强,有的政治性弱,而且各有特殊效用。但文化作为一个系统,任何阶级社会占主导地位的文化中的意识形态部分,都起着维护社会稳定、保持社会延续的精神支柱作用,这种作用集中反映了阶级社会中文化的阶级性和政治性。

人的种族延续是通过生物遗传,而文化则是社会遗传的一种形式。这种遗传的社会作用,就是通过文化塑造与特定社会制度要求相一致的人,从而维护社会的同一性和稳定性。

文化之所以能起到这种作用,是因为文化尽管属于精神生产,但它可以通过语言文字以及其他物质载体,使其由个人意识变为社会意识,由主观精神变为客观精神,从而形成一种社会文化环境。我们每个人都生活在某种文化体系处于主导地位的社会中,它将对我们每个人的一生产生巨大的影响。所谓人的社会化过程,就是接受文化的培育和熏陶的过程,即使没有受过正规教育,但社会风气和家庭环境,从小的耳濡目染,也往往使人被这种社会所"同化"。文化的确是在个体之外,不受单个意志支配而对个人具有强大制约作用的力量,生活在某一社会中的人可能无法直接感受文化的这种强制力量,这是因为我们习惯这种社会,习惯这种文化,习惯这种思维模式、价

值观念和行为规则，正如生活在地球上的人并不感到空气的压力一样。可是当人们一旦试图反抗陈旧的社会制度，文化的强制力量就会非常明显地表现出来，会被持守旧价值观念的人视为"叛逆"。所以，主体文化的一个重要作用，是培养一代又一代人对该社会制度的归属感和认同感。

西方发达资本主义国家的相对稳定和苏联的解体与蜕变，都极其鲜明地向我们表明了在社会主义和资本主义两种制度的斗争中，文化尤其是其中的意识形态部分是一个极其重要的领域，它既是西方资本主义制度赖以稳定的精神支柱，又是苏联社会主义溃败的一个重要原因。

自从《共产党宣言》宣告资本主义丧钟已经敲响后的一个半世纪中，西方发达资本主义国家尤其是美国，在几经危机之后仍然保持它的相对稳定的态势，无产阶级革命处于沉寂的低潮，在经历了20世纪上半叶的俄国、中国、东欧的革命风暴的震荡后，资本主义的航船又驶进了平静的港口。为什么？经济当然是重要原因，美国的经济实力是强大的，科技革命推动了生产力的发展，海外市场与投资，使得美国成为富裕的发达国家，它有可能通过政策使国内的失业和贫困处在不危及社会延续的水平。与此同时，我们绝不能忽视意识形态在资本主义稳定中的强大力量。首先是它的社会政治理论，立场坚定，旗帜鲜明，丝毫没有淡化意识形态，它的全部理论，最终集中到一点就是维护"自由"的资本主义制度，反对"极权"的社会主义制度。即使是友好人士，在涉及基本制度和基本理论问题时，原则性都是非常强的。例如，在《1999：不战而胜》这部著作中，作者明确宣称："苏联人企图不战而胜。我们的回答不能仅仅是不战而和。我们也必须争取不战而胜。""苏联人的目标是建立一个共产主义的世界，我们的目标是建立一个人民有权选择谁统治他们以及如何统治他们的自由世界。苏联人相信历史站在他们一边，我们必须保证在编写21世纪的历史时，历史站在我们这一边。"①这不仅是作者个人的观点，而且代表了西方资产阶级及其思想理论的整个政治趋向。

在资本主义社会中，在经济和政治上处于支配地位的统治阶级，要在思想文化中处于支配地位，必须培养自己的理论家，这些人"是这一阶级的积极的、有概括能力的思想家，他们把编造这一阶级关于自身的幻想当作谋生的主要源泉"。②没有本阶级的理论家、思想家，就很难实现主体文化的社会支柱作用。可要真正发挥文化维护社会同一性的作用，仅仅依靠"精品文化"即高深的理论思想著作是不够的，还必须面对大众，通过所谓大众文化发挥它的作用。毫无疑问，大众文化中有不少属于娱乐性、消遣性和精神享受的东西，但其中往往渗透着由思想家、理论家炮制出来的有利于该社会的理论观点和价值观念，不过这些观念不是以专著、论文的形式，而是借助于听觉和视觉，以通俗的、易于接受的方式出现的。资本主义社会的大众文化，由于意识形态的渗透，不仅为他们带来大量的利润，而且为支撑、巩固资本主义制度起着高雅文化所无法起到的作用。正因如此，统治阶级自然会千方百计地来加以扶植和灌输。

如果说，富有统治经验的西方资产阶级比较成功地利用了自己的文化领导权，发挥了文化的意识形态功能，那苏联的解体和社会主义的挫折则从另一个方面提供了教训。俄国十月革命后，在经济方面的成就并不小，虽然它经历了国内战争和第二次世界大战的破坏，可在工业和科技方面成就仍然是巨大的，在20世纪70年代之前，它由沙皇时代的俄国变为欧洲第一、世界第二、与美国争霸的超级大国，这是有目共睹的。它的落后和陷入经济混乱主要在70年代之后，经济停滞、生活水平下降，引起群众不满，这说明如果

---

① [美]理查德·尼克松.1999：不战而胜.北京：世界知识出版社出版，1989：12.
② 中共中央马克思恩格斯列宁斯大林著作编译局.马克思恩格斯全集（第3卷）.北京，人民出版社，1960：53.

不发展生产力，不改善群众生活，在两种制度的斗争中，社会主义很难得到巩固。然而，同样不可忽视的重要原因是思想领域。俄国革命是在一个落后的国家实现的，所谓落后，不仅是经济落后，而且是文化落后，即文盲充斥、教育不普及、人的文化素质低，这种状况对于夺取政权似乎并无妨碍，因为革命更易发动，而且革命者和统治者处在同样的文化背景下较量，可一旦取得政权，在社会主义建设过程中，文化因素就显示出它的重要作用。尽管落后国家的社会主义革命，有可能跨过资本主义的"卡夫丁峡谷"，但绝不能在一个落后的经济和文化基础上建立一个稳固的社会主义制度。无产阶级的新政权必须在狠抓经济建设的同时，狠抓思想文化建设，特别是社会主义国家，必须坚持马克思主义指导，坚持文化建设的社会主义方向。十月革命后，在斯大林执政期间，犯有"左"的和教条主义倾向的错误，在文化建设中，没有解决好马克思主义如何与俄罗斯文化结合的问题，从对亚历山大洛夫《哲学史》的批判看，以及从对黑格尔的评价看，表现的是一概排斥的态度，在大中小学校虽设有马克思主义政治课，但往往流于形式，没有把培养和塑造社会主义新人放在首位；1956年以后又偏向于另一面，由全盘否定斯大林，发展到否定列宁主义，否定马克思主义，除西方资产阶级的政治思想、社会民主主义思想广泛传播外，突出的是俄罗斯民族主义思想泛滥。苏联的教训充分证明，马克思主义必须与传统文化相结合，必须对传统文化进行分辨、梳理和合理继承，一概否定的结果必然是陈旧思想的卷土重来，这是社会主义文化建设的一个重要课题。

在这里只是讲述了主体文化功能的一个重要方面，实际上，文化功能有很多，它对人类知识的积累、人的主体素质的提高、社会的进步以及生活的丰富和美化都起着十分重要的作用。我们对文化的各种形式和功能应该具体分析、深入研究，但我们在建设有中国特色社会主义文化的进程中，绝不能把非意识形态化和非政治化作为我们文化建设的指导原则。

第二节 我们为什么学文化

时代之河川流不息,每一代人都要面对和回答时代的问卷。我们所处的新时代,是中国特色社会主义新时代,也是生活在这个时代的人们成长成才、成就事业、不容辜负的好时代。在当代,人们应珍惜历史机遇,胸怀实现中华民族伟大复兴的中国梦,肩负接续奋斗的光荣使命,坚定理想,增强本领,勇于担当,提升思想道德素质和法治素养,立志成为有理想有本领有担当的时代新人,这就是我们为什么学习文化的主要原因。对于个人,学习文化有助于形成正确的人生观,把自己的人生追求同国家发展进步、中华民族伟大复兴、人民伟大实践紧密结合起来,通过不懈努力实现人生价值。

一、我们处在中国特色社会主义新时代

怎样处理好理想与现实、个人与集体、竞争与合作、权利与义务、自由与纪律、生活与工作等方面的关系,做什么样的人,怎样做人,怎样的生活才有意义,怎样的人生追求才有价值等一系列的人生课题,都需要我们去观察、思索、选择、实践。步入人生新阶段,确立新目标,开启新征程,需要对新时代有更深入的了解和真切的感悟。

新时代是我们理解当前所处历史方位的关键词。中国特色社会主义进入新时代,意味着近代以来久经磨难的中华民族迎来了从站起来、富起来到强起来的伟大飞跃,迎来了实现中华民族伟大复兴的光明前景;意味着科学社会主义在21世纪的中国焕发出强大生机活力,在世界上高高举起了中国特色社会主义伟大旗帜;意味着中国特色社会主义道路、理论、制度、文化不断发展,拓展了发展中国家走向现代化的途径,给世界上那些既希望加快发展、又希望保持自身独立性的国家和民族提供了全新选择,为解决人类问题

贡献了中国智慧和中国方案。这个新时代，是承前启后、继往开来、在新的历史条件下继续夺取中国特色社会主义伟大胜利的时代；是决胜全面建成小康社会、进而全面建成社会主义现代化强国的时代，是全国各族人民团结奋斗、不断创造美好生活、逐步实现全体人民共同富裕的时代；是全体中华儿女勠力同心、奋力实现中华民族伟大复兴中国梦的时代；是我国日益走近世界舞台中央、不断为人类作出更大贡献的时代。身处新时代，勤劳勇敢的中国人民更加自信自尊自强，中国这个古老而又现代的东方大国朝气蓬勃、气象万千；中国特色社会主义道路、理论、制度、文化焕发出强大生机活力，奇迹正在中华大地上不断涌现。

中国梦是历史的、现实的，也是未来的。它凝结着无数仁人志士的不懈努力，承载着全体中华儿女的共同向往，昭示着国家富强、民族振兴、人民幸福的美好前景。今天，在习近平新时代中国特色社会主义思想的指引下，中华民族的追梦之路更清晰、筑梦之基更坚实、圆梦之策更精准。站在新时代的起点，我们比历史上任何时期都更接近中华民族伟大复兴的目标，比历史上任何时期都更有信心、有能力实现这个目标。

中国梦是国家的、民族的，也是每一个中国人的。只有每个人都为美好梦想而奋斗，才能汇聚起实现中国梦的磅礴力量。在实现民族复兴梦想的伟大征程中，人们不懈追求的梦想始终与振兴中华的责任担当紧密相连。在革命战争时期，无数仁人志士满怀革命理想，为争取民族独立、人民解放冲锋陷阵、抛洒热血；在社会主义建设时期，共和国的建设者响应党的号召，在新中国的广阔天地忘我劳动、艰苦创业；在改革开放时期，改革开放的先锋和闯将发出了"团结起来、振兴中华"的时代强音，为祖国的繁荣富强开拓奋进、锐意创新。新时代属于每一个人，每一个人都是新时代的见证者、开创者、建设者。在新时代的中国，经济建设主战场、文化发展大舞台、社会建设新领域、科技创新最前沿、基层实践大熔炉，都是当代中国人贡献聪明才智、书写壮丽篇章的热土福地，中华民族伟大复兴终将在中华儿女的接力奋斗中变为现实。

二、时代新人要以民族复兴为己任

党的十九大提出了"培养担当民族复兴大任的时代新人"的战略要求。青年兴则国家兴，青年强则国家强。青年一代有理想、有本领、有担当，国家就有前途，民族就有希望。青年一代是国家宝贵的人才资源，是民族的希望、祖国的未来，肩负着人民的重托、历史的重任。新时代的青年人是可爱、可信、可为的一代，他们坚定理想信念，志存高远，脚踏实地，勇做时代的弄潮儿，他们才是真正担当民族复兴大任的时代新人，勇于承担自己的历史使命和时代责任。

要有崇高的理想信念，牢记使命，自信自励。"功崇惟志，业广惟勤"。理想指引人生方向，信念决定事业成败。崇高的理想信念是事业和人生的灯塔，决定我们的方向和立场，也决定我们的精神状态和实际行动，直接关系着人生目标的选择、人生价值的实现。没有崇高的理想信念，就会导致精神上的"软骨病"，人生勇气、意志与毅力都会出现严重问题，从而极易受到各种不良思想行为的诱惑、误导、传染，难以在时代洪流中成为砥柱新人，甚至被时代洪流所淘汰。中国梦是全国各族人民的共同理想，中国特色社会主义是党带领人民历经千辛万苦找到的实现中国梦的正确道路，从全面建成小康社会到基本实现现代化，再到全面建成社会主义现代化强国，是新时代中国特色社会主义发展的战略安排。全面建成社会主义现代化强国的任务书、时间表、路线图，为广大青年清晰指明了历史使命、奋斗目标和前进方向。青年一代要有作为中华儿女的骄傲和自豪，爱党、爱国、爱社会主义，树立坚定的政治方向和远大的人生志向，坚定中国特色社会主义的道路自信、理论自信、制度自信、文化自信，把理想信念建立在对科学理论的理性认同上，建立在对历史规律的正确认识上，建立在对基本国情的准确把握上。青年一代要保持对理想信念的激情和执着，将实现"两个一百年"奋斗目标、实现中华民族伟大复兴中国梦的历史使命内化为担当的自觉，外化为实际的行动，从容自信、坚定自立。

青年要有天下兴亡、匹夫有责的担当精神，讲求奉献，实干进取。青春至美是担当，青年的担当是决定人生价值的最大砝码，是影响时代发展进程的重要力量。"历尽天华成此景，人间万事出艰辛"。我们越是接近中华民族的伟大复兴，越是需要付出更为艰巨、更为艰苦的努力。作为实现中华民族伟大复兴的生力军，青年一代的担当精神体现为奉献祖国、奉献人民、尽心尽力、勇于担责，必须讲求奉献，实干进取，自觉树立国家意识、民族意识、责任意识，把个人前途命运与国家、民族的前途命运紧紧地联系在一起，在尽责集体、服务社会、贡献国家中实现人生理想和人生价值；应坚持实践第一、知行合一、求真务实、有为善为，勇于面对实际生活中的各种挫折考验，勤奋刻苦、磨砺意志、脚踏实地；应始终保持昂扬向上的精神状态，富有求新求变的朝气锐气，敢于站在变革前沿，引领潮流之先，以新的实践创造更大成就。

有信念、有梦想、有奋斗、有奉献的人生，才是有意义的人生。青年一代建功立业的舞台空前广阔，梦想成真的前景空前光明，每个人都有机会在实现中国梦的伟大实践中创造自己的精彩人生。当代青年人一定要担当起党和人民赋予的历史重任，在激扬青春、开拓人生、奉献社会的进程中书写无愧于时代的壮丽篇章！

三、树立正确的人生观

学习文化能让人们有正确的世界观、人生观和价值观，青年人应深入领会马克思主义关于人生问题的基本理论，准确掌握面对和解决人生问题的科学方法，树立正确的人生观，明确人生目的、端正人生态度、认识人生价值，为创造有意义有价值的人生奠定良好的基础。

"服务人民、奉献社会"的思想代表了人类社会迄今最先进的人生追求。不论在革命战争年代，还是在和平建设时期，服务人民、奉献社会这一高尚的人生追求，熏陶、感染了一代代革命者和建设者，对中国革命、建设、改革事业产生了重要的推动作用。当代青年人要把为国家和人民事业无私奉献作为人生的最高追求，在服务他人、奉献社会中收获成长和进步。

一个人确立了服务人民、奉献社会的人生追求，才能清楚地把握人的生命历程和奋斗目标，深刻理解人为了什么而活、应走什么样的人生之路等道理。一个人的能力有大小、职业有不同、职位有高低，但只有自觉把个人之小我融入社会之大我，不为狭隘私心所扰，不为浮华名利所累，不为低俗物欲所惑，才能够在推动社会进步中创造不朽的业绩。一个人确立了服务人民、奉献社会的人生追求，才能以正确的人生态度对待人生、解决实际生活中的各种问题，以人民利益为重，始终对祖国和人民具有高度的责任感，在服务人民、奉献社会中实现自己的人生价值。一个人确立了服务人民、奉献社会的人生追求，才能掌握正确的人生价值标准，才能懂得人生的价值首先在于奉献，自觉用真善美来塑造自己，不断培养高洁的操行和纯朴的情感，努力使自己成为一个高尚的人。

学习文化能让人们形成积极进取的人生态度。走好人生之路，需要青年一代正确认识、处理生活中各种各样的困难和问题，保持认真务实、乐观向上、积极进取的人生态度。

人生须认真。以认真的态度对待人生，就是要严肃思考人的生命应有的意义，明确生活目标和肩负的责任，既要清醒地看待生活，又要积极认真地面对生活。虽然人生道路很长，但关键处只有几步；虽然人生问题很复杂，但要害在于把握住最基本的东西。青年人要学会对自己负责，对亲人负责,对周围的人和更多的人负责,进而对民族、国家、社会负责,做一个有价值、负责任的人。要正确认识和处理人生中遇到的各种问题,不能得过且过、放纵生活、游戏人生,否则就会虚掷光阴,甚至误入歧途。

人生当务实。要从人生的实际出发,以科学的态度看待人生,以务实的精神创造人生。要把远大的理想寓于具体的行动中,不能好高骛远、空谈理想、眼高手低、浅尝辄止,否则就会脱离实际、一事无成。要坚持实事求是的思想方法和人生态度,正确面对人生目的与现实生活之间的矛盾,遵循客观规律,透过复杂现象把握事物的本质,更好地把人生意愿与个人情况和社会实际结合起来,从小事做起,从身边的事做起,脚踏实地、一步一个脚印地实现人生目标。

人生应乐观。只有热爱生活的人,才能真正拥有生活。乐观豁达、热爱生活、对人生充满自信,体现了对自己、对生活、对社会的积极态度,这种态度是人们承受困难和挫折的心理基础。人生是丰富多彩的,也充满了各种矛盾和问题。青年人处于人生特定的成长阶段,面对学习、就业、恋爱等各种实际问题,许多事情不会总是尽如人意、一切顺遂,也可能有失望和暂时的困难、挫折。大家一定要始终保持乐观向上的人生态度,不能因为没有满足自己的期望或者遇到困难和挫折,就消极悲观、畏难退缩,甚至颓废堕落、自暴自弃。要相信生活是美好的,前途是光明的,遇事要想得开,做人要心胸豁达,在生活实践中不断调整心态,磨炼意志,形成乐观向上的人生态度。

人生要进取。人生实践是一个创造的过程。适应历史发展的趋势,以开拓进取的态度迎接人生的各种挑战,才能不断领悟美好人生的真谛,体验生活的快乐和幸福。逆水行舟,不进则退。当代青年人要积极进取,不断丰富人生的意义,不能贪图安逸、满足现状、因循守旧、故步自封,否则人生就会失去应有的光彩。要发扬自强不息、敢为人先、百折不挠、坚忍不拔的精神，始终保持蓬勃朝气、昂扬锐气，充分发挥创造力，在创新创造中不断书写人生的新篇章。

第三节 文化与我们的成长

文化其实体现在一个人如何对待他人、对待自己、如何对待自己所处的自然环境。在一个文化厚实深沉的社会里，人懂得尊重自己——他不苟且，因为不苟且所以有品位；人懂得尊重别人——他不霸道，因为不霸道所以有道德；人懂得尊重自然——他不掠夺，因为不掠夺所以有永续的智能。品位、道德、智能，是文化积累的总和，文化不过是代代相传累积沉淀的习惯和信念，渗透在人们生活的实践中。祖辈父辈层层传递、家家户户耳濡目染，一个不识字的人自然而然陶冶其中，价值观便在这种潜移默化中初步形成，这就是文化。

一、文化与我们的生活方式息息相关

梁漱溟先生曾经指出"文化是生活的样态"，大体上是指人的生活方式中的一种文化观念，是一种世俗形态的文化。因为人的日常生活观念处在同一个共同体当中，有许多人在生活方式中形成了一些共同的文化观念。比如，酒文化，酒怎么是文化呢？酒厂就是生产酒的工厂，它不是生产文化的工厂，但是酿酒的企业也有文化，这里不是指企业文化，因为不仅是酒厂有企业文化，生产其他种类产品的工厂也有企业文化。酒厂生产酒，不生产文化，那为什么还会有酒文化？酒不就是含有乙醇的饮料吗？它为什么会有文化？那是因为酒里面包含了许多文化观念，这些观念也是具有民族特性的文化观念。

在中国的文化观念里，酒与诗经常联系在一起，唐代诗人都喝酒，更

是有"李白斗酒诗百篇，长安市上酒家眠。天子呼来不上船，自称臣是酒中仙"这样的佳作。酒和诗之间在中国文化里具有一种非常密切的关系，饮酒和赋诗被连在一起，酒不等于文化，诗人可以饮酒，但是饮酒之人不一定就是诗人，他也可以是酒鬼，他也可以酗酒。但中国的传统文化里诗人善于饮酒，这是一种文化观念。在中国的文化里，很多戏剧都以酒命名，包括贵妃醉酒、温酒斩华雄等，其实酒与戏剧之间也有一种很深厚内在的联系。

在当代中国人的日常生活观念中，酒和生活方式之间的联系同样非常大，死了人要喝酒，结婚也得喝酒，酒既表示快乐，也可以用来表示悲哀。"何以解忧，唯有杜康"就是这样一种情愫。酒中有礼，敬酒须长幼有序、礼节适宜，同样，各种民族里面敬酒的方式也各不相同。所以，酒中的文化观念和生活方式是密切联系在一起的。

饮茶，作为特定的生活方式，也包含着文化内涵。例如，大碗茶是贫民的生活方式；《红楼梦》里贾宝玉去妙玉那的饮茶方式，是富贵人家的生活方式，至于《红楼梦》里描写的刘姥姥饮茶的那种牛饮的方式，是老百姓家常的生活方式。文人也有文人的方式。日本人讲茶道，茶道其实就是茶文化。在中国人的茶文化中，接待宾客时敬茶是很重要的礼节，表示恭敬。现在，北京有很多茶艺馆，但这个茶艺馆不同于老舍《茶馆》里的那个茶馆了，那个茶馆基本上是基层普通百姓的生活方式，现在到老舍茶馆品茶，已经是一种高雅的生活方式了，那里的文化氛围、茶叶、茶具、高昂的茶资，都不是老百姓的普遍消费方式，而是小资、白领的生活方式。另外，我们现在饮茶的方式和商业也是联系在一起的，它已经变成了高雅中渗透着世俗，世俗中也渗透着高雅的生活方式。

一个"吃"字里面包含的文化观念就更多了。什么东西能吃？什么东西不能吃？西方人吃牛肉、吃牛排，同时他们认为吃狗肉是野蛮，朝鲜人和韩国人就不懂了，怎么我吃狗肉就野蛮，你吃牛肉就不野蛮？西方人觉得狗是宠物，是不能吃的；那对农民来说牛就更珍贵了，比生命还重要；有的民族不能吃猪肉，也是一种民族文化观念、饮食文化观念。现在在"吃"的文化观念中更是加入了环保观念，有些东西就是不能吃，比如天鹅等珍稀动物是绝对不能吃的，环保观念其实也是一种文化观念。至于吃的方式，从古代的茹毛饮血到现在熟食，再到美食，表明文化观念的进步。至于饮食中所表现的礼节，更讲究面面俱到，儒家有一套规矩，什么人坐上面，什么人坐下面，什么人先吃，什么人后吃，都有一个尊卑长幼的次序，渗透着一种礼仪的严肃性。中国的传统文化讲，请客时东西越多越好，吃一半留一半，觉得那样做很有气节，在中国人的观念里认为，两个人一起吃饭，各自掏钱，AA制，就是很小气的，但美国人认为这样的方式很正常，这就是一种文化观念。

生活方式的文化，就是指一种生活里面渗透的文化观念，而不是指吃本身。比如，服饰文化是文化中很重要的一种，通过服饰可以看到整个时代的变化、观念的变化，甚至男女平等关系的变化。法国有一个很有名的作家写道，你不要给我看历史，只要把各个时代的服饰摆出来，我就知道那个时代是什么样子。可以说，整个服饰的变化反映了人类的文化进步和文化观念的变化。比如，女孩儿穿的衣服，过去是越长越好，现在越短越好，这就是文化观念的变化。如果文化观念不变化的话，服饰也就不可能改变，所以，在生活方式里，吃穿住行都渗透着不同民族的生活习惯、不同民族的文化观念。

至于人们日常生活里面的风俗习惯，都是一种文化观念。这种文化观念有时比法律的作用还要大，中国讲人情大于王法，所以，文化比法律更具有广泛性、群众性。

中国人对死亡的观念和西方人不一样。中国人认为，人死了以后就到另外一个世界去了，所以古代有人殉、陪葬大量的物品，现在仍然存在纸人纸马的习俗，现代的纸人纸马，扎的东西完全是现代化的，有桌子、洗衣机、电视机等。可以说，人们对于生活方式的观念是现代的，可是对于死亡的观念还是过去的。

至于禁忌，这种文化观念的影响更大。在文化观念中有各种各样的禁忌，其中对中国人的影响比较大的是数字禁忌，数字禁忌在西方也有，当然在中国表现得更为明显。西方人认为13是很不吉利的，而在中国，数字禁忌已经发展得五花八门了，4不能用，因为4意味着"死"，8是很好的数字，意味着"发"；从电话号码到汽车牌、门牌号码都是这样的。数字禁忌的产生并非偶然，它和人对自己的安全感密切联系在一起。

人的生活方式中包含多种文化观念，而生活方式本身并不是文化。人们不能吃文化、穿文化、住文化，有的人没有弄清楚这一点，以为生活方式中吃本身、酒本身就是文化。其实酒不是文化，茶叶也不是文化，但是饮茶里面有文化，饮酒里面有文化，在这里面也有观念、礼节和尊卑。中国人在聚餐宴请时对于座次的安排也体现了一种文化观念，美国有一个人类学家认为，虽然文化显然是一个重要的决定因素，但是文化本身并不包含行为，整个文化包括社会结构、社会组织、社会制度本身，而社会包含社会结构、社会组织和行为，它们本身不是文化，而是其中渗透着文化。党的十九大报告明确指出，文化渗透在经济、政治、社会、生态的各个领域，但是经济、政治、社会、生态本身并不等同于文化。文化除了我们日常生活中的文化观念以外，还包括民间文化，如民间工艺、民间音乐、民间文学、民间舞蹈、民间传说、民间信仰、民间风俗习惯等，这是真正具有群众性的文化，它与普通老百姓的日常生活紧密相连，是从群众土壤中生长出来的，同时又流行于民间。

二、文化增强了我们的社会归属感

人，对于自身"存在"的处境进行自觉的反思，从而试图表达，在自觉和表达之间所激发的创造力和想象力的强弱，就造成文化和文化之间的不同。人的自觉程度越高，反思的能力越强，表达的冲动越大，创造力和想象力的空间就越大。在这一个灵魂探索的过程里，思想的内涵和美学的品位逐渐萌芽、摸索、发展而成型。

"四郎探母"这个人尽皆知的历史故事，让一些少小离家老大回的游子从四郎的命运里认出了自己不可言喻的处境，使孤独的个人为自己说不出的痛苦找到了名字和定义。四郎的语言——"千拜万拜，赎不过儿的罪来"，为孤独的游子拔出了深深扎进肉里无法拔出的自责和痛苦，文化洗了他的灵魂，疗了他的伤，在伤痛中逐渐反思、认清自己。文化能使孤独的个人，打开深锁自己的门，走出去，找到同类。他发现，他的经验不是孤立的，而是共同的集体的经验，他的痛苦和喜悦，是一个可以与人分享的痛苦和喜悦，孤独的人因而产生归属感。文化能使零散、疏离的各个小撮团体找到连结而转型成精神相通、休戚与共的社群。"四郎"把本来封锁孤立的感受变成共同的感受，塑成公共的记忆，从而增进了相互的理解，凝聚了社会的文化认同。人本是散落的珠子，随地乱滚，文化就是那根柔弱又强韧的细丝，将珠子串起来成为社会。而公民社会，因为不倚赖皇权或神权来坚固它的底座，因此文化便是公民社会最重要的黏合剂，增强了每个人的社会归属感和责任感。

三、文化教会我们热爱生活

生命属于个人只有一次，热爱生命，是一切人生座右铭的基调和底色。在《钢铁是怎样炼成的》这部小说里，保尔·柯察金说："人最宝贵的是生命。生命属于每个人只有一次。人的一生应当这样度过：当他回首往事时，不会因虚度年华而悔恨，也不会因碌碌无为而愧疚。这样，在临死的时候，他就能够说：我已把自己的整个生命和全部精力都献给了世界上最壮丽的事业——为人类解放而奋斗。"

在默诵这句名言的时候，我们的头脑中也会浮现出这部小说的作者尼古拉·奥斯特洛夫斯基那令人终生难忘的形象：乌黑的头发、瘦削的面庞、宽宽的额头、高高的颧骨、深陷的眼眶，特别是那双虽然已经失明但却似乎仍在注视着我们的大大的眼睛……那瘦削的面庞和高高的颧骨，使我们想到作者历经磨难却从不向苦难低头的一生；那宽宽的额头和深陷的眼眶，使我们想到作者对人生的苦苦求索和无怨无悔的追求；那双虽已失明但却注视着我们的大大的眼睛，使我们感受到心灵的震颤，并激发我们对人生价值的求索……

奥斯特洛夫斯基的一生，是光辉而短暂的一生。他饱尝了贫穷的艰辛，他经历了战争的考验，他承受了感情的折磨，他遭受了病魔的摧残。他在人生最宝贵的年华双目失明，全身瘫痪，他在举枪准备结束自己生命的时候，却为自己的怯懦而感到深深的愧疚。于是，他扔掉了准备结束生命的手枪，拿起了赞美生命和求索人生的笔，不向苦难屈服，不向病魔屈服，不向死神屈服，这就是奥斯特洛夫斯基的人生，显示人的钢铁一般的意志的人生。不因虚度年华而悔恨，不因碌碌无为而愧疚，这就是奥斯特洛夫斯基的人生格言，赋予每个人的生命以意义的人生格言。

毫无疑问，人活在这个世界上，不是为了饱受苦难的蹂躏，不是为了经受疾病的折磨，不是为了迎接死神的降临。然而，在每个人的一生中，有谁能躲避种种苦难的考验、种种病魔的缠绕和最终的死亡的归宿呢？在这样的时刻，我们会特别强烈地感受到奥斯特洛夫斯基的力量，会特别强烈地意识到生命的宝贵和人生的尊严。人生是人的生命显示自己的尊严、力量和价值的过程，虚度年华和碌碌无为是人的生命的枯萎与否定。人们所需要的，不是回首往事时的"悔恨"和"愧疚",而是生命过程中的奋斗与光彩,生活可以不是英雄主义的时代,但人生不可以丢失英雄主义的精神。奥斯特洛夫斯基的名言,对于每个热爱生活的人,都是显示人生真谛的座右铭。

第四节 文化教给我们活着的意义

优秀文化能够丰富人的精神世界,增强人的精神力量,使人深受震撼、力量倍增,促进人的全面发展。先辈的引导和教诲、经典书籍的阅读与启发、影视作品所传达的精神价值等,无不在自觉或不自觉地传播一种文化观念,我们在这种文化气息很浓厚的社会中潜移默化地受到了熏陶、教化和塑造。让我们懂得了生命的意义,正如余华在《活着》中所说的:"人是为活着本身而活着的,而不是为了活着之外的任何事物所活着。"[1] "活着"是忍受生命赋予我们的责任,忍受现实给予我们的幸福和苦难、无聊和平庸。

一、活着,是一种积极的人生态度

为了生存而活着,是对生命最简单朴素的要求。仅仅是为了能保存生命,在社会中维系着最简单的衣食住行的生活方式,像是盖楼修桥的外包工、走街串巷的小贩、流浪街头的乞丐、面朝黄土背朝天的农民,他们仅仅为了能吃口饱饭、穿件暖衣、有个容身之所,就要付出比常人更为辛勤的劳动,甚至生活的境遇远不如那么幸福。为了生活而活着的标准则高于为了生存而活着,他们不仅仅满足于简单的生活存在,他们有更为远大而美好的理想与抱负,想要拥有更优越的物质与精神生活,为了使自己的人生更加充盈而努力拼搏。然而,在没有学会生存之前,我们没有权利去选择如何生活,人首先要学会如何生存,而后才能选择如何更好地生活,让我们看看这些人

---

[1] 余华. 活着(中文版自序). 上海文艺出版社, 2004:3.

是怎么看待生命的。

——遇难者说：我要活着，活着就有希望

5·12汶川大地震，造成了超过十万人的伤亡，然而中国人的救灾行动让全世界的人看到了中国人的力量，那些在废墟中坚强活着的生命更是牵动着所有中国人的心。汶川大地震的幸存者们不停地挑战着人类生命的极限，"活着"的信念让我们对生命产生了敬畏。一些幸存者们在被掩埋五六天后仍然有力气说话，自己爬出废墟，甚至有一位50岁男子在废墟中喝尿吃纸坚持了108个小时终获救，他的经历再次让我们看到了奇迹真的可以在灾难面前、在救援人员永不放弃的信念中发生。汶川出现了一个又一个的奇迹，让我们不禁感慨生命的顽强。

鲁迅先生曾经说过："真的猛士，敢于直面惨淡的人生，敢于正视淋漓的鲜血。"让我们感动的正是这些勇士，每一个灾区的人都是勇士，置之死地而后生的勇士。8.0级地震我们都经历过了，还有什么能打垮我们呢？只要活着，比什么都强。

——残疾者说，我要活着，还要活得有意义

张海迪，一个影响了几代人成长的人，她身残志坚的事迹告诉了我们，人不仅要活着，还要活得有意义。

5岁的张海迪患上了脊髓血管瘤，5年中做了3次大手术，脊椎板被摘去6块，最后高位截瘫。"曾有医生嘱咐过我的父母，如果我要是得泌尿系统感染、肺部感染，或者是褥疮，我会因为感染而死去。可我依然活着，我的生命力一次次粉碎了医生的预言"。15岁的张海迪跟随父母下放到一个小山村，开始了农村生活，她主动到学校教唱歌，帮助学生组织自学小组，给学生理发、钉扣子、补衣服。看到老百姓因缺医少药带来的痛苦，她萌生了学习医术的念头。她用零用钱买来了医学书籍和器械，还在自己的身上体会针感。功夫不负有心人，她终于掌握了一定的医术，十几年里，为群众治病

1万多人次。作为一名待业青年,张海迪也曾有过自卑感,她想为社会做点事,可就是没有一个单位要她。她曾想到过自杀,但当想到了乡亲们,想到了自己曾经战胜过懦弱和病残,便挣扎着爬起来喊救命。经过抢救,张海迪终于苏醒过来,惭愧地对大家说:"我错了,从今以后我要勇敢地生活下去。死,也要在大笑中死去。"张海迪还以顽强的毅力自学知识,攻读了大学本科和硕士研究生的课程。张海迪曾经说过:"人就得有勇气与生活中的不幸抗争。人的一生总会有坎坷,就看你以怎样的心态去对待";"今天,我还是不断鼓励自己好好活着,还是装得像没有病、没有残疾一样。我让自己忘掉不幸和痛苦,虽然很痛苦,但我知道,活着就是一种忍耐,必须有耐心地活着,耐心地做好每一件事";"我一直努力做一个真正坚强乐观的人,做一个让别人喜欢的人。因为我只有这一次活着的机会,因为我死后再也不能复生了,所以,有一次活着的机会就要好好地活着";"我有时候也幻想,假如还能再活一回多好!哪怕受更多痛苦,但毕竟是活着啊!"每当我感慨人类这些辉煌成就的时候,我常常被一个问题困扰,人类的生命是完美无缺的吗?当人们尽情展现人类壮丽的生命的时候,又不得不面对这样一个现实,人类生命并非完美无缺。事实上,健全与残缺一起,才构成了人类生命的全部。活着就要创造,就要探索,即使肢体已经残疾,思想的火花也绝不停止迸发,这就是生命,这也是许多诗人和艺术家们在他们的作品里表现出来的生命的美丽。

——贫穷者说,我要活着,只有死去的人才没有希望

曾经看到过一个故事:有一个富翁,他要捐钱给那些对生活完全失去希望的人,他理所当然地认为乞丐是没有希望的。但当他递钱给乞丐并说明原因后,却遭到了乞丐的断然拒绝。乞丐忿忿地说:"只有死去的人才没有希望!"言下之意就是说,每一个活着的人都有希望,希望存在于每一个活着的人心中,希望从来就不曾把我们遗弃。

——失败者说，我要活着，善败者不亡

春秋末年，吴王派兵攻打越国，被越王勾践打得大败，吴王临死前嘱咐儿子夫差要替他报仇。两年后，夫差率兵把勾践打得大败，勾践无路可走，准备自杀，谋臣文种劝勾践以美女和珍宝贿赂吴国宠臣伯嚭来说服夫差释放勾践。夫差听信谗言，答应了越国的投降。吴国撤兵后，勾践到吴国伺候吴王，赢得了吴王的欢心和信任，三年后，勾践被释放回国了。回国后的勾践"冬常抱冰，夏还握火。愁心苦志，悬胆于户，出入尝之，不绝于口。中夜潜泣，泣而复啸"（《吴越春秋·勾践归国外传》），以激励自己不忘复兴大事。正所谓："苦心人，天不负；卧薪尝胆，三千越甲可吞吴。"（《史记·越王勾践世家》）他忍辱负重、发愤图强，经过"十年生聚""十年教训"，最终以三万雄兵吞灭了吴国，成就了伟业，一雪前耻。卧薪尝胆的故事告诉我们，当下的任务就是为了生存而活着，这也是他忍辱负重"活着"的人生哲学，也正是这样的生命观给予了他成功的希望。

1976年，在经历了连续两届错失奥运会金牌的重创下，日本马拉松选手圆古幸吉选择了自杀，结束了自己年仅28岁的生命。2008年北京奥运会上，亚洲飞人刘翔因跟腱部位疼痛难忍，在第二次起跑的瞬间，在万众瞩目的时候，毅然选择离开跑道，退出比赛，此举动全世界都为之唏嘘，愕然不已。然而不得不说的是，刘翔的最后选择是明智、理性、成熟的，不以一时的成败论人生，懂得能屈能伸，知道何时应暂行隐退，何时见机发力，一跃而起，亮剑出击。勾践和刘翔曾经失败俨然就是一种成功。

二、放弃活着，是一种病态

21世纪的今天，全世界绝大部分的国家已经没有了战争硝烟，完成了从野蛮搏杀到文明进步的时代蜕变。然而，随着时代的变迁、科学的发展、社会的进步、生活节奏的加快，整个社会呈现出多元化的状态，很多事物也呈现出了两极化的倾向——利与弊，更导致了一系列的恶性循环。诸如暴力、压力等不积极的因素几乎是与学业不理想、就业不顺利、婚姻不幸福、人际交往淡漠等是同时出现的，这使人们普遍呈现出紧张和迷惘的生活状态。这种社会环境和生活状态不可避免地会影响当代人的身心发展，使人们感受到价值观的无所适从以及方向感的模糊。于是，在一部分人的身上呈现出一种不健康的行为取向——不珍爱生命，不尊重生命，而这些人群并不仅仅是已然生存不下去的人，恰恰相反，他们的生活却是那些真正生存不下去的人所可望而不可即的。他们拥有着优越的生活条件，但是心理承受能力却非常差，现实生活与他们理想中的生活有着强烈的反差，以至于找不到生活的目标和方向。"一个活生生、具有相当价值的性灵，比伟大的艺术品还可贵。"罗曼·罗兰这样说。拉封丹曾说："死亡能够消除一切不幸，可是我们一旦来到尘世，就宁肯逗留下去。苦难强于死亡——这是常人的哲学。"是啊，还有什么比生命更珍贵的呢？也许每天都有很多鲜活的生命无力承受生命之重，选择了放弃生命。我不禁想说：开设关注生命、珍爱生命的教育课是刻不容缓的了！而尤以儿童的生命教育最为重要。因为，这种病态行为正日益影响着孩子，朝着低龄化方向发展。孩子相比成人，更具有不稳定性，会做出偏激的行为。当然，生命教育并不简单，不是一朝一夕就可以见效的，更不是简单地重复生命的生理知识，而是让人们在生活体验中感悟生命的重要性，获取善待生命的真谛。

余华在《活着》韩文版自序中写道：我知道，《活着》所讲述的远不止这些。文学就是这样，它讲述了作家意识到的事物，同时也讲述了作家所没有意识到的，读者就是这时候站出来发言的。古诗云：横看成岭侧成峰，远近高低各不同。每个人的生活经历不同，对"活着"的理解也就不同，所以《活着》传达的不是一种人生准则，也不是一个完美的范本，重要的是它从某个角度映照出现代人的迷失，教会了人们在现实生活中应如何自处，以怎样的一个态度去审视生活，从而为现代人对生命的理解指明了方向。《活着》并没有沉沦于对死亡本身的悲观颓废，而是努力尝试着对死亡的超越，尝试着在死亡对生存的毁灭和生存界域的限制中捍卫生存意识。《活着》是作者对生命的一种文学阐释，也是解决人生存困境的一种尝试，意在劝导人们：死亡远非生命的一种苦难，而是人类存在的一种基本境遇。

中国无疑是一个重生的国度。儒学创始人孔子曰："未知生，焉知死？"（《论语·先进》）拒绝回答弟子对死亡的询问与探讨，所有这些言论无非都是想表明人应该怎样摆脱死亡的困扰而达到旷世的永恒。当今社会讨论"活着"这个话题确实有着很大的现实意义，引起我们对生命意义的思考，也对指导我们各种价值观有很大的帮助。中国有句古话：蝼蚁尚且偷生，而况人乎？仿佛"活着"是我们义不容辞的责任。"活着"二字再次唤醒了我们对生命的重新审视，轻言生命是弱者的选择，生活中我们可以不选择做强者，但一定不可以做弱者！人无论如何都逃不脱既定的生命模式，活着是一切信念的原动力，即使生活是悲惨的，命运是残酷的，也应鼓足勇气、拼尽力量熬过去，直至寿终正寝的那一刻。

西方有这样一句话：对于生命，如果你不战胜它，就去附和它。如果你无法超越生命，那么就热爱生命吧。想想那些为了生存而生活的人，想想那些劫后余生的人，想想那些身体不如我们健全的人，想想那些生活不如我们富足的人，他们都在努力过好每一天，那么我们呢？

第二章　爱国是人生的大德

在中华民族5000多年绵延发展的历史长河中，爱国始终是激昂的主旋律，始终是激励我国各族人民自强不息的强大力量。实现中华民族伟大复兴的中国梦，是当代中国爱国主义的鲜明主题。当代国人要继承中华民族爱国主义光荣传统，自觉做新时代的忠诚爱国者。爱国体现了人们对自己祖国的深厚感情，揭示了个人对祖国的依存关系，是人们对自己家园以及民族和文化的归属感、认同感、尊严感与荣誉感的统一。它是调节个人与祖国之间关系的道德要求、政治原则和法律规范，也是中华民族精神的核心。每个人来到这个世界，都要在社会中生存，都要获取生存发展的物质条件，都要寻求慰藉心灵的精神家园，这一切首先得之于祖国。爱国是每个人都应当自觉履行的责任和义务，是对祖国的报答。

第一节　国是千万家

"家是最小国，国是千万家"，"没有国哪有家，没有家哪有我"，这些看似平常的话语，却道出了国家和个体之间相互依存、密不可分的关系，也道出了最深刻的爱国理由。祖国的大好河山，自己的骨肉同胞，民族的灿烂文化,都是同我们的国家联系在一起的,我们每个人的发展也都时刻同国家的发展进步紧密关联;失去国家的庇佑和保护,人们将失去成长和发展最基本的屏障和最坚实的依托。因此,爱自己的国家,拥护国家的基本制度,遵守国家的宪法法律,维护国家安全和统一,捍卫国家的利益,为国家繁荣发展贡献自己的力量,是爱国主义的基本要求。

一、优秀传统家风对青年一代的影响

家风,是指一个家庭或家庭成员在长期的社会生活实践中形成的较为稳定的做人的行为规范和处世的基本原则。优良的家风需要通过一个个家庭和家庭成员来传承和发扬,"家庭是社会的基本细胞,是人生的第一所学校。不论时代发生多大变化,不论生活格局发生多大变化,我们都要重视家庭建设,注重家庭、注重家教、注重家风,紧密结合培育和弘扬社会主义核心价值观,发扬光大中华民族传统家庭美德,促进家庭和睦,促进亲人相亲相爱,促进下一代健康成长,促进老年人老有所养,使千千万万个家庭成为国家发展民族进步、社会和谐的重要基点"。[1]

家风又指门风,是一家或一族世代相传的道德准则和处世方法。家风的形成,无关家庭贫富,亦无关父母文化程度,乃源自父母祖辈德行修养的熏陶。一个城市知识分子家庭,可能在教育孩子方面出现严重偏差;一对乡村父母,亦可能培育出品德优良的孩子。家风决定儿孙成长,决定家业兴败,影响党风政风、国家兴旺。一个普通家庭如果家风不正,易引发诸多家庭问题,而领导干部若家风不正,则易诱发腐败的大问题。从近年来查处的一些腐败案件看,有的"老子办事,儿子收钱",有的"家是权钱交易所",父子上阵、夫妻串通、官商勾兑,以亲情把家人串成利益共同体。究其原因,都与家风不正有关。领导干部的家风,不是个人小事、家庭私事,而是关系

---

[1] 习近平. 在2015年春节团拜会上的讲话. 人民日报,2015-02-18.

到作风能否端正、廉洁能否守住的大事。

当下，有的领导干部在百忙之中不忘培育家风，从严要求自己和家人，正确看待权力和亲情。能够认识到家庭幸福，不在名车豪宅；子女多福，不在钟鼓馔玉。然而，有的领导干部家庭虽说也有家风，但那种家风是"贪"字当头，把权力当作谋取私利的工具，认为时代变了，实行市场经济了，有权不用，过期作废，必须为子孙后代留下点什么。不仅疯狂为自己"计"，而且为所欲为地为子女、亲属"谋"。某领导为自己定下"2000万给儿子，2000万给女儿，2000万留给自己"的贪污受贿目标。这种腐败家风，既有悖于社会主义核心价值观，也有违于风俗常情，自己栽跟头不说，也连累子女亲属，直到自己锒铛入狱时，才想起"忠厚传家久，诗书继世长"的古训。

"不论时代发生多大变化，不论生活格局发生多大变化，我们都要重视家庭建设，注重家庭、注重家教、注重家风。"习近平总书记阐明了家庭建设的意义，指出了家风在文明传承中的重要作用。家是最小国，国是千万家，没有每个小家的和谐稳定，就没有社会的和谐发展。一个社会的发展，需要诚信、积极、进步、向上的氛围，这种氛围的营造，不仅靠外在强制的约束，还要靠个人良好品行修养来维系，而个人好的品德，就来源于家风的熏陶与培养。由此而言，家风问题，不仅仅是涉及一个家庭的小问题，往往还会带动邻里、影响社会。

中华民族历来有重视家风的优良传统，比如讲究道德，勤俭持家，看重亲情，严于教子。因家风清廉质朴、善良守信、进取有为而赢得赞誉的古今名人不胜枚举。清代名臣林则徐留给后辈的家训说："子孙若如我，留钱做什么？贤而多财，则损其志；子孙不如我，留钱做什么？愚而多财，益增其过。"郑板桥则以竹入联："咬完几句有用书，可充饮食；养成数竿新生竹，直似儿孙。"教育儿孙做人要像竹子一样虚心有节、刚直不阿。著名作家老舍在女儿出嫁后，给她写了一联："劳逸妥安排，健康多福；油盐休浪费，勤俭持家。"优良家教、家风的传承已成为文明接续不可或缺的重要环节。

家风清则社风清，家风浊则社风浊。家风是一条小溪，或是更细微的水滴，但她绵亘不绝，从山涧、密林缓缓流出，生生不息。当小溪汇成小河，汇成大江，形成波澜壮阔的大海，那就是国风，就是中华民族精神！一个民族的兴旺发达，离不开良好家风的滋润和支撑。每个人都应涵养、传承和倡导好的家风，共同营造清明和畅的社风；党员干部则应带头做到家风正、作风淳，为廉洁奉公提供精神支撑，为党风持续好转作出贡献。家风这个源头清澈了，才能滋养出好的作风、政风与社风，建设良好政治生态。

家庭是社会的细胞，也是社会稳定的基石。家风如何，不仅关系到子女的健康成长，还会影响到家庭和睦，甚至是社会和谐稳定。抓好家风建设，既是弘扬社会主义核心价值观的题中之义，也是新时代加强精神文明建设的举措之一。中华民族历来注重家风，从古代孟母断杼教子，到岳母刺字精忠报国；从颜氏家训教子女立身处世，到朱氏家训劝后人勤俭持家……这些流传至今的家教家训故事，不仅滋养和培育了一代代中华儿女，也为今天我们实现中华民族伟大复兴的中国梦提供了强大的精神动力。

时代虽然变迁，但注重家风的传统没变，无数革命先辈为我们树立了传承家风的榜样。毛泽东、周恩来、朱德等老一辈革命家，特别注重家风家规，他们或以德传家，或以俭持家，或以严治家，或以廉守家，为共产党人的好家风作了生动注解。家风是社会风气的源头，更与党风政风密切相关。领导干部的好家风，也是好作风的具体表现，"家风正，则后代正，则源头正，则国正"。相反，家风不正则贻害无穷。在近年来发生的贪腐案件中，一些领导干部没给"糖衣炮弹"轰倒，却被身边的"枕边风"吹倒了，这些教训无疑值得反思和警惕。

培育优良家风，家庭要发挥好作用。正如习近平总书记所讲："千千万万个家庭的家风好，子女教育得好，社会风气好才有基础。"家庭要发挥"第一所学校"的作用，家长要当好子女的"第一位老师"。在生活中，家长应以身作则，带头为孩子树立文明榜样，注重言传身教和家庭培养，传承好中华民族传统美德，弘扬社会主义核心价值观，在潜移默化中引导孩子成长，扣好人生"第一粒扣子"。

身修而后家齐，家齐而后国治。走进新时代，加强家风建设，弘扬家国情怀，培育和践行社会主义核心价值观，就必将形成爱国爱家、相亲相爱、向上向善的社会主义家庭文明新风尚。

二、积极弘扬优秀传统家风的路径

家风作为传承中国传统伦理道德的重要组成部分，蕴含着丰富的德育资源，是有效的德育方式，对提高国民道德意识、内化核心价值观具有重要德育功能，在涵养个体人格、家庭和睦、社会和谐等方面彰显重大德育价值。结合当今多元价值观与道德滑坡现象，本文从内容、形式两个维度出发，集多方力量凝聚德育合力作用，实现家风的德育价值功能。

首先，家风是一个抽象的概念，需要高度概括、深度凝练将其抽象内容具象化，在"实"字上聚焦，有助于把握家风的核心和实质。

第一，实在的内容。我国优秀传统文化是好家风的思想根基，社会主义主流意识形态是好家风的价值导向，社会的道德规范和价值观念既是家风形成的基础，又通过家风传承发挥着教化、规范人们价值观念与道德行为的作用。优秀家风以实现人和社会、自我与他人以及自身的和谐统一为目标，因此，在处理家庭内外部关系时要秉持孝亲爱幼、兄友弟恭、琴瑟和鸣、睦邻友好的和谐友好家庭观；在子孙后代的培养教育方面，要践行博学笃志、谦和好礼、团结友善、明礼诚信、敬业爱国的敬业修德家庭观；在家庭生活治理方面，要践行勤俭节约、力戒骄奢、遵守家规的勤勉持家观，从理论和实践上创建中国特色的社会主义家风。总体来说，优良家风的内容体现在孝悌之道、勤俭之道、重品崇德、诚实守信、和合之道以及家国情怀这六个层面。

第二，切实的载体。古往今来建设和传承家风的普遍载体是家训、家规和家书以及家谱等。优良家风可以通过家庭中长辈的口耳相传、耳濡目染和言传身教传递给家庭中的每一个成员，优良家风的书籍和典故作为中华民族悠久历史和强烈家国情怀的承载方式，以其深厚的文化底蕴和包含的价值观影响着社会生活的各个方面。"严于律己，宽以待人""上尊老、下爱幼、和邻里、亲家人"等传统家训向后代传播做人的基本道理，这也是家庭教育的基本形式。

第三，实际的行动，良好家风的培育，需要内化与外化相兼顾。在现代社会，大多数家庭在进行家庭教育时，只关注子女的学业成绩，对道德教育的重视程度较低，缺乏家庭道德教育；有些家庭虽重视家风教育，但仅限于从表面上使家庭成员严守基础道德底线，实际上未能传承优良家风，家庭德育功能严重弱化。因此，每个家庭的长辈特别是为人父母者，要在日常生活中践行优秀的家风家训，在无形中引导和教育家庭成员：一是通过各种各样的传统节假日如清明节、五一劳动节、国庆节等，注重思亲报本、鼓励艰苦奋斗、积极传递家风正能量、提升责任感；二是开展如感恩、责任、诚信、环保等家风主题日，以不同主题来实践优良家风，将优良家风观念融入个体的日常生活。

其次，家风培育关键要有"活"的形式，做到"新颖""别致"，使家风培育受众面更广更宽。充分发挥个人、家庭、学校、社会、媒体等五个方面的作用，打造"五位一体"的联合动力机制，有效推进当前优良家风建设工作。

第一，个人带头。习近平总书记指出在家风建设方面，老一辈革命家爱国爱家、节俭生活、公正廉洁、严格要求家人、认真教育子女的模范家风，值得当前党员干部认真学习，领导干部品行的培养也是家风建设的重要一环。因此，党员干部带头培育优良家风可以发挥"头雁效应"，带动新时代家风建设，老一辈革命党人的优秀家风是领导干部品行培养的营养剂，必须定期组织领导干部学习并内化老一辈革命党人的优秀思想，改善自己的作风，完善自我品行，进而提升其道德自觉性。

第二，家庭示范。家庭是教育的起点，孩子的价值观念会在无形之中受到父母的影响，必须着力提升父母的知识素养和道德水平，引导他们用正确的教育方式，通过正确的教育途径来实施家庭教育，以使家庭成员之间和睦相处，营造幸福美满的家庭氛围。在家风形成和发展过程中，父母要以身作则，帮助家庭成员树立忧患意识，形成宽以待人、诚实守信、谦虚谨慎的为人处世态度；家庭成员之间要相互关心、做到彼此包容，共同营造轻松、融洽而又平等的家庭环境，只有这样当代家风培育才能有序推进、更加长远。同时，家长们要注意做好榜样示范，带领家庭成员坚定信仰、积极传播、努力践行社会主义核心价值观，领悟并内化为自身价值观，外化为良好的行为习惯。

第三，学校培养。学校不仅是教书的地方，也是育人的场所，同时，学校教育也是加强德育的基本途径。因此，学校对家庭成员价值观的形成影响颇深，一方面，学校可创设家风教育相关课程，把家风教育融入课程当中，引导学生自觉地树立优良家风的传承意识，推动学生学习传统家风文化知识、传承优良家风，掌握优良家风发展态势，推进家风建设。通过课程教育使学生在学习过程中增加对优良家风家训的了解，使其能够认同并传承优秀家风。另一方面，创建健康向上的校园环境可以通过定期开展与道德、家风家训等相关的活动，评选校园道德楷模、展示宣传优秀家风家训等，以活动促进校园人文环境向良性发展，以好的学风、好的校风促进新时代家风观培育观念的普及和深入。

第四，社会激励。社会是家风建设的重要场域，社会的风气与家风紧密相连，将优良家风建设融入社区文明建设，积极动员社会各界力量广泛参与，营造积极向上的家风建设环境，才能够有效地促进当前优良家风建设。其一，以社区为教育阵地，定期召开家庭安全、家庭文化等讲座，将家风作为社区文化活动的载体，推动其有效融入社会主流文化；其二，开展具备优良家风家庭的评选活动，建立合理奖励机制，激励社区中的其他家庭积极营造自家的优良家风；其三，社区相关部门可在社区广告栏、文化长廊等地方，通过张贴海报、拉横幅等方式，加强优良家风的宣传力度，使优良家风更加深入人心。

第五，媒体宣传。大众传媒是宣扬和传播优良家风的最有力武器和手段，通过新闻媒体等大众媒介的宣传，广泛运用电视、报刊、网络等人民群众喜闻乐见的媒介方式进行优良家风宣传和引导，可使社会大众认识和了解我国传统优秀家风。一方面，继续发挥电视、报纸等传统媒介的宣传作用，积极开设优良家风讲堂、电视节目，以讲故事的形式引发受众的共鸣，充分利用公益广告，积极宣传家国观念、诚信友善等道德观念，引领社会好风尚；另一方面，将传统媒介与新媒介相融合，建立优良家风教育网站、APP，利用微博、微信、网络论坛等载体，以更新、更快的方式传承优良家风，传播积极的正能量，引起年轻人群体对优良家风的反响。

过去我们进行的爱国主义教育，似乎更多的是讲祖国山河壮丽、地域辽阔、物产丰富、历史悠久、人才辈出，这些当然重要，但与此同时，还应该着重讲个人的成才是与家庭家风分不开的，因此，每个人都应有责任感，成长首先都应立志报国，这也是很重要的一个方面。

第二节 国泰才能民安

"每岁海潮太溢，冲激州城，春秋醮祭，诏命学士院，撰青词以祈国泰民安"，这句话出自宋代吴自牧的《梦粱录·山川神》。南宋的时候，海潮总是冲击杭州侵扰百姓生活，皇帝命令学士撰写青词（总结）时祈祷上天让南宋能够国泰民安，"国泰民安"一词也由此而产生。在古人看来，皇帝是上天派在人间的"使者"，因此与天对话是义不容辞的责任。所以，每逢重大日子，或春耕时节，或自然灾害发生之时，甚至有震动朝野的大事发生，皇帝总会亲自或派遣官员进行祭祀活动，祈求上天庇佑来年风调雨顺、五谷丰登、百姓安居乐业。对于今天而言，我国已进行改革开放40多年，经济飞速发展，特别是党的十八大召开以来，经济保持中高速增长，在世界主要国家中名列前茅，国内生产总值稳居世界第二，对世界经济增长率超过30%，人民生活水平显著提高。即说明，只有国家繁荣富强了，百姓才能安居。国泰民安，自古以来民众莫不心向往之，在全面建成小康社会之际，我们更应该增强忧患意识、责任意识、履行好维护社会大局稳定、促进社会公平正义的责任。

一、加强当代青年人的爱国主义教育

40多年来，我国改革开放和社会主义现代化建设的进程说明，加强对青年人的爱国主义教育，对于培养有理想、有道德、有文化、有纪律的社会主义接班人来说有着非常重要的意义。近年来，一些坚持资产阶级自由化的人，极力宣扬民族虚无主义，鼓吹"全盘西化"，其目的是要使中国重新沦为外国反动势力的附庸，使中华民族遭受帝国主义的奴役。为了从理论思想和价值导向上正本清源，为了加强当代青年人的政治思想和伦理道德教育，

有必要对爱国主义的有关问题进行深入的探讨。

爱国主义，一般来说，就是一个国家的人民对自己祖国的忠诚和热爱。爱国主义是一个历史范畴，在不同的时期和不同性质的国家，有着不同的内容。毛泽东同志说："爱国主义的具体内容，看在什么样的历史条件下来决定。"剥削阶级的爱国主义是一种狭隘的民族主义，尽管在某种特定条件下，它也能起一定的积极作用，但其实质必然是为剥削阶级的利益服务的。在当前，有的资产阶级国家往往以爱国主义为幌子，推行其霸权主义和侵略政策，以强凌弱，以大欺小。社会主义中国的爱国主义同资产阶级国家的爱国主义则有着本质的不同，它是从中国各族人民的根本利益出发，并为维护其独立和尊严而对社会主义共和国抱有的一种忠诚和热爱。

在社会主义建设的新时代，爱国主义是我国改革开放和建设社会主义现代化的强大精神动力。中国是一个多民族的国家，有着源远流长的历史和灿烂的文化传统，中华各民族在长期的发展过程中唇齿相依，休戚与共，从而形成了一种特有的凝聚力。每一个中华民族的成员都能切身地体会到，他们的命运是和祖国的命运密切相关的，中华人民共和国成立70多年，特别是改革开放40多年来所取得的举世瞩目的成就，大大地提高了我们民族的尊严，就是侨居外国的华侨，也都能切身感受到祖国国际地位的提高给他们带来的光荣和自豪。因此，对中国各民族人民来说，热爱祖国的优良文化传统和伦理传统，热爱祖国的山山水水，维护社会主义祖国的稳定，反对国内外反动势力的破坏，积极投身于社会主义现代化建设事业当中，就是爱国主义在当前的具体表现。

首先，让青年一代了解我们祖国长期发展的历史，了解近百年来中华民族的苦难遭遇及其所走过的道路。英国侵略者用枪炮打开了中华古国的大门，之后，美、法等世界资本主义列强接踵而来，竞相宰割、瓜分中国，甚至划分势力范围，把中国变成他们的半殖民地。紧接鸦片战争之后，便是中法战争、甲午中日战争、八国联军侵华战争等等。更有甚者，帝国主义之间由于分赃不均，竟在中国土地上大打"狗咬狗"的日俄战争，它们强迫中国签订不平等条约，割地赔款，在中国土地上为所欲为。除动用武力之外，它们还进行政治侵略、经济侵略和文化侵略，乃至豢养走狗，扶植反动政权，鱼肉中国人民。他们的魔爪，从沿海伸向内地，控制了中国的财政金融，直到把持中国的海关。面对资本主义的侵略，中国人民英勇不屈，前仆后继，进行了艰苦卓绝的斗争，经历了长期血与火的考验，无数革命先烈用鲜血和生命创造了独立自主的中华人民共和国，中华民族终于以巨人般的姿态屹立于世界的东方。"忘记过去就意味着背叛"，列宁的这句话如同至理名言，我们应当永志不忘，在我们欢庆人民革命胜利的今天，我们永远不要忘资本主义对我们的侵略和压迫，永远不忘革命先烈们所付出的巨大牺牲。"灾难深重的中华民族，一百年来，其优秀人物奋斗牺牲，前仆后继，摸索救国救民的真理是可歌可泣的"。我们应当发扬革命先烈英勇无畏的精神，继承中华民族爱国主义的优良传统，坚决反对帝国主义和国际反动势力对我国的政治颠覆和"和平演变"的阴谋，更加坚定地为振兴中华、实现中国梦而不懈努力奋斗。

其次，在当代中国，爱国主义首先体现在对社会主义中国的热爱上，爱国主义与爱社会主义的统一是中国历史发展的必然结果。社会主义制度的建立，为中国的繁荣发展提供了可靠的保障。社会主义在中国不是一句空洞的口号，而是集中代表着、体现着、实现着国家、民族和人民的根本利益。"没有共产党就没有新中国"，这是中国的历史和现实所昭示的真理。中国共产党的历史就是一部为实现民族独立和人民解放，为实现中华民族伟大复兴而奋斗的历史。中国共产党的历史上矗立着一座座爱国主义的丰碑，透过这一座座丰碑，不仅可以了解中国共产党的光辉历史，认识中国共产党的英明伟大，体会中国共产党党员的精神风骨，而且也能懂得中国共产党为国家、民族和人民谋利益的艰辛历程。中国的历史和现实充分证明，中国共产党是高举爱国主义旗帜并躬身实践的光辉典范，是中国特色社会主义事业的坚强领导核心。坚定拥护中国共产党的领导，是中华民族走向复兴、中国特色社会主义事业走向成功的必然要求，也是新时代爱国主义的必然要求。历史已经雄辩地证明，社会主义制度在中国的确立、巩固和发展，体现了中国社会发展的必然规律。如果不进行社会主义革命，就不可能推翻帝国主义、封建主义、官僚资本主义，就不可能建立起独立自主的中华人民共和国。我们可以设想，如果中华人民共和国成立之后不走社会主义道路，不坚持人民民主专政，那么，我们就不可能维护国家的统一和民族的独立，更不可能使全国人民的生活水平不断地得到提高。在当前的形势下，如果我们放弃社会主义，走资本主义的回头路，那么，在我国人口众多、社会生产力水平很低的情况下，大多数人就必然要重新遭受资产阶级的剥削和压迫，而且这种资本主义，只能是原始的、野蛮的、买办的资本主义。对于我国的广大人民来说，在今天的历史条件下，爱国就是爱社会主义的中国，就是爱社会主义制度，就是爱坚持走社会主义道路的国家政权，就是爱领导中国社会主义革命和社会主义建设的中国共产党。在进行爱国主义的教育中，培养当代青年人具有坚定的社会主义信念和强烈的社会主义意识，并使他们能自觉地成为社会主义事业的接班人是极为重要的。

再次，对于广大青年来说，确立集体主义的价值导向，培养和树立集体主义的思想，是向他们进行爱国主义教育的重要方面。社会主义的集体主义，作为一种道德原则和价值导向，它的基本要求是，坚持社会主义的国家利益和整体利益高于个人利益；在保障国家和社会整体利益的前提下，充分发挥个人的才能，实现个人的价值；在两者发生矛盾时，要自觉地、无条件地使个人利益服从于国家和社会利益。在培养爱国主义思想中，要使青年群体认识到，每一个青年的成长都是同祖国和人民的辛勤哺育分不开的，国家和社会为培养社会所需的各种专门人才，付出了很大的代价，因此，每个青年都应当把报效祖国、为社会主义建设服务作为自己应尽的光荣职责。近年来，资产阶级自由化思想又开始泛滥，资产阶级个人主义思想不断滋长蔓延，其结果是，一些人不适当地强调"个人价值""个人尊严"，以致把个人利益摆在民族利益和国家利益之上；有些人还公开提出要"为个人主义正名"，要把个人主义作为一种顺应改革开放潮流的新观念来取代集体主义，其结果则使"个人"日益与"社会"疏远，把实现"自我价值"同维护国家的尊严绝对地对立起来。这种把个人和国家对立起来、诱导青年一味追逐个人私利的思想，是极端有害的。要发扬爱国主义的精神，就必须发扬集体主义的精神；要想使国家富强起来，就必须在广大青年中树立起"个人利益服从整体利益、眼前利益服从长远利益、局部利益服从全局利益"的思想，树立起为民族争光、为国家争气的思想。现在许多人都热切地提出一个问题：青年一代怎样选择正确的成长道路？我想，最根本的就是要树立起正确的人生观和价值观，正确地理解个人与社会、个人与国家的关系，以国家利益和整体利益为重，把个人的事业融入中华民族伟大复兴的事业中去。青年人的自我价值和自我尊严，只有在维护社会主义的整体及国家的价值和尊严中，才能得到真正的体现。从这个意义上来看，集体主义是爱国主义的基础，而爱国主义则是集体主义的运用。树立集体主义的价值导向，培养青年对国家和社会的高度责任心，使他们能够胸怀全局，为国分忧，自觉地把满足国家的需要看作自己的责任，只有这样，我们的爱国主义教育才算真正收到了成效。

最后，对青年一代进行爱国主义教育，还要让他们认识到，要努力学好知识，掌握好现代的科学技术，从而为实现中华民族伟大复兴的中国梦贡献自己的力量。在当前，国际资本主义的反动势力正是依靠其在科学技术上的优势，不断地扩大军事实力，威胁发展中国家，并以其高精尖技术所生产的工业产品，以不等价交换的方式，继续对发展中国家进行经济上的掠夺。如在德国、英国、法国、日本和美国这些国家的超级市场中，几乎可以看到来自世界各地的农副产品，真可以说是品种繁多、应有尽有，而这些东西，都是它们以极为低廉的价格用工业产品从发展中国家换来的。直到现在，国际资本主义的反动势力仍然肆无忌惮地妄图干涉中国的内政，叫喊要在经济上制裁中国，原因之一，就是由于它们掌握了先进的科学技术，拥有较为雄厚的经济实力。因此，每一个青年人都应当认识到"复兴中华"同"振兴科技"是一致的，在社会主义制度下，科学兴国恰恰是爱国主义的重要内容，每一个热爱祖国的青年人，都要把掌握一项科学技术作为自己的一项光荣责任，并尽心尽力、全心全意地为祖国发展贡献自己的力量。曾有一种观点认为，科学无国界，科学家应当是世界公民，这种观点否认了一个基本事实，即在当今世界上仍然存在着剥削和压迫，仍然存在着两种根本不同的政治制度，从全人类的共同财富这个意义上来说，科学可以是无国界的，但是科学家是有祖国的。在社会主义国家中，科学家献身祖国是献身科学的应有之义，每一个科学工作者，都要尽力使自己所掌握的科学技术，能为祖国的建设服务，能够在捍卫社会主义和反对国际资本主义反动势力的斗争中贡献力量，这是我们对社会主义祖国应尽的义务和应负的责任。那些宣扬科学家要当世界公民的人，他们的丑恶嘴脸已经被他们的叛国行为彻底揭穿了，这对青年一代来说，也是一个很好的教育。

二、提高当代青年对国家、社会、民族的责任感

改革开放以来，在我们的舆论宣传中，更多地讲到个人的权利、个人的尊严、个人的价值以及个人正当利益的获取。在改革开放和建设有中国特色社会主义的过程中，为了推动我国社会主义经济的发展，为了使个人能够得到全面发展，正确地强调"个人"有其积极的意义。目前的问题是，舆论宣

传不应过于片面,也就是说,当我们宣传尊重个人的权利时,不应忽略强调在享受个人权利的同时,要相应承担一定的责任和义务,否则便会对青年起到不正确、不全面的导向作用。

对青年进行爱国主义教育,很重要、很基本的一点是要让他们意识到自己对家庭、对学校、对社会、对民族,特别是对国家应该尽一种责任。孔子说,小孩"三年不免于父母之怀",这是说每一个人都是在父母的关心、爱护与辛苦抚养下慢慢长大的,儿女的成长凝结着父母的心血。因此,中国传统伦理道德讲孝,就是强调儿女长大后对父母是负有一定的责任、义务的。一个对父母不孝、不爱父母的人,怎么还可能爱其他人?又怎么会是一个爱社会、爱国家的人?

现在有些人认为自己的成长完全是个人的事,是凭自己的本领,与他人、与社会无关。他们自觉或不自觉地不承认以至否认学校、国家多年对他们的培养教育。曾有这么一个真实的事例:一个来自中国贵州的学生到美国留学,一位中国学者与他交谈时发现他对祖国有许多不正确的看法,学者问他:"祖国怎么不好?你父母养育了你,学校教育了你,国家培养了你,你现在总算成才了。你现在身处异国,即使对父母、对祖国有意见,也不该说有损祖国的话。"没想到他竟然回答说:"国家没有培养我,我也没受到国家的照顾,我上小学、上中学、上大学的钱是我们老百姓缴的税,国家哪有什么钱?"学者说:"你是贵州人,贵州是个穷省,你们一家能向国家缴多少税?你从小学到中学再到大学,又花了国家多少钱?"他却说:"上大学是一种机遇,办大学的钱是老百姓交给国家的,总得有人来获得这种机遇,不是我就是别人。"像这样的青年人应该是极个别的,家庭、学校、社会、国家花这么大力气培养出这么一种对家庭、对学校、对祖国没有一点儿感情、没有一点儿责任感的学生,实在是一件十分遗憾的事情,很值得我们思考。

中华民族优良道德传统中很重要的一条就是，强调每个人从小要认识到父母养育了他，学校教育了他，国家培养了他，他从小就处于一定的人伦关系中，就应该对父母、对老师、对国家尽职尽责，因此，一个人做任何事都要对得起自己的祖国、学校和父母，这是中国传统道德的基本要求。如果一个人时时想到报答父母养育之恩的话，他一生做事就会尽量讲道德，不给父母带来耻辱。中国传统总是把"孝"作为"德之本"，因为父母养育了你，很不容易；为什么重师德？因为学校、老师教育了你，也很不容易；为什么要讲社会责任感？因为国家培养了你更不容易。因此，每一个公民都应该时时意识到自己无论对家庭、对学校、对国家均负有一定责任和义务，应把国家的荣誉当成自己的荣誉，把民族的耻辱当作自己的耻辱。对于自己在社会上所从事的职业，更应该敬业，应该认真负责地做好自己的本职工作，以此回报社会。一个人只有从小培养起这样一种对家庭、对学校、对社会、对国家、对民族的高度责任感，并对此有一种自觉的意识，才会与国家和社会融为一体，血肉相连，荣辱与共，才有可能为进一步接受爱国主义教育和思想品德教育打下一个良好的基础。

为了培养青年人的这种责任感和义务感，我们的教育应该注意这方面的问题：从小学起就强调怎样做人的教育，要把现在中学政治课本里有关政治经济学、哲学和社会学等比较深的理论题往后推推，世界各国在中学阶段，一般也不讲这些较深的理论问题。

其实，怎样做人的教育，从学龄前的家庭教育时就应该开始。问题是现在的很多年轻父母，不知道教育自己的孩子，不教育子女要孝顺父母、要关心别人、对其他人要承担义务、要有责任。现在有些孩子在家里就是"小皇帝"，一切以自己的意志为准，这样从小受溺爱的孩子长大后哪里会想到父母、想到国家、想到社会？"养不教，父之过"历来是中国的古训，不教育自己的孩子知道关心他人、孝顺父母和关心社会的父母，将来吃亏最大的首先是自己。此话绝非危言耸听，社会上的许多犯罪案例，发现案犯一般都没有多少对父母、对家庭、对社会的责任感和义务感，只要他们能想到自己的父母和社会，也就不会轻易去干违法犯罪的事了。从这个意义上讲，中国传统道德讲孝，讲凡事要想到父母，是有一定道理的。

第三节　国之本在民

《左传·庄公三十三年》强调"政之所兴，在顺民心"，《管子·霸业》也指出"以人为本，本治则国固，本乱则国危"，所谓"民为邦本，本固邦宁"，民生乃国之根本，在社会主义建设中要固本强基。党的十八大以来，习近平总书记在治国理政的新实践中，围绕改革发展稳定、内政外交国防、治党治国治军发表了一系列重要讲话，这些讲话蕴含着丰富的人本思想，回答了新时代坚持和发展中国特色社会主义应以何为本的问题。

习近平的人本思想可以概括为：国之本在民，以人的全面发展为根本；政之本在民，以人民的根本利益为根本。首先，人为国之根本，建设国家要为了人、依靠人，这是习近平总书记的治国理念。习近平在不同场合的讲话中多次表达了这样的人本思想。2013年6月6日就做好安全生产工作做出指示：发展决不能以牺牲人的生命为代价，这必须作为一条不可逾越的红线；2013年3月27日，在金砖国家领导人第五次会晤时的讲话中说道："我们将坚持以人为本，全面推进经济建设、政治建设、文化建设、社会建设、生态文明建设，促进现代化建设各个方面、各个环节相协调，建设美丽中国。"[①]他还多次强调，办好中国的事情关键在党、关键在人，并在庆祝中国共产党成立95周年大会上的讲话中要求，"努力形成人人渴望成才、人人努力成

---

① 习近平. 习近平谈治国理政. 北京，外文出版社，2018：326.

才、人人皆可成才、人人尽展其才的良好局面"。[①]习近平总书记认为，以人为本就是要以人的全面发展为本。2015年11月23日，习近平在中共中央政治局第二十八次集体学习时就指出，"要坚持把增进人民福祉、促进人的全面发展、朝着共同富裕方向稳步前进作为经济发展的出发点和落脚点"。[②]习近平总书记在党的十九大报告中还将我国社会的主要矛盾表述为"人民日益增长的美好生活需要和不平衡不充分的发展之间的矛盾"，意在通过"着力解决好发展不平衡不充分问题，大力提升发展质量和效益，更好满足人民在经济、政治、文化、社会、生态等方面日益增长的需要，更好推动人的全面发展、社会全面进步"[③]。其次，政以民为本是习近平总书记的理政理念，也是他的人本思想中鲜明的特色，这里的"民"既是指人民（相对于公民而言，指一切赞成、支持、参加中国特色社会主义建设的力量），而在不平衡不充分发展成为中国社会主要问题的新时代，更多的是指人民中的群众或百姓，以民为本与以人为本不矛盾，以民为本是以人为本的具体体现；以民为本是唯物史观的根本观点，是共产党党性的集中体现，是社会主义的内在要求；以民为本执政理念在社会主义中国一直得到继承和发展，并在以习近平同志为核心的党中央领导下的中国特色社会主义新时代得到更加全面的丰富、更大程度的深化、更为生动的实践。习近平同志早在2003年1月刚刚当选新一届浙江省人大常委会主任，接受记者采访时，便表示要"牢记全心全意为人民服务的宗旨，以民为本，不负重托"。党的十八届五中全会上，习近平总书记首次提出"以人民为中心"的发展思想；党的二十大报告中，

[①] 习近平.在庆祝中国共产党成立95周年大会上的讲话.[DB/OL].http://jhsjk.people.cn/article/28517655，2016-07-02.

[②] 习近平.发展当代中国马克思主义政治经济学.[DB/OL].http://jhsjk.people.cn/article/27972662，2015-12-24.

[③] 习近平.决胜全面建成小康社会，夺取新时代中国特色社会主义伟大胜利——在中国共产党第十九次全国代表大会上的报告.[DB/OL].http://jhsjk.people.cn/article/29613458，2017-10-27.

习近平新时代中国特色社会主义思想的"十个明确""十四个坚持""十三个方面的成就"都强调了坚持以人民为中心。以民为本，就是要把人民的根本利益放在第一位。2013年8月，在全国宣传思想工作会议上，他说："坚持人民性，就是要把实现好、维护好、发展好最广大人民根本利益作为出发点和落脚点，坚持以民为本、以人为本。"①习近平总书记在党的十九大报告中指出："带领人民创造美好生活，是我们党始终不渝的奋斗目标。必须始终把人民利益摆在至高无上的地位，让改革发展成果更多更公平惠及全体人民，朝着实现全体人民共同富裕不断迈进。"②

一、提高教育质量，促进教育公平

教育问题，小到个人和家庭，大到社会的发展与繁荣，是社会必须要格外重视的一个问题，要把教育摆在优先发展的位置上，不断提高教育质量与水平。习近平在党的十九大报告中特别指出："办好学前教育、特殊教育和网络教育，普及高中阶段教育，努力让每个孩子都享有公平而有质量的教育。"③这强调了社会不仅要普及基础教育，而且要发展各方面的教育，发展公平公正的教育，从而实现人的全面发展。长久以来，教育资源分配不均衡的问题依然存在，城乡之间的教育资源差距依然很大，一些偏远的山区和民族地区则更为严重。因此，要加大对贫困地区和偏远山区的支持力度，建立完善的教育资源分配制度，让他们享受到更好的教育资源和学习环境。

---

① 习近平.在全国宣传思想工作会议上的讲话.[DB/OL].http://jhsjk.people.cn/article/25493994，2014-08-19.

② 习近平.决胜全面建成小康社会 夺取新时代中国特色社会主义伟大胜利——在中国共产党第十九次全国代表大会上的报告/习近平著作选读（第2卷）.北京：人民出版社，2017.

③ 习近平.决胜全面建成小康社会 夺取新时代中国特色社会主义伟大胜利——在中国共产党第十九次全国代表大会上的报告/习近平著作选读（第2卷）.北京：人民出版社，2017.第45页。

二、增加就业机会，转变就业观念

就业是民生之本，是人们能否过上幸福生活的重要保障，没有了工作就没有了物质基础与生活来源，生活就失去了前进的动力，就会使人民对美好生活丧失信心。所以，社会要坚持就业优先战略和积极就业政策，实现更高质量和更充分的就业。具体而言，我国目前就业的最大问题是就业需要和就业供给存在不匹配的问题，这就要求必须采取有效的措施去解决供需不平衡的问题，要增加就业机会，增加更多的工作岗位，大力发展生产力，为创造就业机会提供有效途径；另一方面，要提高劳动者的职业技能与专业素养，使劳动者树立正确的就业观念，世界上只有没出息的人，没有没出息的工作，劳动者都是值得被尊重的，要树立平等的职业观。

三、提高人民收入，缩小贫富差距

收入分配问题对于民生而言是意义重大的。劳动者的收入与民生密切相关，中国共产党一直以来对于收入分配问题都是十分重视的，人们有了满意的收入，有了良好的物质基础才会过上幸福的日子。现在我国经济总体状况良好，经济的蛋糕越做越大，建立公平、合理的分配秩序是必须要解决的一个问题，必须处理好初次分配和再分配之间的关系，主张初次分配更注重效率和再分配更注重公平。"社会主义的本质，是解放生产力、发展生产力、消灭剥削、消除两极分化，最终达到共同富裕。"[①]社会主义强调的是先富带动后富，最终实现共同富裕，而不是无差别的平均分配，在实现共同富裕目标时更要去关注那些未富者的收入问题，这是社会经济发展的客观要求。

四、完善社会保障体系，增强人们的幸福感和获得感

社会保障是社会发展的稳定器，是关于民生最基础的问题之一。建立更

---

① 邓小平. 邓小平文选（第3卷）. 北京：人民出版社，1993：373.

加公平、全面的社会保障体系一直是我国在解决民生问题时需要解决的重大课题,要想实现社会的和谐发展就需要政府履行社会建设的基本职能,而加强社会建设需要完成的重点任务就是保障和改善民生。针对我国现在城乡之间发展不平衡不充分的问题,要缩小城乡之间的发展差距,缩小人与人之间的收入差距,处理好初次分配和再分配之间的关系,增加中等收入者群体的数量,重点解决民族地区和偏远山区以及贫困人口的基本生活问题,为他们提供最基本的公共服务和社会保障。

五、提高人民健康水平,实现健康中国

古往今来,健康问题一直是人们最关心的问题,是人们实现全面发展的必然要求。没有一个好的身体就不能实现个人理想,更不用说实现社会价值了,可以说健康问题解决得如何,就决定了民生问题解决得如何。但是,"看病难""看病贵",以及城乡医疗资源的不平衡等问题一直存在,这对人们的健康依然产生了一定的影响。因此,构建更加完善的医疗卫生服务体系,积极推进实施健康中国战略,对于解决当下人民的健康问题显得尤为重要。习近平特别指出:"要完善国民健康政策,为人民群众提供全方位全周期健康服务。"[1]通过一系列政策和措施提高人民的健康水平,增强人民的体质,在身体健康的情况下全面发展,为改善民生和实现健康中国打下一个扎实的基础。

六、完善住房供应体系,提供更舒适的居住环境

住房问题是一个社会问题,也是改善民生的一个重要问题。提高人民的住房水平,满足人民多层次的住房需求,让更多的老百姓享受安居乐业和幸

---

[1] 习近平.决胜全面建成小康社会 夺取新时代中国特色社会主义伟大胜利——在中国共产党第十九次全国代表大会上的报告/习近平著作选读(第2卷).北京:人民出版社,2017:48

福生活,不仅是我党在大力解决的主要问题,也是老百姓最热切的愿望。随着社会经济的不断发展,人民的生活水平不断提高,住房问题也普遍得到了解决。但是,目前我国的城镇住房体系还不够完善,住房困难户依然存在,住房资源配置不均衡的问题依然突出。习近平特别强调指出:"政府必须'补好位',为困难群众提供基本住房保障。"[1]解决中国13亿老百姓的住房问题是一个系统性的工程,要靠市场和政府共同发挥作用,建立分层次的住房保障体系,满足不同层次的住房需求,实现住房公平与社会正义。

七、加强生态文明建设,实现美丽中国

近年来,我国在教育、医疗、住房、社会保障等方面不断取得进步的同时,环境问题成为举国上下共同关心的话题。生活在地球这个庞大的生态系统之中,生态环境与民众的日常生活和工作是密切相关的,良好的生态环境是改善城乡民生的前提和基础。习近平总书记强调:"良好的生态环境是最公平的公共产品,是最普惠的民生福祉。""宁要绿水青山也不要金山银山。"发展是在保护生态环境的前提下进行的,盲目地追求经济效益而忽略环境保护不是我们想要的发展。要在尊重客观规律的前提下,发挥人的主观能动性,从而实现人与自然的和谐共生。

总之,中华民族能否实现伟大复兴的中国梦,中国共产党能否长期执政,能否继续解放思想、坚持改革开放,能否团结进步、坚持党要管党、全面从严治党,能否带领中国9800万党员做到向善若水、从善如流,能否敢于批评与自我批评,接受人民监督,能否实现高质量发展的目标任务,归根结底取决于人民对执政的满意程度。党和国家政策要时时以维护人民的根本利益为准则,做到发展为了人民,发展依靠人民,发展成果由人民共享。当党

---

[1] 习近平.社会保障体系建设如何加强.[DB/OL].http://xinhuanet.com//2017-10-31/c_1121881003.htm,2017-10-31.

的十八大提出建设美丽中国时，我们很欢欣；当习近平总书记提出"人民对美好生活的向往，就是我们的奋斗目标"时，我们很鼓舞，这才是真正的以人为本、以民为本。

第四节　国为人生提供了奋斗的舞台

习近平总书记说："新时代是奋斗者的时代，每一个人都是新时代的见证者、开创者、建设者。"青年是祖国建设的生力军，应当树立爱国奋斗意识，增强责任感和使命感。一百多年前，爱国志士梁启超饱含深情地写下了《少年中国说》，发出了"今日之责任，不在他人而全在我少年"的呐喊。历史的车轮滚滚向前，五千年文明古国在烈火中重生，时至今日，这句话依然掷地有声，生活在和平时代的我们，唯有爱国奋斗，才不负青春年少。

爱国奋斗是中华民族生生不息、代代相传的民族基因，是新时代高扬的主旋律。爱国是民族的精神脊梁，奋斗是时代的前进引擎，主动担当、积极作为，爱国从来不是空洞的口号，而是奋斗的行动。林俊德院士，52年坚守在罗布泊，参加了我国所有的核试验，在他生命最后时刻，从罗布泊的荒原戈壁转战到医院病房这个特殊战场，完成了一名国防科技战士最后的冲锋。他戴着氧气面罩，身上插着导输管、胃管、减压管，鼠标在缓缓移动着，手在不停颤抖着，一旁的生命监护仪在不断警告，生命的数据在令人揪心地跳着，视线已渐渐地模糊，他却反复叮咛着需要交接的某项重大国防研究项目相关资料。在生命的最后一天，他强忍剧痛坚持伏案工作长达4小时。与国相依，衣带渐宽终不悔，这是中国爱国知识分子奋斗精神的真实写照。为什么中国只用70年，就可以发展成现在的样子？是科学家为祖国撑起了尊严和底气。中国有太多像林俊德院士一样默默奉献的科学家，正是因为他们，我们的国家才更强大，正是因为他们，我们才得以免受战乱之苦，生活在和平年代。林俊德院士带着对祖国的无限热爱和无限牵挂走了，为了责任，为了使命，他宁愿用最后的时刻，拼命挣扎在工作之中，他只希望自己的知识、研究对国家的发展、后代的成长有所帮助。爱国奋斗的接力棒传到了我们青年人手中，但是生活中我们会看到有些人胸无大志，缺乏信仰，沉溺于网络；好高骛远，心浮气躁，眼高手低；学习喊累，生活喊苦，缺乏进取精神和承受力，如此我们怎能撑起共和国的大厦？怎能肩负民族复兴的重任？怎能迈开走向世界的步伐？"少年智则国智，少年富则国富，少年强则国强，少年独立则国独立，少年自由则国自由，少年进步则国进步，少年胜于欧洲，则国胜于欧洲，少年雄于地球，则国雄于地球"。复兴中华，我们任重而道远。

苏步青说："一个真正的爱国主义者，用不着等待什么特殊机会，他完全可以在自己的岗位上表现自己对祖国的热爱。"是的，爱国是首奋斗的歌，每个人都可以用自己的方式向祖国表白，青年一代也可用自己的方式向祖国献礼，热爱祖国，努力奋斗，我们应该怎样做呢？

一、维护和推进祖国统一

保持香港、澳门长期繁荣稳定，实现祖国完全统一，是实现中华民族伟大复兴的必然要求，是不可阻挡的历史进程，也是全体中华儿女的共同心愿。

推进祖国统一，必须保持香港、澳门长期繁荣稳定。香港、澳门与内地的命运始终紧密相连，实现中华民族伟大复兴的中国梦，需要香港、澳门与内地坚持优势互补、共同发展，需要港澳同胞与内地人民坚持守望相助、携手共进。要始终准确把握"一国"和"两制"的关系。"一国"是根，根深才能叶茂；"一国"是本，本固才能枝荣。要坚定不移贯彻"一国两制"方针，把维护中央对香港、澳门特别行政区全面管治权和保障特别行政区高度自治权有机结合起来，确保"一国两制"方针不会变、不动摇，确保"一国两制"实践不变形、不走样；要始终依照宪法和基本法办事。中华人民共和国宪法和香港特别行政区基本法共同构成香港特别行政区的宪制基础。要把中央依法行使权力和特别行政区履行主体责任有机结合起来，不断完善与基本法实施相关的制度和机制。要把发挥祖国内地坚强后盾作用和提高港澳自身竞争力有机结合起来，发展经济，改善民生，要始终维护和谐稳定的社会环境。"和气致祥，戾气致异"，在全球经济格局深度调整、国际竞争日趋激烈的背景下，只有着眼大局，理性沟通，凝聚共识，和衷共济，才能逐步解决问题，让香港、澳门同胞与祖国人民共担民族复兴的历史责任，共享祖国繁荣富强的伟大荣光。

和平统一最符合包括台湾同胞在内的中华民族的根本利益。要从中华民族整体利益的高度把握两岸关系大局，在认清历史发展趋势中把握两岸前途，坚持增进互信、良性互动、求同存异、务实进取，促进两岸关系发展取得更多积极成果，努力增进两岸人民福祉，增进对两岸命运共同体的认知，不断拓宽两岸关系和平发展的道路。

坚持一个中国原则。一个中国原则是两岸关系的政治基础，体现一个中国原则的"九二共识"明确界定了两岸关系的根本性质，是确保两岸关系和平发展的关键。两岸双方应始终坚持"九二共识"的共同立场，在巩固和维护一个中国框架这一原则问题上形成更为清晰的共同认知，并在此基础上求同存异。大陆和台湾同属一个中国，是不可分割的整体，这个事实从未改变，也不可能改变，"和平统一、一国两制"是解决台湾问题的基本方针。两岸双方应本着对历史、对人民负责任的态度，以中华民族整体利益为重，把握好两岸关系和平发展大局，推动两岸关系沿着正确方向不断向前迈进。

推进两岸交流合作。在两岸关系大局稳定的基础上，两岸各领域交流合作有着广阔空间。两岸双方应该为深化经济、科技、文化、教育等领域合作采取更多积极举措，提供更多政策支持，创造更加便利的条件，以拓宽合作领域，提高合作水平，产生更大效益，开创两岸关系和平发展新前景。

促进两岸同胞团结奋斗。两岸同胞是命运与共的骨肉兄弟，是血浓于水的一家人，有着共同的血脉、共同的文化、共同的连结、共同的愿景，这是推动两岸关系相互理解、携手同心、一起前进的重要力量。兄弟同心，其利断金，两岸双方应秉持"两岸一家亲"的理念，顺势而为、齐心协力，心心相印、守望相助，巩固和扩大两岸关系发展成果。凡是有利于增进两岸同胞共同福祉的事情，我们都应尽最大努力做好。要切实保护台湾同胞权益，团结台湾同胞，维护好、建设好中华民族共同家园。

反对"台独"分裂图谋。"统则强、分必乱"。"台独"分裂势力及其分裂活动仍然是对台海和平的现实威胁，必须继续反对和遏制任何形式的"台独"分裂主张和活动，不能有任何妥协。"台独"分裂行径损害国家主权、领土完整，破坏台海和平稳定，挑动两岸对抗紧张，损害两岸同胞共同利益，必然走向彻底失败。我们坚决维护国家主权和领土完整，绝不容忍国家分裂的历史悲剧重演，一切分裂祖国的活动都必将遭到全体中国人坚决反对。我们有坚定的意志、充分的信心、足够的能力挫败任何形式的"台独"分裂图谋。我们绝不允许任何人、任何组织、任何政党在任何时候、以任何形式、把任何一块中国领土从中国分裂出去。要贯彻《反分裂国家法》，旗帜鲜明地反对一切损害两岸关系的言行。

实现中华民族伟大复兴，是全体中国人共同的梦想。只有包括港澳台同胞在内的全体中华儿女顺应历史大势、共担民族大义，把民族命运牢牢掌握在自己手中，就一定能够共创中华民族伟大复兴的美好未来。青年一代要感悟两岸关系和平发展的潮流，担当起实现中华民族伟大复兴的历史重任，为推动两岸关系和平发展、实现祖国统一作出自己的贡献。

二、促进民族团结

处理好民族问题、促进民族团结，是关系祖国统一和边疆巩固的大事，是关系民族团结和社会稳定的大事，是关系国家长治久安和中华民族繁荣昌盛的大事。青年一代要像爱护自己的眼睛一样维护民族团结，像爱护自己的生命一样维护社会稳定，自觉做民族团结进步事业的建设者、维护者、促进者。

深化对党的民族理论和民族政策的认识，认真学习国家关于民族事务的法律法规，深入了解中华民族"多元一体"的发展历史，坚定"汉族离不开少数民族，少数民族离不开汉族，各少数民族之间也相互离不开"的思想观念。要牢固树立正确的祖国观、民族观，增强对伟大祖国的认同、对中华民族的认同、对中华文化的认同、对中国特色社会主义道路的认同。要铸牢中华民族共同体意识，加强各民族交往交流交融，促进各个民族像石榴籽那样紧紧抱在一起，共同团结奋斗、共同繁荣发展。在与其他民族同胞接触交往的日常生活中，维护和发展各民族的平等团结互助和谐关系，要尊重兄弟民族的传统文化、风俗习惯和宗教信仰，多说有利于民族团结、有利于社会稳定的话，多做有利于民族团结、有利于社会稳定的事，不说伤害民族感情的话，不做不利于民族团结和社会稳定的事。

认清"藏独"和"疆独"等各种分裂主义势力的险恶用心和反动本质，坚持原则、明辨是非，不信谣、不传谣，不受分裂分子挑拨煽动，不参与违法犯罪活动，与破坏民族团结的行为作坚决斗争。在危急关头、关键时刻，要立场坚定、挺身而出，敢于同各种分裂活动作斗争，坚决捍卫民族团结进步、共同繁荣发展的大好局面，筑牢各族人民共同维护祖国统一、维护民族团结、维护社会稳定的钢铁长城。

三、增强国家安全意识

国家安全问题事关国家安危和民族存亡。在国家安全形势越来越复杂的今天，我们每个人要树立总体国家安全观，增强国家安全意识，对境内外敌对势力的渗透、颠覆、破坏活动保持高度警惕，切实履行维护国家安全的义务。

确立总体国家安全观。国家安全是指一个国家不受内部和外部的威胁、破坏而保持稳定有序的状态。当前，我国国家安全内涵和外延比历史上任何时候都要丰富，时空领域比历史上任何时候都要宽广，内外因素比历史上任何时候都要复杂，必须坚持总体国家安全观，坚持国家利益至上，以人民安全为宗旨，以政治安全为根本，以经济安全为基础，以军事、文化、社会安全为保障，以促进国际安全为依托，走出一条中国特色国家安全道路。确立总体国家安全观，必须既重视外部安全，又重视内部安全；既重视国土安全，又重视国民安全；既重视传统安全，又重视非传统安全；既重视发展问题，又重视安全问题。要坚持走和平发展道路，既重视自身安全，又重视共同安全，打造人类命运共同体，推动世界朝着互利互惠、共同安全的目标相向而行。

增强国防意识。强大的国防是国家生存与发展的安全保障。我国的国防是全民的国防。我国宪法明确规定，保卫祖国、抵抗侵略是中华人民共和国每一个公民的神圣职责。广大青年既是社会主义现代化建设的有用人才，也是国防建设的后备人才，必须具有很强的国防观念和忧患意识，自觉接受国防和军事方面的教育训练，关心国防、了解国防、热爱国防、投身国防，积极履行国防义务，成为既能建设祖国、又能保卫祖国的优秀人才。

履行维护国家安全的义务。我国宪法明确规定了公民维护国家安全的基本义务，国家安全法、保守国家秘密法、国防法、兵役法、反间谍法等法律明确规定了公民维护国家安全的各项具体的法律义务。每个青年应自觉遵守国家安全法律，履行维护国家安全的法律义务：依照法律服兵役和参加民兵组织的义务，保守国家秘密的义务，为国防建设和国家安全工作提供便利条件或其他协助的义务，在国家安全机关调查了解有关危害国家安全的情况下如实提供有关证据、情况的义务，及时报告危害国家安全行为的义务，不得非法持有、使用专用间谍器材的义务，不得非法持有国家秘密文件、资料和其他物品的义务等。对每一项责任和义务，每个青年人都应当勇于担当，尽职尽责。"振兴中华，从我做起"，这是改革开放初期广大青年人喊出的响亮口号，这个口号鼓舞着无数青年学子投身祖国的现代化建设事业，在各自的工作岗位上建功立业。新时代的新青年应当高扬爱国主义旗帜，把爱国之情、强国之志、报国之行统一起来，为国家和民族作出应有的贡献。

四、弘扬爱国奋斗精神

爱国奋斗，当志存高远。"志之所趋，无远弗届，穷山距海，不能限也。"毛泽东不到17岁就写下"孩儿立志出乡关，学不成名誓不还"的豪情诗篇。习近平在年仅15岁的时候，便来到陕北的梁家河开始了其艰苦的知青生活，22岁离开黄土地时，他已经有了"要为人民做实事"的坚定目标。因此，当代青年人更要有似初升的太阳一般的磅礴朝气，有为祖国和人民做大事的抱负与追求，让自己的生命因为拥有高的理想而高贵。站在巨人的肩膀上，我们要登高望远、勇于变革、敢为人先，对想做爱做的事要敢试敢为，敢于创新探索，努力从无到有、从小到大，把梦想变为现实。

爱国奋斗，当脚踏实地。"古今中外，凡成就事业，对人类有作为的无不是脚踏实地，艰苦攀登的结果"。钟扬艰苦援藏16年，不顾高寒缺氧，呼吸困难，抵达植物生长的最高极限，在青藏高原奔走50万公里，采集上千种植物的4000万颗种子,历时3年将全世界仅存的3万多棵国家一级保护植物——西藏巨柏逐一登记在册，为国家和人类储存下绵延后世的基因宝藏。只要脚踏实地、日积月累，坚守着那一份执着和初心，即使在最艰难困苦的地方，在最平凡的岗位，也能做出最不平凡的事情。广大青年只要有志气、有闯劲，勤恳诚实，心怀"心有大我、至诚报国"的爱国情怀，无论什么岗位都能成为自己最耀眼的舞台，实现自己的人生价值。

爱国奋斗，当不怕困难。"艰难困苦，玉汝于成"。人的一生不可能总是平平坦坦、轻轻松松、顺顺当当、风平浪静，在这条漫长的旅途中，我们难免会遭到大大小小的挫折与失败。没有经过失败的人生是不完整的人生；没有高温高压的摧残，便没有钻石的璀璨；没有困难挫折的考验，也便没有不屈的人格。正因为有挫折，才有勇士与懦夫之分，历史由勇敢者创造，时代由奋斗者书写，唯有奋斗者，才能在历史的车轮上刻印足迹。

"红日初升，其道大光。河出伏流，一泻汪洋"。中国站起来了，中国强大了，中国一路高歌走入了新的时代。而"新时代是奋斗者的时代，每一个人都是新时代的见证者、开创者、建设者"。中国青年，自当挺起脊梁，丈量日月，爱国奋斗，自强不息，不负蹉跎岁月。

第三章　家庭是人生的开始之地

什么是家庭？家庭对于很多人来说并不陌生，无论是夫妻之间的关系还是父母与子女之间的关系，都被涵盖在这个社会生活单位中。家庭作为社会的基本单位，不管是对国家、社会还是个人都能够起到督促作用。在这个过程中，父母作为构成家庭的主要成员，既是孩子的孕育者和监护人，又是孩子的引路人和好榜样，因而一个人必然要从家庭开启他们的人生之路。

第一节　家庭是社会的基本细胞

习近平总书记高瞻远瞩地指出了"不论时代发生多大变化，不论生活格局发生多大变化，我们都要重视家庭建设，注重家庭、注重家教、注重家风"。因而注重家庭首先就要认识到家庭对于国家、社会和道德建设的重要性，进而加强家庭在新时代国家发展和民族进步以及道德建设中的作用和地位。

一、天下之本在于家

古语有云："身修而后家齐，家齐而后国治，国治而后天下平。"即一个人要在修养良好的品性之后，才能管理好家庭家族；家庭家族管理好了，才能治理好国家，进而才能天下太平。当代社会，家庭的健康发展作为一个民族智慧的重要体现，不仅为中华民族伟大复兴的中国梦提供了基础性力量，而且也增强了一个国家的文化自觉和文化自信。

在中国历史上，"家"最初是指大夫的封地，跟诸侯的封地"国"相对。二者很早就在口语中连用，成为既不互属，又紧密关联的词。《老子》第十八章就有"六亲不和，有孝慈；国家昏乱，有忠臣"的表述，显示了基于血缘关系的家内亲情和从属于政治领域的为国忠诚，二者所面对的问题，有一致的一面。

家庭是古代中国基本的社会单元。人一出生，就在衣食住行和启蒙教育等方面，受到父祖辈的哺育、家庭的庇护和亲族的扶持。家庭不断繁衍扩大，形成了家族、宗族等社会组织，在其内部，尤其在田产运营、族人教化、族内互助、丧葬事宜等领域产生的政治、经济特点，使中国历史上的"家国传统"包罗万象，涉及了社会发展的方方面面。不仅如此，在传统中国，家庭还是连接个人与国家的重要纽带。《论语·学而》中孔子的学生有子曾说过，孝悌是"为人之本"。他进而认为，一个人若能做到在家孝悌，尊敬长上，一般就能遵守社会准则，做事不逾矩。

第一，家庭是国家发展的重要基点，它与国家的前途命运紧密相连。家是最小国，国是千万家。一家仁，一国兴仁；一家让，一国兴让。"家国一体"的观念，一直流传在中华民族的血液里。家和万事兴，只有当每一个家庭都和谐了，才能维护社会大体系正常运转，才能助推我们的国家实现建立富强民主文明和谐美丽的社会主义现代化强国。习近平总书记就曾明确指出："千家万户都好，国家才能好，民族才能好。"

实现中华民族伟大复兴的中国梦离不开家庭的健康发展。中国梦是中华民族壮怀激烈、兼济天下的理想，它不仅需要科技、经济、军事的硬实力,更需要从人的思想根基深处建立一套促进人类文明的治家体系。一个社会或一个民族,只有把家庭提到"为天地立心"的日程上来,才能拔庸俗之劣根,才能追溯道德情操的高贵气质。否则,无论是中国特色的社会主义建设,抑或是旗帜鲜明和方向明确的中国梦征程,如果家庭根基缺少了"诚意正心"的修养之端和"家国同构"的生命品格,缺少了"礼义廉耻"的自尊意识,我们无论如何努力都是走不远的。

第二,家庭的健康发展是国家现代化治理体系的重要保障。国家现代化治理体系是一个国家发展的根本性制度、长远性的方法模式和全局性的政策规划。而由于家庭社会细胞的基础意义以及家庭培养人们向善向上的情怀和明德惟馨的观念,规范了一个家庭"以文化人,以美育人"的发展理路,从而建立起家庭现代治理体系,真正牵引起人们的家国情怀和匡正秩序的内在属性。

重视家庭建设的内在机理,不仅体现了时代的道德取向和全民族对文化精神的追求,而且深切冀望着家国同构气象,既是在打造诚意正心治国平天下的通行证,又是在践行"己所不欲、勿施于人"的道德义理;既是在倡导庸德庸行的榜样垂范力量,又是在光大心存善渊的至美风尚。今天,中华民族的伟大复兴已经箭在弦上,但是家庭健康发展的道路还任重道远。这不仅需要家庭在育人育才的道路上铸就家国情怀的使命担当,更需要在社会主义建设的发展过程中加强精神文明建设。

二、社会和谐归于家

习近平总书记曾多次提到,"家庭和睦则社会安定,家庭幸福则社会祥和,家庭文明则社会文明"。家庭是社会的细胞,是构成社会的有机组成部分。而家庭是否和谐及其和谐的程度,是衡量社会是否和谐以及和谐程度的一个重要维度。在一定意义上说,和谐社会是由和谐家庭发端的,需要由家庭和谐推广发展为社会和谐。没有家庭的和谐，社会的和谐就是片面的，不完善的。离开了家庭的发展，社会发展将成为无源之水、无本之木。

中国特色社会主义的本质属性是社会和谐，社会和谐也是国家富强、民族振兴、人民幸福的重要保证。和谐家庭是构建和谐社会的重要组成部分，家庭作为社会的基本细胞，和谐家庭也必然是和谐社会的基本细胞。家庭和谐是社会和谐的坚固防线，也是社会和谐的重要基石。"家庭和谐已经成为社会幸福指数的核心内涵之一。"我国有四亿多个家庭，和谐美满的家庭有利于家庭成员自由、平等、健康、全面地发展，有利于社会的和谐与进步。从某种意义上可以讲，和谐家庭是和谐社会的开端，正确看待和处理家庭问题，培养和营造和睦的家庭氛围，既关系到每个家庭的美满幸福，也关系到社会的和谐安定。

社会和谐离不开家庭和谐，而一个和谐的家庭，其价值规范是依据集体主义的价值原则所确立的，其实质是集体主义在家庭中的具体化。和谐家庭首先要做到亲密友爱。每个人从一出生就处于特定的家庭中，家庭的建立依赖于婚姻制度，是以婚姻关系为基础的，一对男女按照一定的法律规定和习俗要求完成婚姻程序，被社会所认可结为夫妻，一个家庭就此建立。其次，和谐家庭要尊老爱幼。家庭这个集体从结构来看，除了居于核心地位的夫妻，还有老人和孩子，如何对待老人和孩子，直接影响到家庭关系的处理。对老人的尊敬不只是夫妻单方面的尽孝，也是在给孩子做榜样，这种规范的引导不是单向的，而是双向的，贯穿于人的一生。第三，家庭和谐过程中需要克勤克俭。伴随着网络的发展，媒体和商业炒作诱导着人们对物质利益的追求，利益最大化的观念不断影响着人们的思想，进而渗透到情感领域，对人们的价值观念产生了一定的负面作用。此时，人们一定要"静以修身，俭以养德"，才能化解由于价值观念的变化而导致的矛盾。最后，和谐的家庭要守望相助。守望相助出自《孟子·滕文公上》一文，被用来形容古代的邻里关系，是古代处理邻里关系遵循的规范。但由于工业社会的流动性、城市社区的开放性等原因，亲属之间逐渐变得疏离，邻里关系也趋于消失，为了适应变化的现代社会，必须找到一种新的相处模式，即守望相助。这个守望相助不同于古代的守望相助，不再局限于古代处理邻里关系时的含义，更是增添了新的内涵。守望具体指充分尊重亲属与邻里，维护各自家庭的独立，建立清晰边界，保持界限感。相助是指在守望的基础上处理亲属关系与邻里关系时应相互团结、相互帮助。

和谐社会的构建过程中，一个家庭能否和谐健康，一个家庭的成员能否得以自由、健康、全面的发展，成为社会进步的重要推力，一个主要方面就是看其家庭健康能否与时代发展和社会需要相吻合。一个家庭的健康发展，需要发挥家庭的作用，要培养家庭成员健康文明的生活情趣、积极向上的价值追求，强化对家庭、社会和国家的责任意识，发挥家庭潜能，提高家庭的整体素质，为社会的稳定、和谐与发展奠定坚实基础。

三、道德建设源于家

道德建设作为社会主义精神文明建设的重要方面，离不开家庭这个精神归宿，更离不开传统家庭道德教育的影响。在新时代道德建设的过程中，传统的家庭道德教育发挥着举足轻重的作用，它是现代道德建设的基础思想资源，为道德建设提供了宝贵的思想根基。

首先，传统家庭道德教育是涵养新时代道德建设的根基。传统家庭道德教育作为中华传统文化的一部分，同样具有源远流长的特点。充分挖掘传统家庭道德教育的精华，是新时代加强道德建设必不可少的环节，同时也是增强新时代道德建设有效性的思想资源和支柱。习近平多次强调挖掘中华优秀传统文化的重要性，他指出，"深入挖掘和阐发中华文化讲仁爱、重民本、守诚信、崇正义、尚和合、求大同的时代价值，不断增强文化自信和价值观自信"。因此，传统家庭道德教育的精华成分起着滋养新时代道德建设的根基作用。

传统家庭道德教育思想精华的涵养作用主要归因于两个方面：第一，从文化传承的角度来讲，传统家庭道德教育思想具有历史上的一脉相承性。传统家庭道德教育主要是指从先秦到辛亥革命时期的家庭道德教育，在历史划分的意义上，它属于过去，是"过去式"，甚至是思想领域的"古董"。但是，人类文明的发展是一脉相承的，任何主观割断历史与现在联系的做法都是不可取的。"以铜为镜可以正衣冠，以古为镜可以知兴替"，加强道德建设，尤其是加强家庭道德建设离不开对传统家庭道德教育的历史性继承与时代性发展。要坚持"去粗取精，古为今用"的原则，结合新时代道德建设的具体要求，深入挖掘其中与当今社会相适用的道德教育思想，这才是传统家庭道德教育一脉相承性的体现。第二，从家庭道德教育的地位来讲，在内容上，家庭道德教育是新时代道德建设的重要组成；在实施机制上，家庭道德教育是加强新时代道德建设的重要路径。习近平总书记强调，要加强社会公德、职业道德、家庭美德、个人品德建设。这四个方面构成新时代公民道德建设的四个维度，其中，家庭道德教育是新时代道德建设的基础和起点。

家庭美德属于家庭道德范畴，是每个公民在家庭生活中应该遵循的基本行为准则，是道德建设的重要一环。家庭美德的主要内容是尊老爱幼、男女平等、夫妻和睦、勤俭持家、邻里团结，在维系和谐美满的婚姻家庭关系中具有重要而独特的功能。家庭美德还包括在家庭生活中，在道德意识支配指导下，按照家庭美德规范行动，逐渐形成的人们的道德品质、美德。家庭美德是公民道德建设的重要内容，对于社会公德的弘扬、职业道德的坚守、个人品德的养成具有重要的作用。社会主义的家庭美德，是社会主义道德在家庭生活中的具体体现。和谐家庭的构建是以家庭美德为基础，大力倡导家庭美德，鼓励每个人在其家庭里都做一个好的成员。

其次，新时代道德建设呼吁传统家庭道德教育的转化。传统家庭教育具有"二重性"，在新时代道德建设过程中，我们应该有所取舍。"传承什么""抛弃什么"，这是我们面对传统家庭道德教育时应该明确的问题。由于传统道德教育产生于封建社会、成熟于封建社会，其命运也随着封建社会的衰败走向没落，因此不可避免地印上时代的标签。道德作为特定时期的文化产物，它具有时代性与阶级性，在传统社会，家庭道德也是阶级道德的一部分，传统社会的落后性在家庭道德中也有所体现。

传统家庭道德教育的创造性转化和创新性发展应该根据新时代道德建设的具体要求进行，坚持时代性原则和民族性原则。第一，必须符合新时代中国特色社会主义道德的要求。新时代中国特色社会主义道德建设的主要内容是公民道德建设，它集中体现着新时代中国特色社会主义精神文明建设的根本性质和发展方向，规定了新时代公民道德建设的基本原则和具体内容。按照新时代中国特色社会主义道德的要求，通过家庭道德教育来促进新时代道德建设，"在一般情况下，如果一个人对与自己亲近的人不管不顾，去帮助一个关系较远的人，有违基本的道德责任"，有效的家庭道德教育才能更好地促进新时代公民道德建设。第二，坚持创造性转化和创新性发展相结合。习近平总书记强调，"不忘本来才能开辟未来，善于继承才能更好创新"，对中华优秀传统文化的内涵加以补充、扩展、完善，增强影响力和感召力。作为中华传统文化的一部分，传统家庭道德教育价值的发挥离不开对其进行时代性转化。由于传统家庭道德教育产生发展的时代背景，"不可避免地受到封建社会严格的等级制度和尊卑观念所制约，受到为维护封建'家庭'和'氏族'延续的思想所局限，受到封建的'尊亲''忠君'、轻视妇女等观念的影响"。

第二节 家庭是人生的第一所学校

家庭是每个人人生的第一所学校,也是其永久的学校。家庭是奠定个人一生发展方向的基础性教育阵地,是不容忽视的。家庭在人类历史长河中所具有的生养、亲情联系以及教育子女的作用,一直在延续和发展。"家庭者,人生最初之学校也。一生之品性,所谓百变不离其宗者,大抵胚胎于家庭之中"[①]。因而,打造良好的家庭教育和家庭环境以及营造出积极向上的家庭氛围,在个人成长过程中必不可少,同时还要加强一个家庭中家风的建设。

一、良好的家庭教育和家庭环境是个人成长的基础

良好的家庭对于孩子健康成长的重要作用不言而喻,特别是在当今互联网发达、智能手机普及、各种纷繁复杂多样的价值观涌动并存的新时代,家庭的功能价值就变得更加重要。家庭教育若不到位,不仅会严重抵消学校教育的效果,还会给个人发展造成一定的消极影响。家庭环境若不清明,个人就可能会养成不好的习惯,从而影响一生的发展。所以,无论何时,都要注重家庭、注重家教、注重家风。

第一,家庭教育是一个潜移默化和漫长的过程,在这个过程中,良好的家庭教育方式能够促进个人良好性格的形成与发展。特别是还处于较小的年纪时,这时的家庭教育一定要多一些关怀、多一些宽容、多一些表扬。同时,父母还要学会换位思考,换个角度去想问题,不要以家长的姿态动辄训诫孩子,更不要望子成龙、望女成凤心切,致使期望值过高,不切实际而揠苗助长。每个孩子都有自己天生的秉性,作为父母,在家庭教育过程中一定

---

① 蔡元培.中国人的修养.北京:中国工人出版社,2008.

要认真"研究""摸透"自己的孩子。"孩子是父母的复印件",家庭教育中父母的言行举止直接作用于孩子,父母若动辄情绪不稳定、乱发脾气,长此以往,势必会造成孩子的性格变得暴躁、行为变得极端,缺乏责任感、安全感,不自信,也可能同样爱乱发脾气。所以,父母切记在孩子面前要注意克制住自己的脾气。

作为父母要客观而清醒地知道孩子的特点,善于发现孩子的优点,明晰孩子的缺点。有的父母时常会揭短,习惯在家长会等公众场合把孩子的缺点挂在嘴边,喋喋不休地指出孩子的错误,或言辞犀利地与邻居的小孩做比较,这样做严重挫伤小孩子的自尊心。而大量实验表明:孩子的自尊心一旦受到伤害,就会严重影响他们摄取正能量的积极性和效果。同时大人们的指责和唠叨容易让孩子感到厌烦,容易形成一种大人越唠叨,小孩越不愿意听家长话的叛逆式的恶性循环。

第二,良好的家庭环境是孩子成长的摇篮。家庭环境对一个孩子来说是联系最为紧密、最具有感性的生活环境。孩子在与家庭成员的亲密交往中,经常会模仿他们的言行,而父母又是最先给他们树立操行的榜样。在父母的帮助下孩子认识了周围的世界,并将模仿反映在自己的言行中。所以说家庭环境造就孩子的素养,培养着孩子的各种习惯。"近朱者赤,近墨者黑。"随着一个孩子的逐渐长大,对家的体验日趋深刻,对父母的态度也越来越敏感,父母的言行举止,甚至表情、眼神都能使孩子感到父母的态度是挚爱、赞许、欣赏,还是冷漠、贬损、厌烦,对良好习惯的养成有着重大影响。所以,培养孩子个人良好的行为习惯,家庭环境非常重要。

一是要优化家庭行动环境,才能培养孩子良好的习惯。首先要培养诚信的习惯,家长要做好榜样。父母既是家长,又是第一任教师。良好的家庭教育是学校教育的基础。教育孩子要诚信,父母自己首先要诚信。以诚信培养诚信,其道理是不言自明的。"人无信不立",为了培养孩子的诚信习惯,在日常生活中，父母一定要诚信，不能说话不算话。二是必须要优化家庭人际环境，才能培养孩子良好的个性。良好的家庭人际环境应该是民主的、和谐的，其环境特点自然也就是宽松的、祥和的。家庭环境中良好的人际环境主要有如下特征：家庭成员之间互相尊重。家庭中的成员无论辈分、年龄、经历上有多么大的差异，他们在人格上都是相同的，没有尊卑贵贱之分，应该彼此尊重、相敬如宾。

二、特定的家庭氛围是个人社会化的关键

家庭是个体的诞生地，是人生的第一所学校，也是促使人逐步社会化的摇篮。每一个个体出生后都如一张白纸，在家庭中逐步习得最基本的生活技能，逐步认识自己以及周围的人，并延伸至个体的整个生存世界。影响个人成长的因素有很多，而其中家庭氛围作为父母教养孩子的外在表现，是影响个人社会化发展的关键因素。一般而言，如果家庭营造的氛围非常和谐，就会为个人的心理发展提供良好的环境，对三观的形成会起到比较积极向上的引导作用，有利于个人的社会化发展。但如果家庭氛围不和谐，甚至扭曲，就很有可能对个人产生不良的心理暗示，对个人的心理发展产生不利影响。因而，如何营造一种积极向上的家庭氛围至关重要。

第一，家庭气氛应保持一种轻松的状态。轻松的家庭氛围更有利于孩子的心理健康。现阶段，越来越多的父母意识到孩子有自己独立的人格，在与孩子交流的过程中，会将自己与孩子放在同等的地位，尊重孩子的选择。对于夫妻而言，在日常生活和子女问题上更要彼此尊重和理解。若想营造一种良好的家庭环境和心理氛围，夫妻二人应对彼此敞开心扉，遇到问题时多加沟通，用言语搭建桥梁，缩小心灵之间的距离。夫妻之间应共同努力维护家庭中温馨和谐的氛围。父母不能以爱为名，糊涂施爱，更不能将自己所认为的"爱"强加到子女身上。父母应尽量避免将在工作中遇到的困难与不快的

情绪带给子女，在孩子成长的过程中，保持轻松愉快的家庭氛围对其心理健康十分重要。

第二，家庭成员之间应该相互关心、相互尊重。家庭成员间的相互关心、相互尊重是保持良好家庭氛围的重要条件。家庭人际关系的和睦有助于家庭成员的和睦相处、相互帮助、相互尊重、相互信任、相互支持，避免心理冲突，使家庭成员保持积极向上的心境，更有助于发挥主观能动性的作用。家庭中父母恩爱和谐、互相沟通良好，时刻向子女传达积极向上的思想，都在其成长过程中起到十分重要的作用。

第三，民主是良好家庭气氛中不可缺少的因素。"民主"是判断一个家庭氛围是否健康以及整体状态是否和谐的基本标准。在一个民主的家庭中，父母与子女面对社会和人际交往的处理方式必定是积极和肯定的。为人父母都希望自己的子女能够成为人中龙凤，但如果一味将这种自我意识强加给孩子，就会产生相反的效果，尤其是对于正处于青春期叛逆情绪的孩子来说，父母应选择合适的切入点与孩子进行沟通，否则，家长的行为稍有不慎就容易增加他们的厌烦情绪和逆反心理，使得父母与孩子产生隔阂，更不利于家庭良好氛围的建构。作为父母应学会换位思考，给予子女足够的尊重与理解，摒弃一些旧时的思想，与时俱进地教育孩子。在学习方面，可以从小培养孩子的兴趣与积极性，引导孩子根据自己的实际情况自主做出选择，给孩子多一些自主选择的权利，并主动与孩子沟通，给孩子充分的发言权。在民主和谐的家庭中，重要的决定应该由全体家庭成员，一起协商后作出决定，这个过程很重要的是孩子的参与。家庭成员各自承担与履行自身在家庭中的责任与义务，父母应在工作中保持积极认真的态度，子女要明确自身定位、努力学习，成为有价值的人。在家庭内部各个成员要相互尊重和理解，学会沟通交流，彼此包容。同时要注重"民主"，各个成员之间要做到像朋友一样相处，宽容和善解人意在家庭内部同样是最为重要的品格。

三、注重家庭建设,传承良好家风

随着社会的进步与时代的变化,家庭的功能、作用与组成也在不断变化发展,但"无论时代如何变化,无论经济社会如何发展,对一个社会来说,家庭的生活依托都不可替代,家庭的社会功能都不可替代,家庭的文明作用都不可替代"。家庭在人类历史长河中所具有的生养、亲情联系以及教育子女的作用,一直在延续和发展。"家庭者,人生最初之学校也。一生之品性,所谓百变不离其宗者,大抵胚胎于家庭之中。习惯故能成性,朋友亦能染人,然较之家庭,则其感化之力远不及者"。每个人自出生就成长在特定的家庭文化环境之中,持续接受着家庭文化环境的熏陶与家长的教化,家庭塑造了孩子最初的行为遵循、生活习惯、思维方式、道德观念、审美情趣等,根植于其内心深处,影响伴随终生。国家的兴衰、社会的安定和家庭有着密切的关系。随着时代的发展,家庭与社会建设中出现了新的问题。当前社会少数人价值取向扭曲,生活情趣不健康,生活作风不正派,家庭与社会责任感缺失,缺少修身齐家的基本规矩,蜕化变质,从而影响家庭成员的身心健康,贻害人民、社会、国家,其中一个重要的原因就是忽视家庭、家教与家风建设。"家族者,社会、国家之基本也。无家族,则无社会,无国家。故家族者,道德之门径也。于家族之道德,苟有缺陷,则于社会、国家之道德,亦必无纯全之望"。没有良好的家庭美德教育,没有对子女适应时代的社会教育,个人就不可能对家庭、社会、国家尽到责任。家风既关系到一个家庭的状况,又关系到整个社会的状况,是民风、社风、社风的根源。

新时代家风的建设应从娃娃开始,重视家庭教育,树立规矩意识。传统家训家规是一个家庭的规矩。家训家规是有形的规矩,家风则是无形的传统。孔子说:"不学礼,无以立。"规矩是个传家宝,家有规矩能长久,国有法度正义伸。规矩是日常行为规范,是长辈对晚辈的谆谆教诲,是为人处世的道德准则,更是各行各业必须遵守的基本准则。规矩来自家庭,来自民间，小到餐桌礼仪、孝敬父母，大到忠孝仁爱、礼义廉耻。一个家庭的规矩是谓家风，一个家族的规矩是谓门风，一个国家的规矩是谓国风。规矩的价值，在于培养一种敬畏心，让人形成一种内在的修养，对待事情比较谦敬、平和。规矩有时是有形的，有时也是无形的，它不是一种束缚，而是一种态度、一种精神、一种行为和价值观。它既是我们对待国家与社会的态度，也是我们对待职业与家人的态度。

新时代的家风建设必须发挥好家长的修身示范与引导作用。在家庭中，家长要尽到养子教子的责任，养子之责要求家长承担起保护孩子的责任，不使孩子陷于危险、困乏之中，为孩子提供良好的育人环境；教子之责要求父母以身作则、身体力行，在家庭成员的生活、学习、工作中，适时发挥劝诫、教导子女的作用。家长特别是父母的世界观、人生观、价值观、言传身教、生活习惯都将对家庭成员产生影响。"为父母者，虽各有其特别之职分，而尚有普通之职分，行之坐卧，无可以须臾离者，家庭教育是也"。[1] 家长的优良品行可以对子女的一生起到示范与引导作用，有助于子女形成良好的生活行为习惯、辨别善恶是非的能力，促进子女健康成长，长大后成为对家庭、社会、国家有用的人。只有每一个家庭承担起"帮助孩子扣好人生的第一粒扣子，迈好人生的第一个台阶"的责任，在孩子心中牢固树立家庭观念，才能帮助孩子"在为家庭谋幸福、为他人送温暖、为社会作贡献的过程中"打下良好的品德、思想和人格基础，对形成爱国爱家、相亲相爱与向上向善的社会主义家庭文明新风尚打下重要的基础。

---

[1] 蔡元培.家庭（二）/中学修身教科书（上篇）.

第三节　父母是孩子的第一榜样

孩子最早接触的世界主要是家庭，对于孩子而言，家庭教育特别是父母的教育不仅开始最早，而且时间也最长。父母作为孩子最早的启蒙者和终身的教育者，对孩子的教育影响也最深远。因而，要正确认识到父母做好孩子榜样的标准所在，同时在教育的过程中要积极发挥父母的修身示范与引导作用，进一步提高父母自身的文化修养。

一、正确认识父母教育的重要性

人的成长成才离不开父母的教育，父母的谆谆教诲就是望子成才最真切的表达。父母的陪伴是最好的教育，他们的一言一行为子女行为塑造了最初的言行遵循。"有什么样的家庭教育就会成就什么样的子女，所以对于父母来说，要把好的品德、习惯传递给孩子，给予他们正确的引导，教育他们树立正确的世界观、人生观和价值观。《三字经》里这样写道："玉不琢，不成器。人不学，不知义。"家长要承担起教育子女的责任，"养不教，父之过"，在一个家庭中，父母应该成为孩子的榜样，为孩子做表率，要身体力行、言传身教，把美好的道德观念传递给他们，帮助孩子迈好人生第一个台阶、走好人生第一步。

父母与子女是代际最近的直系血亲，包含人世间最真挚的情感互动。父母对子女的教育是不计代价的，其价值在一般情况下也是其他教育所不能代替的。每个个体出生后接受父母抚养的过程，本身就是双亲施教的过程，而血脉相连的天然优势使得家庭成员最容易接受父母的教诲，遵照长辈们的训导。"父母之爱子，则为之计深远"。父母是最无私的，每一个生命个体的成长都离不开双亲含辛茹苦的抚育。同时，父母也会为子女的成长、成才而欢欣鼓舞。中国人素来崇尚家国情怀，追求对国家、民族的贡献，更希望儿女能对国家、民族有大的作为和贡献,这是中国人最普遍、最淳朴的情感。"孩子都是看着父母的背影成长起来的",孩子自幼随父母生活,父母不仅熟悉子女的生理特点、健康状况,而且还能做到对孩子的性格、爱好、优缺点等了如指掌。因此,父母最能做到因材施教,有针对性地进行教育引导,而严慈相济的家长也最容易取得教育成效。新时代,要发挥好父母的榜样作用。不仅要用积极向上的内容,还要注重用得当的方式方法来施教。家庭教育不同于其他教育的最大特点就是能最大限度地实现"教"与"养"的有机结合,而家长也最容易做到"爱"与"教"的无缝衔接。新时代,父母要有效地引导教育子女,就要运用好"言传"与"身教",在突出日常引导的同时,用良好的行为习惯潜移默化地引导子女,教育他们知书达礼,以自身的躬行实践带动子女增强对社会主流价值观的情感认同。

二、父母做好孩子榜样的标准所在

父母是孩子的第一任启蒙老师。父母的一举一动,对孩子来说都有着重要的影响,甚至影响孩子的一生。身体力行,为孩子做一个好榜样,孩子就会在父母的良好言谈举止中获得更多的思想辅导和心灵营养,以及更好的精神扶助和铸造。父母做好孩子的榜样,有以下几个标准:

一要正派上进。大多数家长是正派的。在发展市场经济的今天,上层有腐败现象,下层有道德滑坡,能够做到正派,也是不容易的。这就需要有正确的价值观、人生观、是非观,对社会上的丑恶现象,不但要分辨清楚,而且要疾恶如仇,该反对的反对,该揭发的揭发,能抵制的抵制。如果有人拉你下水,决不同流合污。这样的态度在生活中,应明显地表现出来,让孩子也看得见,听得见,对孩子的影响是巨大的。而父母的上进,既体现在工作态度上,也体现在思想作风上。家长虽然已成年,但上进心不能没有。家长不断地有所追求,不断地有新的进步,对孩子有很大的激励作用,孩子会从家长的精神风貌中，学到做人的真谛。二要勤俭自律。勤俭是立国之本，是立身之本。勤劳节俭相辅相成，不勤劳的人，不懂得物质财富来之不易，往往不珍惜劳动成果。每一位家长都应把勤俭这种中华民族的传统美德，在自己身上、在家庭里继承发扬。一个人要做到勤劳节俭，需要有很强的自律精神，要想获得任何成功和进步，也离不开自律精神。家长对自己是不是能严格要求并持之以恒，孩子会看在眼里，记在心上。自律，是人的意志品质的反映，家长是一个意志坚强的人，才能够要求孩子自己管好自己。如果家长抵制不了花花世界的诱惑，经常放松自己，说话不算数，是不可能教育好自己孩子的。三要求知善思。渴求知识，善于思考，这是人们开阔视野、建立良好知识背景、创造性地解决问题的前提。懒得学习、懒得动脑的人，也就不会有什么创造性。如果家长是这样的"懒"人，那么不管对孩子说再多"要好好学习，多动脑子"的话，恐怕也无济于事。因为，在父母身上，他看不到知识的力量，也看不到开动脑筋的效果。有些成年人认为学习阶段已经过去了，现在是工作阶段，对于读书、学知识十分冷淡。这不但影响自身的发展，也影响孩子的发展。四要文明友善。家长讲文明、懂礼貌，孩子也就会学着家长的样子做一个文明的人。家长待人友善，团结亲友、邻里、同事，乐于助人，孩子也能学会与人友好相处，多做好事。有些家长不重视文明礼貌，只顾自己，对别人冷漠，这对孩子的成长非常不利。社会上，没有人会喜欢不文明不友善的人。社会犹如一个大家庭，文明友善的人受人尊敬，受人欢迎，人们愿意与他交往，这就为他的成功创造更为有利的条件。五要民主乐观。家长要尊重孩子独立的人格，给孩子参与家庭事务的权利，给孩子说话的权利。家长与孩子既有教育与被教育的关系，又有民主平等的关系。学校里讲教育民主、教学民主，家庭里也要贯彻民主精神。讲民主，孩子会更有积极性，但讲民主并不是全听孩子的，即要"宽严有度"。乐观是一种品质，是心胸宽阔、勇于面对现实、正确对待顺逆与逆境、充满自信、有幽默感等多种素质的综合表现。在坎坷的生活中，做到乐观并不容易，需要不断地磨炼。家长的乐观品质会潜移默化地影响着孩子，对孩子的一生都有好处。

三、发挥父母榜样作用的重要路径

父母在孩子的一生中扮演着相当重要的角色，无论是言传身教还是潜移默化，都离不开父母自身作用的发挥和能力的提升。

第一，必须发挥好家长的修身示范与引导作用。在家庭中，家长要尽到养子教子的责任，养子之责要求家长承担起保护孩子的责任，不使孩子陷于危险、困乏之中，为孩子提供良好的育人环境；教子之责要求父母以身作则、身体力行，在家庭成员的生活、学习、工作中，适时发挥劝诫、教导孩子的作用。父母的世界观、人生观、价值观、言传身教、生活习惯都将对家庭成员产生影响。"为父母者，虽各有其特别之职分，而尚有普通之职分，行之坐卧，无可以须臾离者，家庭教育是也。或择其业务，或定其居所，及其他言语饮食衣服器用，凡日用行常之间，无不考之于家庭教育之厉害而择之"。父母的优良品行可以对孩子的一生起到示范与引导作用，有助于其形成良好的生活行为习惯、辨别善恶是非的能力，促进其健康成长，长大后成为对家庭、社会、国家有用的人。只有每一个家庭承担起"帮助孩子扣好人生的第一粒扣子，迈好人生的第一个台阶"的责任，在孩子心中牢固树立家庭观念，才能帮助孩子"在为家庭谋幸福、为他人送温暖、为社会作贡献的过程中"打下良好的品德、思想和人格基础，对形成爱国爱家、相亲相爱与向上向善的社会主义家庭文明新风尚打下重要的基础。

第二，必须要提高父母自身的文化修养。在家庭生活中，由于血缘关系的存在，家庭成员在情感上更易于沟通，尤其是父母的言行举止、思想观念、精神面貌在潜移默化之中对未成年人的价值观、人格等的形成起到不可小觑的作用。所以，提升父母自身的文化素养对于家庭教育乃至社会发展意义重大。

加强思想道德修养。人们总是说，"父母是孩子最好的老师""家庭是人生的第一所学校"，因此，父母要为孩子做一个榜样，要事事严格要求自己，尽量给孩子呈现出良好的品德修养。平时多阅读一些修身养性的书籍，提高自身的道德修养。一方面，父母在政治方面应当坚持正确的政治方向，坚定政治立场与信仰，热爱自己的祖国与民族，坚决维护国家尊严与领土完整。只有这样父母才能够培养出具有坚定理想信念的合格的社会主义接班人。如果父母总是对国家与社会心存抱怨，会影响孩子树立社会主义理想的坚定信念，不利于培育孩子的政治素养，也不利于社会的发展；另一方面，父母应当把中华民族的传统美德发扬光大，融入对孩子的思想品德教育中。父母应当树立勤俭节约、热爱生活、诚实守信等美德，才能通过亲身实践把中华民族的传统美德传授给孩子，引导孩子树立正确的人生观、价值观、劳动观等。具有高尚思想道德修养的家长同时也会对孩子的学习发挥榜样带头作用。同时，父母可以通过生活的点点滴滴向孩子传达善良、宽容、仁慈、豁达等人性的美德，建构具有高尚道德情操的家庭文化德育体系，帮助孩子养成举止文明的习惯。除此之外，思想水平的提高与加强文化修养是密不可分的。作为父母应当提高自身文化知识方面的修养，文化程度高、学识渊博的父母具有居高临下的文化优势，其文化权威能够对孩子产生影响，让孩子敬佩，从而愿意听从父母的指导，在对孩子进行教育时才能更加具有说服力。

提高科学文化素养。一个人的科学知识、文化知识、艺术欣赏等方面的不断自我提高、自我教育的过程被称为科学文化素养。思想道德素养与科学文化素养是密切相关的，良好的科学文化素养，有助于树立正确的思想观念，增强辨别是非的能力以及良好行为习惯的养成。同时，发挥科学文化素养的有力保障就是要不断地加强自身的思想道德修养,如果一个人虽然才华横溢,科学文化素养很高,但并不重视自身思想道德修养,便不能算得上是优秀的人才。这里所指的科学文化素养具体是指父母受教育的程度,也包括父母自身对学习的兴趣。一般来说,受教育程度高的父母在家庭生活与教育中所表现出的素质更高一些,所呈现的精神文明程度与思想道德修养程度也会更高。尤其是母亲在子女的教养中扮演着非常重要的角色,如果母亲受教育的程度较高,更有利于孩子健康人格的养成与思想道德品质的发展。父母应当树立"终身学习"的理念,一方面通过学习不断地提高自身的科学文化素养,科学文化能够帮助人们更好地处理与面对日常生活中发生的各类事件,具有较高文化水平的人,对新鲜事物的接受能力及思维能力相对活跃,能够很好地内化获得的理论与知识。另一方面,父母通过不断学习先进的家教理念与方式,不断改进自己的教育方式。父母应当与子女一同接受学习文化知识,共同进步,齐心协力构建文明和谐的家庭。

培养健康心理素质。思想是行为的先导。父母对自己的孩子要求很高容易导致孩子产生抗拒心理,会使得家庭教育朝着不好的方向发展。父母不能把自己的理想强加到孩子身上,孩子不是父母理想实现的人偶。从年龄上讲,当子女进入青春期时,父母大多是处于中年危机的阶段,和父母相比孩子在青春期阶段也会遇到青春期危机。首先,孩子在青春期时开始发育,对于异性的吸引达到高峰,父母这时年龄大多都已经超过40岁,身体和处于青春期的孩子相比差别很大。其次,父母和孩子开始重新考虑自己的未来,父母开始回头审视自己的发展道路,孩子则有了思考未来的能力。最后,孩子开始获得一些身份的认同,父母的社会地位的身份已经固定不能改变。这一时期的青少年受到青春期危机的影响,而且父母也处于"中年危机",对孩子的成长提供的帮助有限,这样就会对子女的成长产生不利的影响。而这种不利的影响更多的是由于父母对"中年危机"不适应所造成的。"中年危机"期的父母不能很好地调整自己的事业、家庭甚至是个人的身体健康，会把许多生活与工作问题暴露在孩子面前，再加上子女的"青春期危机"带来的压力，导致父母难以应对。许多问题处理不当都会导致亲子冲突增加，教育方法的失当或教育上的无助感。父母的心理健康不仅关系到自身，也会影响教育子女的态度与方式。父母心理素质好，可以创造一个欢乐和谐的家庭氛围。在这种氛围之下，孩子才会感到亲切愉快，乐于完成父母所布置的任务，学习也会更加专心。因此，作为父母，一定要善于用理智管理自己的情绪，培养自身健康的心理素质，为子女树立榜样。

掌握科学教育方法。父母教育孩子需要一种教育素质，这种素质并非先天所有，更不是依靠前人的经验就可获得，需要通过不断地学习和实践逐步形成。大教育家蔡元培曾经做过这样一个比喻："譬如诸位有一块美玉，要雕琢成配件，必须请教玉工；又如有几两黄金，想要炼成首饰，必要请教金工，断不是人人自作的。"因此提高父母的教育素养是十分必要的。教育是一门科学，有其独特的规律，我们应该遵循教育自身的规律，通过"借外力、借外脑、借外景"来教育子女，掌握一些科学的方法。"借外力"，依据孩子的自身特点构成同伴学习小组互为促进，增进家长之间的沟通交流；"借外脑"就是指借助外部专家分析问题，解决问题，通过专家和顾问的分析改进计划；"借外景"就是通过与不同的家长进行交流沟通，这些家长处于不同的家庭环境，通过交流沟通，让孩子更加积极地改变。比如想要孩子懂得珍惜生活、勤俭节约时，可以带他亲自去农村看一看，体验一下农村的生活，夏令营的活动也可以。现在的孩子大多没有机会去体验生活，尤其是家庭条件好的孩子更不懂得生活的艰辛。

总之，父母应当积极主动地学习并掌握一些家庭教育的科学知识，吸取一些先进的家教经验，总结自身家教中存在的问题，深入了解分析孩子，针对孩子的特点因材施教，才能提高家庭教育的质量。

第四节 人生从家庭开始

家庭是一种社会伦理实体，它是由社会经济关系所决定的。而家庭教育是发生在家庭环境中的自觉的、有目的的教育行为，是社会教育系统的一个重要组成部分。随着时代的发展，家庭教育的作用越来越重要。中国特色社会主义进入新时代以后，适应时代性的家庭教育内容越来越丰富，具有深厚的价值意蕴。

一、发挥好家庭教育的作用

家庭教育是人生的第一课堂，是最早、最及时的教育，不管是在童蒙时期，还是在成人以后，家庭教育都能紧随子女左右。家庭教育不到位，不仅会抵消学校教育的效果，还会给孩子发展造成一定的消极影响。每个人都从父母那里得到了最基本的生物遗传，正是在家庭教育的影响下，子女们的思想认识不断加深。

家庭教育是个人成才的基础性教育。家庭道德教育是人们形成良好品德的基础性教育，对促进个体道德人格的全面发展具有重要的作用。众所周知，每个人从出生到长大再到成熟是一个漫长的过程，都经历了一个从自然人到社会人的转变过程。在这个过程中，我们不仅要学习生活技能、物质生产能力、学习能力，还要具有一定的行为规范、道德规范和一定的思想道德素质，以便将来进入社会有一定的与人、与社会打交道的知识与技能。这些观念的培养都来自人生的第一个学习场地——家庭，他的第一任老师就是家长，家长所教授的或日常行为言传身教的道德素质、言行举止、家庭风气成为孩子学习、实践、模仿的第一本教材，并以此内化为自己的一套行为道德规范。由于家庭道德教育的奠基性、基础性教育的特点，成为一个人成才的必有背景。家庭既是一个人避风的港湾，又是孩子进入社会前的一个模拟社会场所。家庭道德教育具有保存和培养并不断扩充的个人道德本性的功能，树立正确的道德教育观念和培养良好的行为习惯，并自觉地遵守社会法律法规、社会公德，努力实现个体的社会化，以个人良好的道德素质进入社会，将会得到社会的认可，就像一个进入社会有利个人成才的通行证，使个人的价值最大化。

家庭教育是家庭幸福的必然性教育。家庭教育以家庭和谐稳定为目的，是维系和协调家庭成员关系的一种无形的道德行为规范，是个人道德形成的重要载体，是社会主义精神文明建设的重要标志。父母是孩子的第一任老师，这种关系是必然的，是与生俱来的，父母有疼爱和教育好子女的义务和责任，这种责任和义务执行的是维护家庭和谐、保证家庭幸福的重要保障。在学校，老师可以调换班级进行任教，学生可以根据所需学的科目选择老师，但是在家里，孩子和家长是不能选择的。家长是孩子的终身老师，也是孩子接触最多的年长者，那么在家庭教育中起重要作用的是父母，他们在家庭教育中承担着不可推卸的责任，也是维护家庭幸福的必然性教育。

家庭教育是社会和谐的保障性教育。家庭里每一个成员的道德水平如何，不仅关系到一个家庭的和谐与稳定发展，还关系到整个社会的和谐稳定，家庭教育是社会和谐的保障性教育。家庭教育是家庭和睦与幸福的精神支柱，需要正确的价值观念指导和调整。中国社会的现代转型时期，使外来文化与本土文化相互交流、碰撞，一些腐朽的思想沉渣四起，乘虚而入，像蛀虫一样侵蚀了人们的思想，使人们思想观念偏离正轨，孝道缺失、拜金主义、享乐主义盛行，整个民族的道德水平下滑。我们应认识到这一问题的严重性，如果不采取有效措施加以解决，整个社会主义市场经济就不能健康发展，中华民族的振兴将会虚无。邓小平说："风气如果坏下去，经济搞成功又有什么意义？"[①]经济搞成功了，风气坏下去了是不可取的，我们应注重社会道德的建设，将家庭作为基本单元，家庭道德教育做好了，整个社会风气就好了，实现中华民族的伟大复兴就有了社会保障。

二、新时代家庭教育的主要内容

一个人的一生必然要从家庭开始，因而家庭的教育对于其来说起着至关重要的作用。随着社会的发展，文化的不断交流，迎合时代性新家庭教育内容是家庭教育与时俱进的必然要求。

崇尚正义是家庭教育的前提。正义感指追求正义、伸张正义的道德意识和行为，它是人的一种高级道德情感。个人的正义感是微小的，但是如果每一个人都有正义感，那将是很大的一股社会力量，形成一股强大的社会正义感氛围，这将有利于社会团结，维护社会正义，实现社会公正原则，促进社会健康有序发展，还有利于个人人生价值的实现以及自我肯定与自我完善。正义感体现在社会的方方面面，体现在每个公民的一言一行中，大到抢险救灾、救死扶伤、扶贫济困，小到文明礼貌、尊老爱幼、遵纪守法，这些都是拥有正义感的表现。在当前社会中有许多不良的非正义现象：见到老人倒地不扶、见死不救、碰瓷等，这种社会风气不利于家庭教育的展开。我们应在家庭教育中加强正义感教育，教育家人做个有正义感的人，要做到为人要正直，把尊重和遵守制度、规则和程序，当作是自己行为的习惯，不伤害他人，不侵犯他人的基本权利，更要身体力行，培养正确的家庭正义感，学校要时常开展崇尚正义的活动。

担当责任是家庭教育的关键。关于家庭教育的责任意识，在孔子的伦理思想里表现出来的是"仁"，它是一种对责任的概括性体现，具体表现在

[①] 邓小平. 在中央政治局常委会上的讲话/邓小平文选（第三卷）. 北京：人民出版社，2001:154.

个体对国家表现出的责任意识为"忠",个体对父母表现出的家庭道德责任为"孝",个体对下一代表现出的责任意识为"养与教",个体对兄弟姐妹表现出来的社会责任为"友",个体对友人表现出来的社会责任为"睦"等等。责任还可以分为社会责任、家庭责任、职业责任,各种责任有不同的内涵,我们应把这种客观的家庭道德要求变化为内在的道德自律,道德责任是主体自觉自愿承担的,我们要时刻谨记自己的家庭道德责任。

勤劳致富是家庭教育的重要内容。勤劳是要多努力、多奋斗,为了未来的生活努力奋斗,但是在这个过程中要采取正确的途径,用自己的勤劳的双手进行努力,勤劳致富、勤俭持家。社会主义市场经济的实施为我国带来了许多实惠,经济飞速发展,人民生活水平不断提高,但是与此同时人们勤劳致富、勤俭持家的优良传统却有些改变。有些人崇尚一夜暴富,有的人不择手段捞取钱财,拜金主义、享乐主义盛行,人们的价值取向日趋功利化、物欲化,痴迷于攀比消费、恶习消费,对财富的获取方式却不太关注,完全违背勤劳持家的光荣传统,忘记了勤劳致富创造家庭生活的本能。因此,必须进一步强调要靠自己、靠劳动、靠正当的手段致富。

相互关爱是家庭教育的重点。相互关爱的教育主要是指"爱"的教育。爱的教育就是要求孩子理解爱的观念、友爱的意识与爱人的态度,它是一种心理活动,并要学会爱的实践,去学会理解、宽容、信任、鼓励、帮助和奉献。在我国家庭道德教育中这种"爱"的缺失现象是很严重的,很多孩子不懂得去爱自己的父母,只懂得去父母那一味地索取,不懂得去关心自己身边的朋友、同学和老师,不懂得去爱自己的生命,实施自己"爱"的权利。爱的教育是发展人的爱的能力的情感教育,爱的教育有四大目标:第一,培养对爱人的教育;第二是培养对自然的爱心;第三是培养集体和社会的爱心;第四是培养对祖国的爱心。爱的教育有两大实践内容,就是学会自爱和爱人,主要就是指要知道什么是爱,理解被爱和爱人如何表达,并且积极主动地去实践。去热爱自己的生命,热爱自己与他人,懂得如何与他人相处。我们只有在实践中学会如何去爱,发掘自己爱的能力,学会爱并懂得爱,才可以维护家庭的和谐、安定与美满。

遵守公德是家庭教育的意义所在。《公民道德建设实施纲要》明确指出:"社会公德是全体公民在社会交往和公共生活中应该遵循的行为准则,涵盖了人与人、人与社会、人与自然之间的关系。"社会公德,历来有广义和狭义两种理解。从广义上说,凡是个人私生活中处理爱情、婚姻、家庭问题的道德,以及与个人品德、作风相对的反映阶级和民族共同利益的道德,通称公德。现如今社会有许多失德现象存在,主要表现在人与人、人与社会和人与自然三个方面。第一,在人与人关系方面主要体现在人与人感情淡漠,态度言语粗鲁、蛮横无理,对待需要帮助的陌生人冷漠,缺乏爱心,甚至见死不救;第二,在人与社会关系方面,不遵守交通规则,乱闯红灯,不走人行横道,在公共场合大声说话,不排队、扰乱公共秩序,外出旅游时在古老建筑上乱涂乱画,对公共设施不加爱护,乱踢、乱刻;第三,在人与自然关系方面,污染环境现象严重,雾霾现象严重。另外还有一些乱扔垃圾、乱砍滥伐、过度渔猎等不与大自然和谐相处的现象产生。在遵守社会公德方面,爱护环境是当前家庭道德教育的重中之重。2014年11月初在北京举行的APEC会议,雾霾严重的河北出现了"APEC蓝",这不禁发人深思,应该如何保护我们的蓝天,如何保护我们人类赖以生存的环境,如何为子孙后代环境造福,这就要求人们在向自然索取的同时,也要做到保护大自然,维护大自然的平衡。其实这也是保护人类自己以及子孙后代,大自然环境的变化与人类的存亡息息相关、休戚与共,有必要加强社会公德教育,并且要付诸行动,协调和改善人与自然的关系,促进人与自然的和谐。遵守社会公德是成为一个道德人的基本要求,是人们道德的底线,是社会文明程度的风向标,是建立社会主义核心价值观的重要内容,构建社会主义和谐社会的根本保证。因此，加强家庭道德教育是与时俱进的必然要求，是我国精神文明建设的基础性工程，是我国精神文明程度的"窗口"。

三、家庭教育的时代价值

在当今的国际背景与形势下，关于国家的文化软实力的竞争也越来越激烈，这就对我们党和国家提出了新的发展的要求，促使我们要加强道德建设，加强文化强国建设与精神文明建设。而家庭教育作为文化软实力中最基本的建设，要结合现实需要，把其作用放到国家社会发展的高度。同时，家庭教育作为一种强有力的精神力量，对社会意识形态的发展产生着深刻的影响。

家庭教育为培育和践行社会主义核心价值观提供了载体。家庭教育作为一种最基本的也是最经常性的言传与身教，贯穿于每个个体成长和发展的始终，具有整体性和全方位的特点，其中尤其强调家庭教育中家庭成员个体品德的培育和自身行为的养成。习近平总书记指出，只有通过家庭渠道将社会主义的核心价值观潜移默化为道德规范，才能使个人自觉实现自身的人生价值及完成社会使命。其一，家庭教育奠定了弘扬社会主义核心价值观的道德人格基础。家庭是社会的基础，而家庭教育对于践行社会主义核心价值观发挥着最基本的、最细小的作用，它融入每一个普通家庭之中，发挥着最基础又最广泛的作用。一个人源于家庭，又在家庭的教化中成长，思想和道德观念有着深厚的家庭烙印。良好的家庭教育虽不能完全涵盖社会主义核心价值观所要求的全部价值取向，但对于践行社会主义核心价值观却产生着最深远、最基础的影响。同时，家庭教育也能发挥最接地气的亲情的教化力量，在社会主义核心价值观中去展开家风的培育与建设，发挥家庭的教化作用，才能真正地形成良好的社会风尚，助推社会的和谐进步。其二，家庭教育促进了社会主义核心价值观在当代社会的大众认同。在中国人心中，家、国是一体的，国家是千千万万个小家构成的，家又是小小的国。家庭教育对家庭成员的人格的养成与培育功能，不仅能优化社会的道德氛围，更是能淳化民风与国风，这就要求家庭教育要发挥好促进社会主义核心价值观对社会的大众认同和内心认同。家庭教育承担了对个人道德教化的主要责任，而个人的品质与道德意识又是一个不断的完善与发展的过程，个人道德思想的形成也需要较长实践的积累，而家庭的熏陶又贯穿人的一生，更具有持久性的特点。社会主义核心价值观的社会认同也正是体现在这种国民的道德认知与道德实践的结合上。

家庭教育为新时代中国特色社会主义精神文明建设注入了新元素。良好家庭环境的个体，有利于自身优秀道德品质的形成，而这恰好与新时代中国特色社会主义精神文明建设对个体提出的客观要求一致。家庭对一个人的道德理想塑造贯穿着一个人的一生，而社会对个体的发展与塑造作用同样贯穿个人发展的始终，因而，家庭教育对新时代中国特色社会主义精神文明建设具有更加持久的力量。新时代下的精神文明建设就是要注重培育中国精神，即以爱国主义为核心的民族精神和以改革创新为核心的时代精神。要坚定文化自信，更好地培育国民的价值认知和价值判断。新时代由于经济社会的发展变化，人们在精神和价值层面的需要也有所变化，人们有着更高更多的精神需求，这就更需要我们党领导人民脚踏实地、久久为功地去坚持搞好新时代下的精神文明建设。此外，道德是文明的基础，要想培养国民成为时代所需要的人，就必须注重加强精神文化建设，推进社会公德家庭美德建设，把精神文明建设渗透于生活的各个方面中。家庭作为培养孩子第一认知和价值判断的窗口，在这过程中发挥着不可替代的作用。

第四章　孝道是中华文化的精髓

"孝"是中华民族的传统美德，是千百年来中国社会维系家庭关系的道德准则，是中华民族传统文化的重要组成部分，在人类历史长河中始终闪耀着不灭的光芒。古语云"百善孝为先""孝，德之本也"，千百年来孝一直作为伦理道德之本，行为规范之首而受到人们的推崇。"孝"源于一个千百年来的哲学问题，即"我从哪里来"，由这个问题引发出孝道这个中华传统文化的核心价值观念。随着社会制度的变化，人们思想的解放，生活方式的改变，传统孝文化中的弊端逐渐显露出来，因而就需要解决新时代的孝道如何得到实现的问题。从家、国两个方面来看，小孝需要爱家爱亲友担当作为，大孝则需要爱国爱民忠诚祖国。

第一节　"我从哪里来"是孝的根蒂

一个民族的历史，归根到底是其文化的历史。党的十九大报告明确提出新时期要加强思想文化建设，坚定文化自信，推动社会主义文化繁荣兴盛。孝文化作为中国特色社会主义文化的重要组成部分，是时代理念、文化、价值观的沉淀，更是中国社会进步、发展的根基所在。在建设社会主义文化过程中，我国始终致力于优秀传统文化的继承及创新。孝文化作为中华民族优秀传统文化的核心，是中华儿女所要遵循的基本道德准则，更是整个社会需要提倡的基本道德伦理规范。时至今日，孝文化在培育、践行社会主义核心价值体系、加强社会主义思想道德建设和构建当代社会道德体系过程中仍然发挥着不可替代的作用。

一、孝道起源追溯

孝是人类社会的产物，孝起源于父系氏族时期，即传说中的五帝时代的前期，这时孝文化产生的基本条件已具备：一是亲亲之情，二是个体婚制的建立。孝观念最早出现在殷商时期，孝字上为"爻"，表示为生子传代，此为最早孝观念，表现出子女感谢父母的生育之恩，孝观念在周代正式形成。孝观念形成存在两个重要基础，一是血缘亲情关系。西周时期人们依然过着农耕生活，抵御自然灾害的能力差，因此寻求祖宗保佑。此种血缘之情后来成为孝维持的纽带。二是个体家庭成为主体，形成了小农经济，在这一过程中家庭权利以及义务也就形成了。西周时期依然存在着氏族遗制，不过从政治经济地位的角度来说，个体家庭占据主体地位，西周采用了嫡长子继承制，同时农业生产基于地域来进行组织，亦说明了这一点。个体家庭逐渐有着稳固的经济基础，在这种背景下也就形成了"孝"观念。

儒家哲学的思维模式是从天人角度去思考问题，通过对天道的理解，来形成现实社会的哲学伦理观念，孝本质意义上基于儒家对"一阴一阳之谓道"，是对天地男女这种本源的思考。《周易》讲道："有天地，然后有万物；有万物，然后有男女；有男女，然后有夫妇；有夫妇，然后有父子；有父子，然后有君臣；有君臣，然后有上下；有上下，然后有礼仪。"这里所讲的就是把基于天道本源的男女作为社会最初始建的一种现实起点，男男女女组建成的家庭以繁衍后代的这一家国建构为要求，客观上要求基于这种亲子之间的血缘关系以及维系这种伦理的"孝道"，任何的生命个体，都是来源于父母的精血汇集而成。自然界当中生命个体的孕育成长，都离不开父母双亲的呵护哺育，自然界的动物尚且有跪乳之恩、反哺之义，我们作为人子，自然也会产生出这种原始"孝"的观念。从"孝"观念的起源来看，其最本来的含义就是"对于生命的延续"。由此逻辑发展而出的祭祀祖先的行为和敬老意识。在西周春秋战国时期，衍生出了善事父母。"善事父母"还应当包含繁衍后代以及尊祖敬老等行为。

"孝"不仅是一种家庭伦理规范，而且是一种社会伦理规范，孝与仁，孝与忠，在孔子看来这二者是不可分割的，是在道德实践当中共生的。孝悌是仁的根基。《论语》当中就讲道："其为人也孝弟，而好犯上者，鲜矣；不好犯上，而好作乱者，未之有也。君子务本，本立而道生。孝悌也者，其为仁之本与！""弟子入则孝，出则弟，谨而信，泛爱众，而亲仁。行有余力，则以学文。"在孔子看来，为人孝悌，也就做到了仁，这是一以贯之的。而"孝"与"忠"，自然就可以做到推而广之。"贤贤易色；事父母，能竭其力；事君，能致其身；与朋友交，言而有信"。从事父母可以推广至事君主，孔子在这里就将"孝"扩展提升到了社会、政治层面，赋予了其社会价值和政治价值，具有一定的政治色彩。但是我们从孔子的表达中不难看出，孔子最终注重的还是民德之厚，而非单纯的政治教化，所以孔子讲："慎终，追远。民德归厚矣。""弟子入则孝，出则弟，谨而信，泛爱众，而亲仁。""教以人伦：父子有亲，君臣有义，夫妇有别，长幼有序，朋友有信。"

作为人之本，"孝"贯穿于人类生活的始末，"孝"作为血亲伦理的基本元素，对家庭和社会都发挥着不可磨灭的作用。中国有句老话叫"百善孝为先"，讲的就是这种血缘亲情所产生的"孝"。"孝"是家庭关系中最为重要的道德规范。血缘关系是家庭关系中最核心的内容，"孝"是最重要的家庭伦理原则，孝亲观念乃是儒家思想中的重要一脉。孔子认为"孝"的产生是必须以人类最自然的血缘亲情作为基础。《论语》一书中，从"老"与"子"的家庭观念关系角度出发来阐述"孝"的两个基础：其一，就是从人类的自然血缘亲情出发，"老"产生"子"；其二，就是从社会等级的差别上出发，"老"与"子"之间是有着本质差别的，"子"就应当守礼，对"老"尽孝。《论语》就是从这种人类最原始的自然亲情血缘关系出发，来确定"孝"产生的基础。

二、孝之内涵与外延

作为中华民族伦理根基的孝文化是孝道观念、孝道规范、孝道行为方式的总称，其内涵丰富、形式宽广、内容深刻。从本质内涵来看，孝从字面上看是由上偏旁和下偏旁两部分构成，上偏旁从老，下偏旁为子。可以理解为下方的子孙搀扶着上方年老的老人，子女对父母孝顺。孝顺父母不仅有着多重内涵，更有一个顺序递进的程序。首先，《孝经》开宗明义章中开篇即讲："身体发肤，受之父母，不敢毁伤，孝之始也。"它告诉人们，一个人对父母最基本的孝在于对自己身体、生命的珍重，轻易不得损伤自己的身体，这一基本要求是行孝最大的保障。其次，物质满足即在生活方面要做到赡养父母，满足父母的基本生活需求，让父母老有所依。再次，对待父母不仅要有物质的保障，还要有精神的供养即用发自内心的诚挚的爱对待父母，给予他们精神上的关怀。最后，对待父母要进退有度，并非是一味地听从父母之言。《孝经》指出："父有争子，则身不陷于不义。故当不义，则子不可以不争于父。"面对不当之处，我们应该尽力劝说，不要一味顺从。

从外延来看，孝是整个社会政治制度的血脉所在。自古以来，孝和忠君爱国就是联系在一起用来维系国家统治，两者相辅相成。古代小农经济制度决定了中华民族以家庭为纽带将家与国联系在一起，孝是家族血脉联系的体现，孝而爱家，爱家而爱国。孝作为维系家国的重要纽带保障着家族宗亲的延续、是一个民族得以繁荣发展的基因所在，更是中华民族上下五千年灿烂文化得以生存的根基。

三、孝道的基本要义

中国汉字均有其哲理，"孝"上为"老"，就像老人拿着拐杖，无法独立行走，下面是个"子"，象征着子女是老人生活的支柱。孝道的本质是对孝的形而上的分析，是对孝的各方面的本质性、抽象性的认识，是孝文化的本质性规定。孝道是中华传统文化的一种重要而又特殊的形式，其本质是孝的观念体系所决定的孝行为规范，是孝道意识向孝行转化的导向系统。

尊祖敬宗。由于生产力低下，那时的古人面对生存也是一种挑战，对于天灾人祸等自然现象心存畏惧，因此把祖先生殖行为进行了神秘化，提出了人类的祖先掌握着人的命运及生命，在生殖崇拜的基础之上有效融合了对祖先的迷信，在这种背景下也就形成了祭奠祖先的观念。钱穆对孝的原始意义进行了研究分析，孝本质上属于祖先崇拜，其最开始源自于生殖崇拜。孝观念属于一种自然道德情感，这种情感的基础为血亲，代表着人形成了社会性。怀着诚敬之心来进行祭祀，同时礼节也非常繁琐而隆重，只有这样才能获得祖先的福佑。此为"孝"的核心内容。孝最开始就是源自于人之内心，在西周时期初步形成了其观念。中国社会的核心是氏族，而氏族的核心就是血缘亲情。西周氏族公社结构被逐渐打破，社会经济形式出现巨大的变化，小农经济获得了不断的发展，农耕依然占据主体地位，西周时期初步构建了血缘宗法社会。西周时期统治阶级开始建立封建礼法，以此来维护自己的统治，在这种背景下也就逐渐形成了家国思想。西周社会，孝就意味着"尊敬祖先，崇敬祖宗"，主要以祭祀仪式来进行体现。西周有着非常规范以及完善的典章礼仪，《孝经·圣治章》中曾有过如下的记录："严父莫大于配天，则周公其人也。昔者，周公郊祀后稷以配天，宗祀文王于明堂，以配上帝。"西周统治者非常重视祭祀之礼，感受先祖创业的艰辛，祈求获得祖先的保佑，让人对自己的亲人要时时怀念，从而真正做到"宗庙致敬，不忘亲也"，以及"宗庙致敬，鬼神著矣"。祭祀先祖，从本质层面来讲也体现出孝观念，这样就可以实现对天下百姓的教诲，从而真正做到"是以四海之内，各以其职来祭"。

传宗接代。作为孝的核心要求，尽管原始社会早期并不存在孝观念，但是那时生殖崇拜十分兴盛，而孝观念正是源自于此，展现出对祖先的敬重之情，同时也与人类自身生存需要有着紧密的关系。孝观念要求人要孝敬祖先，同时孝观念还要求人做好传宗接代，这是人的基本任务。祭祀祖先的主要目的就是在动荡的社会中，祖先可以保佑家族子嗣健康，代代相传。在《孝经·圣治章》中曾有过如下的记录："父子之道，天性也。""父母生之，续莫大焉。"父子传承自古就存在，使得人类文化得以传承下去，父母养育我们，担负起这一责任，那么孝观念就不能中断，需要将其继续传承下去。后期儒家学者曾经提出过"不孝有三，无后为大"这样的观点，可以理解为孝观念中生理层面的孝道是非常重要的，只有生育后代，这样社会才能实现进一步的发展，也才能有利于人的财富的创造。孝最初传达的意思是繁衍后代，生儿育女。孝字最早出自家庭的家，在一个家庭中包括了夫妻以及子女。在古代中国，生殖崇拜与希冀祖先的庇佑，孝的基本含义依旧是尊敬祖先、延续生命并祈求先祖庇护。商代卜辞中，有孝字上面是爻，意思是男女交媾而生子，实现传宗接代。这种孝观念的解释也是最早的，可以理解为子女需要报答父母的生育之恩。在这一时期，孝观念才刚刚形成，远远没有达到成熟的地步。

侍奉父母。孝观念本质上属于一种自然道德情感，在人类氏族社会时期，氏族的核心就是血缘亲情，人们需要敬重父母，这在一定程度上也就萌生了孝观念。在西周时期初步形成了孝观念，西周氏族公社结构被逐渐打破，社会经济形式出现巨大的变化，小农经济获得了不断的发展，农耕依然占据主体地位。西周时期初步构建了血缘宗法社会，在家庭中父母拥有着非常高的地位。在《尔雅·释训》中曾有过如下的记录"善事父母为孝"，《说文》中曾有过如下解释："善事父母者，从老者、从子，子承老也。"孝可以理解为是对父母的一种尊敬以及爱戴。中国古代，所有的子女都有义务去赡养父母，在这种背景下孝并不单纯为个人道德情感，逐渐发展成为社会伦理。孝行应该贯穿始终，属于所有的子女的义务，是必须要承担的责任，只有这样才能报答父母养育之恩。在西周时期，这一含义并没有完善。在西周乃至春秋前，孝更多的含义是尊祖敬宗，绵延子嗣，善事父母是后来的延伸义。尊祖敬宗从本质上来说属于一种宗族伦理，繁衍后代，给父母养老送终则是一种家庭道德。

第二节 孝老爱亲是中华民族的美德

中华传统文化本质上可称为"孝的文化"，是由一代代炎黄子孙沿袭而成的子女、晚辈对父母、前辈的赡养、尊敬的伦理观念和道德实践的复合文化，积淀为中华民族文化心理，内化于中华民族每一个成员的心灵深处，其表征着中华民族的伦理思想、行为规范、道德生活乃至礼仪、风俗习惯等。然而孝文化的传统性以及与封建统治长期紧密的结合，人们更多看到的是它消极的方面，因而成为现代批判的对象。但是，孝的观念能够形成绵绵不绝的民族文化，足见其文化的生命力，是值得重视的文化命脉。重要的是要发掘孝文化积极的要素，为现代道德建设服务，这是一个道德文化的接续工作，也是社会主义道德建设的内容之一。

一、孝之价值意蕴

首先,孝突出强调了个人对家庭(家族)生殖繁衍的职责和义务。孟子曾经说过:"不孝有三,无后为大。"这一孝道思想的产生与当时中国地广人稀的自然环境以及连年战乱、人口大量减少的社会环境相关联,是古代中国历史状况在人口思想领域的一种自然反映。其次,孝强调家庭对老年人赡养的职责与义务。任何民族的独特的文化精神财富的产生,都曾与其传统的经济生活方式紧密联系。在生产力低下的古代,血亲关系是最牢固的纽带。中国是一个农业国,男耕女织、自给自足的小农经济长久以来是社会生产的主要形态,这种具有血缘化农耕性的封闭式家庭生产生活方式,使古代中国社会的物质资料生产与人口生产都主要依靠家庭这一载体来完成,而以家族为中心的生存(生产、生活和交往)状态,必然地要构成与之相应的一系列特定的价值观念与行为规范。如家庭结构与供养问题等就是如此。在中国,祖孙三代以上共居的家庭结构,占中国传统家庭总量的绝大多数。在数代同堂的家庭中,老年人退出劳动生产、完成劳动经验的传授和家庭财富的代际交接后,终身同子孙生活在一起,接受后代的赡养。如果子孙另立门户不养老人,则为社会道德和法律所不容。中国民间广泛流传着"养儿待老,积谷防饥"的民谚。这一"孝道"思想在长期演进中,转化成了中国文化关于家庭伦理关系的基本准则。孝道中强调对父母的赡养,其中包括养亲与敬亲两个方面,敬亲是子女对父母的内心感情的自然流露,是内在亲情的道德要求,体现了人的文明和教养程度。

再次,孝是"齐家之宝"。《孝经》说:"夫孝,德之本也。"因为修身齐家在于孝。按古人的思想,人欲齐家,必先修其身;欲修其身,必先行其孝。《礼记·大学》说:"欲齐其家者,先修其身。"如何才能"修其身"呢?《司马文正公传家集》说:"治身莫大于孝。"孝不仅有利于维持家长掌控家庭生产经营,使家庭技艺能够薪火相传。同时,孝之养亲、尊亲、敬亲等观点对于家庭治理，尤其是对于维护复合型大家庭的秩序，具有直接的积极作用。简言之，孝是"齐家之宝"；孝可以治家，可以给家庭带来平安幸福。

孝起着稳定社会的作用。首先，孝维护了家庭的稳定。家庭是社会最基本的细胞，只有家庭稳定才有社会安定。在封建社会，孝是保障家庭和睦、邻里相亲的良方。父母子女关系是家庭的基础，上慈下孝是家庭基本伦理规范，保证子女在父母的关爱下健康成长，父母在子女的赡养下安度晚年，维护着家庭关系的稳定。其次，孝促进了团结和睦的人际关系。在封建社会早期阶段，由于孝道的约束，养成了人们温顺、礼让、兼爱的性格，孝在客观上有助于协调社会各阶层之间的关系，缓和社会矛盾，促进社会安定，发展生产力，培养人们对家庭、社会、国家的责任感。最后，孝增强了人们热爱和平的愿望。在孝道伦理规范生活中，人们习惯于家庭的天伦之乐，满足于平静祥和的生活，虽苦不言，虽贫不争，反对斗争，反对社会动荡，渴望和平与和谐。

孝是民族凝聚的道德基础。孝文化的敬老爱幼、父慈子孝、兄友弟恭的家庭融洽、和睦团结的思想熏陶了不少杰出人物，教化了中华民族子子孙孙。孝文化强调血缘为基础的感情纽带，很容易将普天下中国血统的华人维系在一起，形成民族凝聚的力量。作为一种道德文化，孝文化孕育了中华民族共同的文化心理。翻开中国历史，到处可见孝文化的印迹。它深深植根于中华大地，成为塑造民族心理和国民性格的重要因素以及区别于其他民族的显著特征。从孝的基本精神中衍生出对民族的大孝，为民族兴旺发展经济、创造文化，为民族尊严而死，为民族延续而生，促进民族进步和兴旺等等。由此，孝文化培养了中国人民强烈的爱国主义情感。由于在古代社会孝亲意识衍生出忠诚精神，由对家庭的孝上升为对国家的忠、对民族的爱，孝悌思想使我们民族心向故土，依恋父母之邦，邦国之恋与乡土之思，千百年来成为中华民族联络情感和聚拢人心的强力黏合剂，以致中国人民自古以来就有着强烈的爱国主义传统。杜甫"位卑未敢忘忧国"的豪情，范仲淹"先天下之忧而忧，后天下之乐而乐"的壮志，顾炎武"天下兴亡、匹夫有责"的抱负都是崇高的爱国主义精神的写照。而作为孝文化的重要组成部分的世俗礼仪更凝聚成一种强大的传统力量。无论是"清明"祭祖、"中秋"团圆，还是"春节"探家，这种成为全国性的传统习俗，它对人心的凝聚、社会的祥和、经济的发展、文化的繁荣都有巨大的推动力。

二、正确理解孝老爱亲

孝老爱亲不是孤立的行为，是一系列文化的总和。其中有孝心，也有爱心；有老人，也有亲人；有自家的老人亲人，还有天下的老人亲人，涉及人群的各个层面。我们可以从传统文化和社会这两个方面对孝老爱亲加以理解。

传统文化层面。每个民族、每个国家，都不能也不应割断先民创造的优秀文化。任何新文化都必须根植于原有的文化土壤之中。正如党的十九大报告指出的："文化是一个国家、一个民族的灵魂。文化兴国运兴，文化强民族强。没有高度的文化自信，没有文化的繁荣兴盛，就没有中华民族伟大复兴。"我们的中国特色社会主义文化，有本有源，根植于中华优秀传统文化之中，因此，不能不重视孝道。孝道文化是先民创造的经过几千年发展的文化，其中有精华，有可以传承与弘扬的内容。在《孝经》中，孔子说先王有"至德要道"，梦想构建一个"民用和睦，上下无怨"的社会，而孝道是其根本。

社会层面。倡导孝老爱亲，是因为我们的社会出现了一些不孝老不爱亲的现象。孝老爱亲，关乎中华民族一代新人的培养。"一年之计，莫若种谷；十年之计，莫若树木；终身之计，莫若树人。"人的素质，是长远的事情。我国处在历史性的社会转型之中,传统价值观受到挑战。我国由古代的专制集权社会变为今天的民主与法治的社会,由农耕社会变为工业社会,由封闭的中国变为开放的世界的中国,在这个千古未有之变化中,传统孝道观必然受到冲击,而新的孝道观又一时建立不起来,于是就出现了人生观的茫然、真空、混乱,因而有必要建构新的孝道观。

倡导孝老爱亲,这是时代任务所决定的。我国要努力实现"两个一百年"的奋斗目标,要实现中华民族伟大复兴的中国梦。在奔向目标的过程中,文化是软实力,社会主义核心价值观是文化的灵魂,而优秀传统美德是中华文化的精髓。而孝老爱亲就是推进社会主义核心价值观的重要部分。2014年在北京大学师生座谈会上,习近平发表的《青年要自觉践行社会主义核心价值观》的讲话中就密集引用了经典语录,并且加以发挥。如,"德不孤,必有邻""仁者爱人""与人为善""出入相友,守望相助""老吾老以及人之老,幼吾幼以及人之幼""扶贫济困""不患寡而患不均"等等。随着时间的推移和时代的变迁,中华优秀传统文化不断与时俱进,又有其自身的连续性和稳定性。我们中国人最根本的是我们有中国人的独特精神世界,有百姓日用而不觉的价值观。我们提倡的社会主义核心价值观,就充分体现了对中华优秀传统文化的传承和升华。

三、弘扬孝老爱亲,传承传统美德

现代社会,家庭依然是社会的基本单位,自然的血缘纽带、生育和抚养,家庭成员之间的共同生活,使个人同父母之间结成所有社会关系中最为密切的、深厚的关系。从理论上来说,任何时代、任何阶层、任何年龄的人都可以在孝中找到适合自己的内容。特别是就"孝老爱亲"这个应然要求而言,孝道具有时空普遍性,反映了人生自然规律性和家庭伦理生活的规律性,既符合人性的要求,也符合人类社会延续发展的需要,是家庭和睦幸福的伦理道德保证。亲子与孝亲之情的存在，使孝道具有了连接"代沟"的"桥梁"功能。

孝的本质是爱。孝之爱表现在多个方面，如养亲、尊亲、思亲、义亲等。毫无疑问，敬爱双亲具有普遍的意义，不论哪个时代哪个阶级的人，都不会对敬爱双亲表示疑义。爱亲应该是家庭道德的根本价值所在。爱亲虽然起源于人们认识到个体家庭血脉的延传，但在以后的历史中，孝超越了个体家庭生命延传的价值，使作为子女的个体价值和社会价值在家庭中得到实现。作为子女能奉养父母而不至于使父母担忧晚年生活，这既尊重了个人的价值，同时也是社会价值的实现。中国传统孝道崇尚从爱亲开始转而再去爱人，即所谓亲亲、仁民、爱物。孝是历史上修养人格的切实的基础，但孝的含义不仅仅表现在简单的爱人上，而是要推而广之去爱社会、爱国家，爱世界万物，而达成天人合一的境界。从根本上讲，孝具有很高的道德境界。因为孝的实用性只表现为利亲，给予父母一个幸福的晚年，但对子女个人而言只有付出和贡献，包括对父母的精神赡养和物质赡养。而这种行为本身没有品德境界作支撑是无法实现的，因为孝对子女个人没有什么功利性，只有道德上的荣耀。孝老爱亲表明了中国孝文化中的精华成分，体现其对人类文明的普遍价值，从而决定了孝在现代社会的重要价值所在。新时代弘扬孝老爱亲，传承传统美德要从三个方面着手：

学校方面。学校是每个人走进社会之前学习文化知识、接受德育教育的地方，传统文化的学习也需要从小抓起、从学校抓起。首先，孝文化应走进教材、走进课堂。把孝文化放进教材，在课堂上让学生来学习，是对学生进行孝文化教育的一种有效方式。其次，开展以"感恩父母、孝敬老人"为主题的班会。班会中可以让学生讲述自己收集到的有关孝敬父母、长辈的典型故事，也可以让学生讲解自己是如何孝敬父母和长辈的等等，让感恩和孝文化深入学生的内心。最后，还可以在学校开展以宣传中国传统孝文化为主题的板报评比活动，既可以让学生在活动中加深对传统孝文化的理解，也可以在校园里营造了一种孝文化氛围，让孝文化成为校园的主文化，学生时时刻刻在这种文化氛围中生活、学习，受其熏陶就必然会被它感染。

家庭方面。父母是孩子的启蒙老师，也是孩子学习和模仿的对象，父母的一举一动都对孩子产生直接而深远的影响。每个人都会变老，每个人都不希望自己的暮年在子女的不闻不问中度过，如果自己能够孝顺父母，你的行为会潜移默化影响你的子女，子女自然也就会孝顺你。有一个故事是值得借鉴的。从前有一对中年夫妇对年迈的父母很不孝顺，他们把老人撵到一间破旧的小屋里居住，每顿饭用小木碗送一些不好吃的东西给老人。一天，他们看到自己的儿子在雕刻一块木头，就问孩子刻的是什么，孩子说："刻木碗，等你们年纪大时好用。"这对中年夫妇猛然醒悟，把自己的父母请回正屋同自己一起居住，扔掉了那只小木碗，拿出家里最好吃的东西给老人吃。小孩因此也转变了对他们的态度，从此一家三代和睦生活。这样的故事不一定真实存在，但类似的事情肯定是有的。可见，父母的榜样对孩子的影响有多大，因此家庭方面对孝文化的弘扬其实很简单，就是以身作则，父母首先要做到孝敬自己的父母和长辈，时常关心他们，平时没事的时候，带上孩子"常回家看看"，帮老人做些家务，尽一份子女应尽的责任。就这样一天天积累，孩子看在眼里，记在心上，耳濡目染，也会渐渐地养成尊敬长辈、孝敬父母、关心他人的好习惯。

社会方面。弘扬传统孝文化，社会有着不可推卸的义务。首先要让孝文化走进企业、单位。每个企业都是一个小团体，都应该有自己的企业文化，但是企业作为社会中的一部分，应该以社会的主流文化为指导，所以孝文化也应该成为企业的主流文化，用孝文化来教育、引导企业的员工。我们很难想象，一个不孝敬父母的员工，怎么会全心全意为企业效力，怎么会和同事和睦相处；一个不讲孝道的企业，又怎能凝聚起所有的员工使企业发展壮大。其次，让孝文化走进大众生活，在生活中营造孝文化的良好氛围。从城市的街道、社区到农村的村镇，每个地方都有自己的宣传栏，这些宣传栏应该被充分利用起来。还有一些公益广告，也是在社会上宣传孝文化的有效途径。再次，可以在社会中评选、表彰孝子典型。这一点很多地方都在做，每年的"感动中国十大人物"里，也都会有典型孝子，这是值得高兴的地方，说明整个社会正在努力弘扬孝文化。如果可以的话，我认为我们应该写出新的"二十四孝故事"，用符合现代社会观念的故事来感染社会上的每一个人。为子当尽孝，美德宜弘扬。当前，我们在积极构建社会主义和谐社会进程中，更应该积极创新和大力弘扬孝文化，营造尊老敬老的良好社会氛围，使孝亲敬老的美德代代传承，让中国传统孝文化以它优秀而独特的文化精髓，以及其日益完善的文化内涵，引导一代一代的中国人民在这片土地上繁衍生息，衍进文明。

第三节　小孝在于爱家爱亲友，担当作为

"夫孝，始于事亲，中于事君，终于立身"。所谓孝最初是从侍奉父母开始的，然后效力于国家，恪尽职守，最终建功立业、服务大众，这才是孝的圆满结果。因而孝首先要做到爱家庭爱父母和亲朋好友，要求有担当敢作为。

一、"孝"乃齐家之要

"小孝"是指能够供养父母，即赡养父母的物质生活，满足父母的衣食住行。"小孝"从伦理学方面探究，主要包括"奉养、敬亲、侍疾、谏诤、善终"五方面。

奉养。羊有跪乳之恩，乌鸦且懂反哺之义，动物尚且如此，何况人乎。

"用天之道，分地之利，谨身节用，以养父母"。中国传统孝道的最基础要求就是要赡养父母，要自己节约开支从物质生活上保障父母，在实际生活中解决父母的需要，使他们的衣食住行没有匮乏，年迈体虚时有所依靠。为人儿女，在成年之后照顾父母是作为人的义务和责任，不论儿女们在做什么，不管如何分身乏术，都要时刻想着照顾父母，不能离父母太远而不能尽应尽的赡养义务。而且这不是一朝一夕的事情，而是长久坚持下来才能称之为"孝"，这也是每个人在社会里最低的道德行为标准。

敬亲。除了照顾父母的生活起居衣食住行，子女更需要对父母要有从心底发出的真爱和敬仰，只有这样才能孝敬和尊重父母。孔子曰："今之孝者，是谓能养。至于犬马，皆能有养；不敬，何以别乎。"孝不仅是要求赡养父母，为其提供吃穿住行，若只是如此，犹如畜养牲畜，因此，仅仅给父母提供物质上的基本保证，并不能表达子女对于父母的尊重及为人子女的孝义。只有对于父母发自内心的尊敬和由衷的感恩，才能真正体现对于父母有别于他人的不同感情。孟子所谓的"大孝终身慕父母"，说的也是同样的意思。

侍疾。"父母惟其疾之忧"，父母年纪越来越大，身体越来越虚弱，很容易生病，侍疾就是要在父母年老体弱生病之时给予足够的重视，及时治疗和悉心照顾，常伴父母左右。《礼记·祭义》认为，"养可能也，敬为难"。孔子进一步将其具体化："色难"，也就是说要做好真正意义的"孝"，态度语气很关键，尤其是在病丧中，是否能依旧对父母恭敬和尊重，照顾是否全力尽心，这是衡量子女孝顺与否的重要环节。

谏诤。"父有争子，则身不陷于不义。故当不义，则子不可以不争于父"，儿女们要在父母做错事情的时候，能够谏诤父母，劝告父母，使其改邪归正，而不能毫无主见地一味顺从，避免父母深陷不义。当面对不仁不义的事情的时候，应当要和父母亲争论，一味地顺从父母亲的意思，使得父母亲陷入了不仁不义的错误之中，这样又岂能够称作孝顺？总之，不管身为子女还是身为人臣，都应该以德为先，明辨是非，婉言相劝。

善终。对于孝的字面解释除了孝顺、孝敬，还有就是尽孝和守孝了。中国儒家思想认为所有的生命都来源于父母，因此要对父母感恩，对父母尽善终之义。孟子就曾指出，不论父母待自己如何，都要心怀感恩之心，效仿舜的心胸和气度："父母爱之，喜而不忘，父母恶之，劳而不怨，然则舜怨乎？""生，事之以礼；死，祭之以礼。"父母去世时，子女不仅要非常隆重地举行丧礼，而且在父母过世以后供奉祭祀。不论父母生前还是死后，都要待之以礼，才不失为人子女的礼数。

"小孝孝于庭闱"，也就是说为人子女要懂得知恩图报，要做到爱护家庭及家庭里的每个人。众所周知，西方社会更多的是以原子式的、独立的个人为基础，将家庭视为个体追求幸福的工具和场所。这在一定程度上是以"个人"取代了"家"，致使"家"在社会、政治以及伦理之中的重要性受到忽略。而且，在中国特色社会主义建设的关键时期，西方社会的"个人主义""利己主义"等思想冲击着社会主义核心价值观，影响着家庭的和睦、社会的和谐以及国家的稳定。与之相对，中国古代家庭伦理的基调则为"家国一体"，个人从属于家，家又从属于国，可谓家是最小国，国是最大家，而齐家的要义首先在于"孝"。一方面，"孝"是家庭成员和睦的根本。"孝"可以理解为家庭中趋向共同的价值观，使家庭成员产生巨大的聚合向心力，维护家庭的和睦团结。家庭之"孝"的基本表现就是在家不失"孝"的礼节。譬如，"君赐食，必正席先尝之。君赐腥，必熟而荐之。君赐生，必畜之。侍食于君，君祭，先饭"。同样的道理，在家中可以将父母视为"君"，要注重相关礼节，尊重、孝顺父母，恭敬兄长。此外，要心怀孝道，消除代沟。父母和子女只是特殊的缘分而已，将来的一切都要化为一体，化为一气，同为天地、阴阳的子女，注定要和谐一体，内涵"和谐"的要求和理念；另一方面，"孝"

是家庭伦理的基础。孔子认为"孝"是基本的家庭伦理道德,是维系家庭关系的基本准则。家庭和谐、幸福的根基和前提离不开孝。孝,既是德性伦理文化,又是规范伦理文化,能够实现家庭成员的"自律"与"他律"的有机统一。《论语》中也提及子女对家庭长辈的服从,虽说有一定局限性,但"这样做的目的仅在于维持家的稳定和延续"。当然,反过来讲,在"孝"消隐之时,就是"家"分崩离析之日。现代社会的根本问题就是"家"的消失,即家的内在精神本质——"孝"的缺失。例如今日的养老、婚姻、教育等方面的严重问题,都与"孝"文化的消退相关。

二、爱家爱亲友是小孝的重要条件

家是每个人成长的起点并伴随人的一生,家里都是亲人,爱家是人性所至,是我们所追求的最本真内涵,是归属感的基本层面。更进一步,推己及人,老吾老以及人之老,幼吾幼以及人之幼。

爱家就是要承担起作为家庭成员的责任。家庭是社会最小的细胞,每个人都在家庭中承担不同的角色。关爱家庭成员既体现人性,更是担当社会责任。当下由于独生子女居多,大多数是在父母长辈过多的关怀和爱护下成长,加上处于没有兄弟姐妹的成长环境,因而缺少关爱他人的意识。所以,通过实践活动、课堂教学、感恩活动等培养感恩父母的心,培养他们爱家的意识,这既是个人健康成长的需要,也是维护社会伦理的需要。一要做到尊敬父母长辈,学会孝敬父母,要学会尊敬自己的父母,加强与父母的交流与沟通,遇到自己的意见与父母不一致,甚至相左时,要耐心和父母进行商量,虚心听取父母的意见,不能产生过激的言辞和行为。要对父母礼貌有加,自己做错事以后要及时向父母道歉,争取父母原谅;要多关心和照顾父母的生活,关心父母的健康,做到孝顺父母,使父母获得精神上的愉悦和情感上的升华。二要懂得感恩父母,主动维护家庭和睦团结。一方面,要学会和懂得感恩自己的父母，要认识到父母的辛劳与不易。理解父母对于家庭的付出，多关心父母的健康，多问候父母，要用一颗感恩的心去表达对父母的感谢之情，去回报自己的父母。另一方面，还要主动维护家庭和睦团结。家庭和谐是人健康成长的基础，会让每一个家庭成员感觉到幸福与舒心。三要勇于承担家庭责任，为家庭发展贡献力量。作为家庭的成员和一分子，对于家庭有着义不容辞的责任，要从内心自觉承担起自己对于家庭的重要责任，要养成对自己负责，对父母负责，对家庭负责的良好习惯。主动承担一些自己力所能及的家庭事务，替父母和家庭分忧；要通过自身努力承担家庭责任，为家庭发展做出贡献。

进行必要的爱家教育，就是要教育学生爱护家庭成员、爱护家庭的劳动成果、爱惜家庭的名誉等等。一个重要的方面就是要建立和谐美好的人际关系，建立这种关系的基础就是要培养人们具有理解、同情、关心、帮助他人的良好品质，如果一个人心里只有自己，除此之外连对自己的亲人都缺乏应有的爱心，那么很难设想他会真心地爱社会上的其他人。进行爱家教育，除了教师要随时随地因势利导外，还可以组织一些专门活动，比如阅读饱含真挚亲情的文学作品《回忆我的母亲》《背影》《游子吟》等。爱家教育还要注重家风的影响。《周易·坤·文言》指出："积善之家，必有余庆；积不善之家，必有余殃。"这就说明了好的家风对于家庭成员具有积极影响，同样不好的家风则不利于家庭成员的成长。《礼记·大学》中强调："所谓治国必先齐其家者，其家不可教而能教人者，无之。"这说明了好的家风之于个人、之于社会乃至国家都具有十分重要的意义。我国老一辈无产阶级革命家毛泽东、周恩来、朱德、邓小平等，都十分重视家风的作用，对于自己的子女严格要求，培养自己的子女后代成长成为对社会、对人民、对国家有益的人。

爱家就是重视交友的精神与思想，就是要求我们个人在社会实践中充分认识到朋友对于自我人生成长所起的积极帮助作用，并且身体力行地、开放地、真心诚意地以"四海之内皆兄弟"的眼光去对待身边的每一个人，尽可能地结为朋友，尽可能地多交朋友。与人相交若以"信义"为根本准则，那么朋友间的关系才会更加平等，那么友情的纽带才会牢固和长久，与友人相处的氛围才会和谐和融洽，有利于个人的进步和社会的和谐。朋友间的相处应多一些和睦，少一些争执，互敬互爱，互帮互助，做到朋友有信，和谐共存。

三、小孝要求担当有作为

面对新时代新要求，担当有作为是做到小孝的前提条件。而要做到担当有所作为就必须提高自身修养，这是必不可少的途径。

强化孝道意识，一要树立正确的人生观和价值观，提升责任意识。正确而坚定的人生观和价值观是建立孝道意识的前提和基础，如果没有感恩的心理、诚信而负责任的态度、勇于担当和奉献的精神，那么孝道便是空谈。因此，提升孝道意识首先要树立为人民服务、为社会作贡献的价值观和乐于奉献的责任意识。二要端正态度，阅读文献，学习优秀孝文化的精髓。中华优秀孝文化博大精深，它是提高自身修养、建立家庭伦理、投身祖国建设的重要典范。三要自觉抵制不正之风。改革开放以来，社会上文化发展呈现多元化趋势，外来文化的冲击及网络低俗文化的迅速传播，导致社会中出现许多崇洋媚外、拜金主义、享乐主义现象的出现。因而，我们要提高自身辨别是非的能力，坚决抵制不良风气，恪守道德底线。

坚定孝道意志，即在没有任何强制的外部因素下，仍然能够自觉自愿地做到孝顺父母，博爱大众，进而赤心报国。道德约束就是对人思想的约束，其约束力更多地体现在人的自觉性，不具有强制性。我们在践行孝道过程中行孝往往只是三分钟热度，缺乏积极性和持久性，因此坚定孝道意志尤为重要。主要表现在以下两方面：其一，自省。自省即理性地回顾自己的言行举止，做到知错就改。无视错误和缺点是错上加错。人易迷途，贵在自省。当发现问题和错误时，首先要反省自身的问题，反思自己的不足之处。子曰："射有似乎君子，失诸正鹄，反求诸其身。"要坚定孝道意志，就要经常反省自己，回想自己曾经的过错，努力改正，虚心学习。只有不断自省，才能取得进步。其二，自控。即自我控制，是自我反省、自我督促的心理过程。意志坚定的人，一定要做到自控。要注意自己日常生活中的不良习惯以及惰性，从生活中一点一滴做起，不断克服惰性，使自己朝着自己的目标前进。

关注孝道实践，即将孝道从认知层面提升为实际行动的巨大转变。实践中我们可以深刻感受父母含辛茹苦的付出，磨炼尽孝的意志，锻造坚忍不拔的品格。实践是认识的目的，也是最终检验认识的唯一标准。只有付诸实践，孝道教育的效果才能真正体现。孝道实践是孝道教育的目的和归宿，也是孝道教育必不可少的关键环节，只有通过实践，才会真正从内心深处激发感恩之情和孝敬之心。

第四节　大孝在于爱国爱民

"大孝孝于天下"即要为天下苍生谋幸福，以利益天下苍生为己任。孝无始终，孝不在言，而在于行。大孝作为新时代治国理政的精神保障，要求我们每个人不仅要做到爱国爱民，还要永远忠诚祖国。

一、大孝乃治国之道

"孝"文化与"为政""治国"密切相关。《论语·为政》记载："季康子问：'使民敬、忠以劝，如之何？'子曰：'临之以庄则敬，孝慈则忠，举善而教不能则劝。'""盖谓在上者能导民于孝慈，使各得孝其老，慈其幼，则其民自能忠于其上。"可见，若一国之君能做到上孝下慈，那么广大民众自然就会被感化而忠诚于上。可谓孝是"文""政"之基础。孔子之所以重"孝"，将"孝"视为治国之礼，离不开他对历朝历代经验的借鉴和自身的切实体会。一方面，根据历朝历代经验教训，"孝"是国家安稳的保障。自古以来，借助于"政""刑"来治理国家是不能废除的，但是如果只是单纯依靠"政"和"刑"，就如只是依靠法治，百姓虽然免于罪过，但是不知羞耻，且不会有羞耻之感。因此，唯有"德""礼"是顺应人性的善行和规范，才能做到"有耻且格"，其中"孝"又是德之要、礼之本。同样，"'善人为邦百年，亦可以胜残去杀矣'。诚哉是言也"。善人之国以及国中的善人，最大特征就是"孝"。而且，处于执政地位的领导人重视礼，不仅做到"修己以安人"，还要做好"修己以安百姓"，老百姓就乐意服从领导。另一方面，"为政以德，譬如北辰，居其所而众星共之"。古代的政治人物有三种，即为政、执政和从政。孔子认为，以道德原则来为政、执政和从政，政中之人就像北极星一样，形成一种凝聚力、向心力，广大民众都围绕着他。孔子突出了"德"的政治意义，主张"仁政"和"惠民"，认为"德"是治理国家、赢得民心的关键，这也是区分"仁君"与"暴君"的标准。可见，道德原则是治国之礼，"孝"之德又是儒家文化重要的道德原则，能够实现人心归顺、人心所向，进而可以实现政治清明、社会和谐、国家稳定。

大孝有助于养成尊老敬老养老的社会风气。中华民族有五千多年的文明史，道德资源十分丰富，其中的优良道德传统就是历史上各个时代的人们总结的行为方式、价值观念和文化心理等，并由各个时期的思想家经过提炼、概括转而流传下来的。而传统孝文化作为中华民族的独特传统，尤其是其中关于尊老、敬老、养老的社会内容，在很早前就已经以名言、警句的形式，作为中国文化的重要特征，积淀于中国人的心理结构和潜意识之中，在很多方面能够提高人们在社会公共生活中的自觉性，指导和纠正人们的实际行为。传统孝文化，无论在家庭伦理中还是在社会传统道德系统中，仍在代代延续，即晚辈仍需向长辈学习。因为长辈的经历本身就是一种文化，这是一种以前喻方式为特征的文化传递过程。老一辈传递给年轻一代的不仅是基本的生存技能，还包括对生活的理解、公认的生活方式以及简拙的是非观念，还有对美德的传承。在这样的文化氛围中，尊老敬老养老自然成了一种最为基本的美德和最为深远的历史传统。

大孝有助于营造团结友善和谐的社会氛围。《论语·学而》曰："其为人也孝弟，而好犯上者，鲜矣；不好犯上，而好作乱者，未之有也。君子务本，本立而道生。孝弟也者，其为仁之本与！"可见，孝是仁之本，即在家能孝悌父兄，形成亲亲、尊尊、长长之心性，那么在社会上也必然会克己复礼、循规蹈矩，不犯上作乱。再者，从孝的产生说起，孝文化发源于尊祖敬宗的祭祀礼仪过程中，人们通过这种祭礼表达出对祖宗的敬意，久而久之，这种孝以"克己复礼为仁"的方法，扩充到社会生活中，使人们对人友善、处事合宜、中和而不偏激、情理兼顾，恰如中国文化的根本精神在于人文主义，而人文主义的发端就在于好讲情理，恪守中庸之道，不走极端，追求和谐，正是谨守"万物并育而不相害，道并行而不相悖"的宗旨。公民友善的善性及形成的社会和谐的氛围，皆要从最初的爱敬父母的实践中去培育开拓，而爱敬父母的友善并不只是爱自己的父母，更要推及他人，否则就是伪善，不是真正的友善，正所谓"老吾老以及人之老"，因此必须恪守实践中孝是仁之本的这一本义，处处行仁义之事，方能为和谐社会营造良好的氛围。

大孝有助于培育公民热爱祖国的思想情感。用孝的术语来讲，爱国即赤子对祖国母亲的"孝养"，贤儿孙对父母教诲的"敬顺"，对先祖的"追孝"，其权威性不容置疑，古往今来都是如此。汉朝的孝治天下，到今天的以人为本，皆是孝的扩展。《孝经·天子章》中提到"爱敬尽于事亲，而德教加于百姓，刑于四海"，即一个人只有先孝于父母，友于兄弟，才可能忠于职，忠于国，忠于民族。试想，一个连生养他的父母都不孝的人，会热爱自己的国家，关心自己的民族吗？爱祖先必然爱祖国，古时就有巾帼英雄花木兰在民族危难时刻，为父尽孝、替父从军，后有岳母刺字，勉励岳飞要"精忠报国"，更有董永卖身为奴，为父换取丧葬费用，其孝行感天动地，实为今人应该学习孝的榜样材料。

孝是民族团结、国家兴旺的精神基础，是中华民族凝聚力的核心，是民族认同、民族团结、民族复兴的基础。一个民族，不管是今人还是古人，无论是领袖还是普通民众，无论是本土民众还是海外侨胞，正是由孝而起的浓厚情感，才不忘对祖先、对祖国的思念，不忘为我们的民族团结和复兴出谋划策、贡献力量。明末清初的顾炎武曾在《日知录》中写道，"天下兴亡，匹夫有责"，此句至今依然流传甚广，充分体现了爱国人人有责，具有鲜明的历史继承性和时代性，强调每一个中国人都要有对于民族责任的自觉承担精神，尤其是现时代孝的弘扬，对于复兴中华民族、增强民族凝聚力有积极作用。

二、爱国爱民提升大孝的境界

作为当代社会的一分子，要自觉把个人的人生价值追求同国家和民族的前途命运联系起来，要有爱国之情、报国之志、建国之才、效国之行。因此，开展社会的孝教育，培养奉献意识和爱国之情意义深远。

孝行天下，博爱大众。传统的对父母长辈的"小孝"已经无法满足当今时代的要求，当今社会的"孝"，更强调的是长辈和晚辈、上级和下级相处的和谐状态，把家庭伦理延伸为社会伦理，将一己之爱扩展对社会众生的大爱，人人相互关心，相互尊重和帮助，促进和谐社会的发展，争取早日实现中华民族的伟大复兴。博爱大众的大孝教育，具体分为以下三个方面：

首先要尊老爱幼，尊师敬长，善待身边的同学、朋友。在日常生活中，每个公民要尊敬长者，关爱弱小，团结同学，面对他人有困难的情况做到主动礼让和帮助，培养爱心意识，用大爱的眼光看待身边的每一个人。其次，维护民族团结，心系全体中华民族同胞，特别是华人华侨、海外侨胞。当今中国，全世界的中华同胞拥有着共同的根，以孝为纽带，中华民族同胞便紧紧团结在一起。孝道意识是民族团结的基础。当代公民要将这种同族之情铭记于心，对民族行大孝。最后，要学会爱全世界人民，充分发扬国际人道主义精神。例如2010年初海地地震发生后，中国政府向海地灾区无私地展开救援活动，不仅向海地捐出大量物资，同时国内多家民间组织也纷纷向海地伸出援助之手。我国政府这种完全出自国际人道主义精神的援助，值得每一位公民学习。儒家提倡"老吾老，以及人之老；幼吾幼，以及人之幼"，只有将爱父母、爱亲友的小爱扩展成为爱社会、爱人人的大爱，树立处理各种代际关系的准则，社会才会和谐，民族才会昌盛，国家才会富强。"孝行天下"，是人类最基本、最持久、最淳朴的人性和谐平台，是中华文化的重要组成部分，在中华民族生存和繁衍中起了重要作用。

为国尽忠，赤心报国。以孝为忠，是孝道教育的升华。所谓"孝"，始于侍奉父母，终于效力于国家，服务于民众。在中国，爱国心与孝是相联结的，孝心即忠心。在家庭中主要体现为孝敬父母，在社会中体现为为国尽忠。忠心是孝心的升华，是中国人安身立命的根本。忠心是一种责任，一种义务，一种操守，是人生中最重要的品质。"祖国"一词，就是从"祖先""父母之邦""父母国"直接衍变出来的，这正是中华民族孝亲敬祖的传统文化和传统道德的一种体现。爱家才能爱国，极为深刻地反映了中华民族传统文化中的亲情和"孝道"文化的穿透力，血缘亲情就是坚韧的族群纽带，祖国就是一种放大了的家族信仰。以孝为忠对于我们今天弘扬民族精神、强化民族凝聚力，完成中华民族复兴大业仍然具有重要的现实价值。因此，在"移孝为忠"的孝道教育当中要坚持以马克思主义理论为指导，用科学的知识武装头脑，忠诚于祖国，忠诚于人民，为自己的祖国和人民做出无私的奉献和牺牲。所以，要注重培养个人赤心报国的赤子之心，使为父母增光添彩、为社会做贡献、为祖国尽忠相统一的价值观牢记于心。

三、大孝要求忠诚祖国

新时代要做到忠诚祖国，最重要的是要培养和树立自身的家国情怀。中华文化绵延几千年，作为中华优秀传统文化重要组成部分的家国情怀，它代表着中国历来知识分子重家爱国的道德情感，蕴含着个人对家庭、社会和国家的责任担当意识，是民族性格与个人品行的集中展现，具有着十分重要的文化内涵。

家国情怀主要是"对自己国家一种高度认同感和归属感、责任感和使命感的体现，是一种深层次的文化心理密码"。古往今来，中国的文人志士都胸怀一种"修身、齐家、治国、平天下"的理想抱负，对自己的家庭家族具有最深的情愫，对社会怀有强烈的责任担当，对国家民族保持炽热的历史责任感和崇高使命感。这种高尚的文化精神和理想追求历经风霜而不衰、遭受洗礼而弥新，是凝聚实现中华民族伟大复兴的强大精神力量。习近平总书记在2019年春节团拜会上的讲话中进一步明确指出："我们要在全社会大力弘扬家国情怀，培育和践行社会主义核心价值观，弘扬爱国主义、集体主义、社会主义精神，提倡爱家爱国相统一，让每个人、每个家庭都为中华民族大家庭做出贡献。"新时代提出并弘扬家国情怀，既是对几千年来支撑中华民族发展延续的家国情怀精神的深刻阐释，也是对亿万人民在新时代书写家庭与国家新的篇章的重要激励。

第一，家庭层面。家是社会的最小细胞，是构成社会大家庭的最小单位。中国历来强调"齐家"，《礼记·大学》中强调："欲齐其家者，先修其身。"清代诗人李渔在《风筝误·闺哄》中指出："不会齐家会做官，只因情法有宽严。"这说明家国情怀当中家庭的重要性。家又是由每一个个人所组成的，因此在培育家国情怀当中要重视个人修养、修身的重要作用。"家是最小国，国是千万家"。就是要着重对个人进行家庭道德修养教育，重视家庭在连接个人和国家之间的桥梁和纽带作用，培养个人发自内心热爱自己的家庭，自觉承担起对于家庭的责任和义务。同时，要处理好个人与家庭成员之间的关系，爱护、关心、帮助自己的家人，从而达到家庭关系的和谐和睦。

第二，社会层面。家国情怀传承了中华优秀传统文化重视家庭的丰富内涵，进一步将家国情怀家庭层面的内涵进行升华，就达到了家国情怀的社会层面。《论语·泰伯》强调："士不可以不弘毅，任重而道远。仁以为己任，不亦重乎？死而后已，不亦远乎？"这就说明了中国士人有着关心天下兴亡，以天下为己任的情怀。北宋大儒张载有言："为天地立心，为生民立命，为往圣继绝学，为万世开太平。"这是对传统文人具有强烈的责任担当意识、对人民的无私关怀和伟大的奉献精神的生动诠释。总的说来，家国情怀的社会层面就是强调人们对于社会所持有的责任意识、责任情感和责任担当。

第三，国家层面。国是万千家的集合与放大。将家国情怀社会层面的内涵进一步上升到"国"的层面，就是一个人所怀有的对自己依赖的国家和依靠的人民所表现出来的真挚情感与深情大爱，是对国家的富裕强盛、民族的崛起和人民对美好生活的向往所展现出来的持久不懈的一种理想追求。家国情怀的这种情感是国家团结进步、凝聚力量的精神原动力，是实现中华民族伟大复兴中国梦的精神支撑。一直以来，中华民族和中国人民都十分重视和培养这种兴国之责与爱国情怀，在中华民族几千年的岁月长河里，爱国、兴国、报国始终是激昂向上的主旋律，是进步人士的不懈追求和使命所在。

从屈原的"老冉冉其将至兮，恐修名之不立"到范仲淹的"先天下之忧而忧，后天下之乐而乐"，从"天下兴亡，匹夫有责"到"为中华之崛起而读书"，一代又一代中华儿女都饱含着对于国家和民族的挚爱与热情，家国情怀的这一内涵在新时代愈发显得重要。新时代培育和树立家国情怀，落实在国家这一层面就是培养对国家民族的热爱之情，对于中华民族复兴大业的责任担当，热衷和参与国家建设发展的事功精神，从而助力"全面建成社会主义现代化强国"和"以中国式现代化全面推进中华民族伟大复兴"目标的实现。

新时代培养和树立家国情怀，要以社会主义核心价值观为统领并赋予其新的时代内涵。以社会主义核心价值观为统领，就是要把个体的人作为基点，将社会中形成的共识作为社会价值观的逻辑起点，并在每个人对它的践行和执守中得以实现。这就要求每个社会个体应当首先注重自身修养的塑造，讲求社会交往中的友善、诚信，讲求社会分工中的敬业、尽职，讲求社会责任的担当及对民族、国家的热爱。然后再在更高层面的社会价值观上凝聚和实现。以社会主义核心价值观为统领，就是要把爱家和爱国统一起来，把实现个人梦、家庭梦融入国家梦、民族梦之中，用4亿多家庭、14亿多人民的智慧和力量，汇聚起夺取新时代中国特色社会主义伟大胜利，实现中华民族伟大复兴中国梦的磅礴力量。用社会主义核心价值观为"家国情怀"注入现代文明元素，将社会主义核心价值观中的"公民"观念注入传统"家国情怀"教育，提高公民意识，促进公民身份的觉醒与成长。相较于曾经的家国意识，现代文明的价值观念更加强调社会层面的"自由、平等、公正、法治"，而从历史苦难中重新崛起的中华民族也更加期盼国家的"富强、民主、文明、和谐"。这是国家政治文明与民族发展愿景的综合体现，可以为"家国情怀"的传承发展注入现代文明观念。

在新时代中国特色社会主义伟大事业的关键时期，"孝"仍是维系个人身心和谐、家庭和睦、社会和谐以及国家富强的重要精神纽带。我们需要坚持"创造性转化、创新性发展"理念，批判、继承以及创新我国五千多年延续而来的"孝"文化，进而实现"孝"文化的时代化、现代化和大众化，使之成为培育和践行社会主义核心价值观，实现"中华民族伟大复兴的中国梦"的优质文化资源和坚实精神保障。因而就需要我们做好"小孝"，致力"大孝"。俗话说，"百善孝为先"。儒家之"孝"德具有民胞物与的精神，不但体现人之本性，而且还有一种义务与责任，将"孝"德由一己拓展到国家社会，甚至全人类，切实尽到参赞化育之责，从而寻找人生的终极价值。"孝"可以分为"小孝"和"大孝"。"小孝"是最基本的"孝"，这是人之本性的最根本体现，也是每一个中华儿女都应该具备和发扬的优良品质。而在做好"小孝"的基础上，我们致力于"大孝"。"大孝"需要突破"家庭"之"小家"，而上升到国之"大家"，主要是指对祖国母亲的"孝"，即对祖国母亲的热爱。详细来讲，其一，孝敬家中父母。根据孔子关于"孝"文化的阐释，我们明确"孝"具有不同的呈现形式和逻辑层次，其中，"孝养"和"孝敬"自己的亲生父母是最为基本的表现。两者主要表现为保证自身父母的衣食住行用、尊敬父母以及注重礼节等"庭闱之孝"。其二，热爱祖国"母亲"。我们要将对父母的"仁爱"推及、应用到社会关系的处理，以及视为对待祖国"母亲"的态度要求，进而热爱人民、忠于祖国，做到"大孝"。党和国家要做到"以人为本"，尽心竭力做到"恭""敬""惠"天下的人民群众，真正做到"大孝"。当然，广大民众也要致力于"大孝"，将祖国视为"母亲"，在思想上和行动上保持"孝敬""仁爱"之心、之行，自觉培育和践行社会主义核心价值观，忠于党、忠于国家。

第五章 立德是人生的第一根本

国无德不兴,人无德不立。立德是人生的第一根本。人之所以为人,全在于人有道德有德行。"立德"一词最早可以追溯至《左传·襄公二十四年》:"大上有立德,其次有立功,其次有立言,虽久不废,此之谓不朽。""立德""立功""立言"彰显了中华民族自古以来的价值追求和精神品质,其中以"立德"为首。从字面上来看,"立"是树立的意思,"德"指道德、德行,"立德"就是要树立德业,将道德深入人心、植根人心,促使人成长为有道德有德行的人。

第一节 立德在于树人

十年树木,百年树人。"树人"一词最早可以追溯至《管子·权修》:"一年之计,莫如树谷;十年之计,莫如树木;终身之计,莫如树人。""树人",是指有意识地塑造人才、打造人才,力争将自然属性一致的人逐渐培养成为具有不同知识体系、专业技能、能够满足不同领域需求,并且具有较高思想道德素养的个性化人才。人因德而立。道德是人之为人的根本,人与禽兽的根本区别在于人有道德。正如孟子所言:"人之所以异于禽兽者几希,庶民去之,君子存之。"因此,"树人"的根本和关键在于"立德"。"立德"的主要目的,就是坚持德育为先,在品德修养方面下功夫,通过正面教育来引导人、感化人,激励人培育和践行社会主义核心价值观、踏踏实实修好品德,成为有大爱大德大情怀的人。从辩证法来看,"立德"是"树人"的先决条件,"树人"是"立德"的价值旨归,离开"立德"谈"树人",只能偏离方向,离开"树人"谈"立德",只能流于形式。

一、人无德不立

《礼记·大学》就已经提出"大学之道在明明德,在亲民,在止于至善"的醒世教育格言。中华民族有着悠久的重德传统。道德是中华民族永恒的价值追求,跨越几千年的时空,绵延不断,源远流长。党的十八大以来,习近平总书记多次强调道德对于人之为人的重要性,勉励并寄语中国人民要有热爱祖国、奉献人民的家国情怀,自强不息、砥砺前行的奋斗精神,积极进取、崇德向善的高尚情操,争做崇高道德的践行者、文明风尚的维护者、美好生活的创造者,成为能够担当民族复兴大任的时代新人。

(一)道德是人类社会的特有现象

道德是人类社会的特有现象,动物的本能行为中不存在真正的道德。劳动是道德起源的首要前提。劳动将人与动物区分开来,在创造人、社会和社会关系的同时,也创造了道德。劳动创造了道德主体。劳动在创造人的同时也形成了人与人的关系,原始的劳动分工与协作,使相互依赖、相互扶持自觉不自觉地成为当时最自然、最朴实的道德生活状态。随着劳动的进一步发展,劳动分工与协作不断增强,各种劳动关系逐步明确,人与人之间、群体与群体之间的利益关系日渐清晰,包含自由、责任等内容的道德逐步得到确认。因此,劳动创造了人和人类社会,是道德起源的第一个历史前提。社会关系是道德赖以产生的客观条件。在生产生活的实践活动中,人类必然要发生各种各样的人际交往和社会关系。随着社会分工的不断发展,个人利益、他人利益和社会利益的界限逐步明晰,各种利益关系更为凸显,要求规范、协调或制约利益冲突的意识更为强烈,由此促进了人类道德的不断进步和发展。可以说,正是社会关系的形成和发展产生了调节各种关系特别是利益关系的需要,道德恰恰是适应社会关系调节的需要而产生的。人的自我意识是道德产生的主观条件,意识是道德产生的思想认识前提。人只有在社会实践中,充分意识到自我作为社会成员与其他动物的根本区别,意识到自我在社会中的角色与地位,意识到自我与他人或集体不同的利益关系,并由此产生调节利益矛盾的迫切要求时,道德才得以产生。

(二)道德是一种实践精神

在人类道德史上,一切道德上的兴衰起伏、进退消长,从根本上说,是源于社会经济关系的变革。有什么样的社会经济关系,相应的就有什么样的道德。一般说来,新旧经济关系更替之后,新的道德必将取代旧道德而居于主导地位。道德是一种调整人与人、人与社会、人与自然以及人与自身之间关系的特殊的行为规范。这种行为规范与法律规范、政治规范的不同之处在于它是用善恶标准去评价,依靠社会舆论、传统习俗、内心信念来维持的,因此是一种非制度化的、柔性的规范。道德作为一种调节方式,主要不是被颁布、制定或规定出来的,而是处于同一社会或同一生活环境中的人们在长期的共同生活过程中逐渐积累形成的要求、秩序和理想,它通过社会的道德风尚和个人的道德风范来调节利益关系。具体来说,道德是一种以指导人的行为为目的、以形成人的正确的行为方式为内容的精神,在本质上是知行合一的。作为实践精神,道德是一种旨在通过把握世界的善恶现象而规范人们的行为、并通过人们的实践活动体现出来的社会意识。因此,从本质而言,道德是一种实践精神,是特殊的意识信念、行为准则、评价选择等方面的总和,是调节社会关系、发展个人品质、提高精神境界等活动的动力。

（三）道德具有认识功能、规范功能、调节功能

在道德的功能系统中，认识功能、规范功能、调节功能是最基本的功能。道德的认识功能是指道德反映社会关系特别是反映社会经济关系的功效与能力。道德往往运用善恶、荣辱、义务、良心等范畴，反映人类的道德实践活动和道德关系，从中揭示社会道德发展的趋势，为人们的行为选择提供指南。尤其是在日常生活中，人们正是借助道德认识自己对社会、他人、家庭的道德义务和责任，使人们的道德选择、道德行为建立在明辨善恶的道德认识基础上，从而正确选择自己的道德行为，积极塑造自身的善良道德品质。道德的规范功能是指在正确善恶观的指引下，规范社会成员在社会公共领域、职业领域、家庭领域的基本行为以及个人品德的养成，引导并促进人们崇德向善。道德的调节功能是指通过道德评价等方式指导和纠正人们的行为和实践活动，通过社会舆论、传统习俗和人们的内心信念等方式协调社会关系和人际关系的功效与能力。道德的调节功能主要是指不断调节社会整体和个人的关系，调节个人与个人的关系，使个人、社会与他人的关系逐步完善、和谐。道德调节并不是孤立存在的，而是和其他社会调节手段密切配合、共同发挥调节效用。例如，道德和法律，都是调节人们思想行为、协调人际关系、维护社会秩序的重要手段，二者相辅相成、相互促进。"法安天下，德润人心"。法律是成文的道德，道德是内心的法律。一个法制健全的社会同时也应该是一个道德规范健全的社会，离开了道德而仅仅依靠法律，则无法达到秩序井然并长治久安。

二、立德是人之为人的前提

道德作为人类的社会生活发展到一定阶段的必然产物，既源于人的社会生活需要，又服务于人的社会生活需要。道德在人类社会中居于特别重要的

地位，具有特殊的功能和作用。道德的作用是指道德的认识、规范、调节、激励、导向、教育等功能的发挥和实现所产生的社会影响及实际效果。道德的力量是广泛的、持久的、深入的，深刻地影响着人们的意志、行为和品格。对于人之为人而言，道德是提高人的精神境界、促进人的自我完善、推动人的全面发展的内在动力。

（一）立德是个人成长成才的重要基石

无论是"修身齐家治国平天下"，还是人生的"三不朽"，抑或是"做事先做人"，都是首先强调"德"。对于个人而言，成人比成才更加重要、更加根本。立德是个人成长成才的重要基石。道德对于个人的成长和成才具有内在的建构性价值。道德往往能够借助于道德观念、道德准则、道德理想等形式，帮助人们正确认识社会生活的规律和原则，认识人生的价值和意义，认识自己对家庭、他人以及社会的义务和责任，确立自己的道德理想，树立正确的世界观、人生观和价值观，自觉惩恶扬善、明辨荣辱、选择高尚、弃绝卑下，从而使人们的道德实践建立在明辨善恶的基础上，正确选择自己的道德行为，积极塑造自己的道德人格。中华优秀传统文化之中，内蕴了重视立德树人的价值旨归。在古代，上自天子，下至平民百姓，都以"修身为本"，皇帝通过实施德政，得以成为"圣主明君"的政治楷模；平民老百姓通过修德行，得以成就"修齐治平"的人生理想。德是中国古代的主旋律。中国传统以道德为最高价值取向，儒家教育的培养目标就是君子，君子就是德才兼备的人。儒家的经典著作《大学》开宗明义就指明："大学之道，在明明德。"从孔子用"仁"来界定人，到孟子的"仁义礼智"，再到后来宋儒提出"不识一字也要堂堂做一个人"，宋代教育家朱熹更是提出了"学，本以修德。古之学者，唯务善德，其他则不学"。因此，立德是个人成长成才的重要基石。这块基石没有打牢，人之为人的内在本质就会缺失其本来面目。

（二）立德是树人的关键环节

"德"不可能自然形成而需要"立"，"人"不可能自发成才而需要"树"。"立"，就是培育、修养、践行的意思；"树"，就是培养、造就、锻炼的意思。"立德"是为了"树人"，人的成才关键在内因，没有人的主体意识和主动发展，"树人"只能是事倍功半。落实"立德树人"，首先要思考的就是：要"立"什么样的"德"。只有明确了这个问题，才能真正把握"立德树人"的内在本质及其要求。在不同的时期，人们对"德"的含义的认识和理解是不完全一致的。"树人"的主要途径和关键环节就是"立德"。道德教育是"立德树人"的基础，良好的道德水平对优秀的政治品质和思想素养的形成能够起到促进和提升作用。道德教育，是以一定的伦理思想和道德规范为根本依据，以社会公德、职业道德、家庭美德教育和中国传统道德教育为主要内容，将社会的基本要求内化为个体的道德观念、道德情感和内心信念，再外化为个体行为，以帮助人们培养良好的道德品质、道德人格和道德精神的教育。从构成要素上看，包括道德认知、道德情感、道德信念和道德行为等四个层次。其中，道德认知和道德情感教育处于最低层次，道德信念教育处于中间层次，道德行为处于最高层次。

三、立德在于树人

立德树人是必须之策，责任重大，使命光荣，承载着中华民族伟大复兴的责任担当和使命召唤。随着历史车轮滚滚向前，我国迎来中国特色社会主义新时代，着眼于新的历史方位，中华民族比历史上任何时候都更接近复兴梦想。这一政治站位和发展高度，需要我们坚持立德树人的使命，成为拥有强大精神力量、坚定民族品格的时代新人，不畏艰险，迎难而上，为中华民族伟大复兴贡献力量，推动中华民族走向繁荣富强。立德树人功在当代、利在千秋。立德树人是新时代走向"强起来"的社会主义中国的重要基石。立德树人可以分为立德和树人两个部分，其中，立德是基础、是根本；树人是目的、是核心；立德和树人是矛盾的统一体，互相影响、相互促进。"才者，德之资也；德者，才之帅也"。人的教育过程，一定是育人和育才相统一的过程，而育人具有更为根本的作用。人无德不立，育人的根本在于立德。立德树人的成效事关一个人的思想水平、政治觉悟、道德品质、文化素养，事关一个人能否做到明大德、守公德、严私德。立德树人不仅有助于人们尽早确立正确的自我实现方向、避免走弯路，更为人最终成为一个真正有益于社会的"人"提供了最大可能。

（一）践行社会主义核心价值观是立德树人的基础工程

核心价值观是一国之"维"、一国之"纲"，是一个国家、民族的精神旗帜，是人民的精神家园。习近平总书记指出："如果一个民族、一个国家没有共同的核心价值观，莫衷一是，行无依归，那这个民族、这个国家就无法前进。"核心价值观，其实就是一种德，既是个人的德，也是一种大德，就是国家的德、社会的德，承载着一个民族、一个国家的精神追求，体现着一个社会评判是非曲直的价值标准。践行社会主义核心价值观，是立德树人的基础工程。在中国历史文化长河的川流中，道德的内涵不断丰富，并在历史的演进过程中鲜明地体现出时代性和个性化的特点。然而，道德作为一种维系民族认同、弘扬中华文化、传承民族精神重要内容与有力手段，应该追寻一般意义的表达。换句话说，对于德的理解，应该有一个"最大公约数"。习近平总书记指出："我国是一个有着14亿多人口、56个民族的大国，确立反映全国各族人民共同认同的价值观'最大公约数'，使全体人民同心同德、团结奋进，关乎国家前途命运，关乎人民幸福安康。"为此他强调必须"把培育和弘扬社会主义核心价值观作为凝魂聚气、强基固本的基础工程"。社会主义核心价值观就是我们这个时代的道德的最大公约数，是时代之大德，是当代中国精神的集中体现，凝结着全体人民共同的价值追求。

坚持并践行社会主义核心价值观,可以让社会主义道德的阳光洒满人间,让文明的雨露滋润社会,为奋进新时代、共筑中国梦提供强大精神力量和道德支撑。

(二)补足精神之"钙"是立德树人的铸魂工程

一个国家、一个民族不能没有灵魂。人因德而立,德因魂而高。铸牢对共产主义远大理想和中国特色社会主义共同理想的信仰之魂,坚定理想信念,补足精神之"钙",是实现立德树人的关键环节。立德树人的根本在于铸魂。新时代铸魂育人工程的关键,是以习近平新时代中国特色社会主义思想为统领,加强时代责任感和历史使命感教育,将每一个人的个人幸福与国家富强、民族复兴相联系,个人理想与国家人民的共同理想相统一,形成重任在肩的责任意识。德是良好品德、高尚情操,是高远志向、信仰追求。《大学》讲"大学之道,在明明德,在亲民,在止于至善";《左传》讲"太上有立德,其次有立功,其次有立言"。作为公民而言,既要修好公德,又要修好私德,坚守高尚职业道德,积极践行社会主义核心价值观,自尊自重、自珍自爱,在新时代艰苦奋斗、砥砺前行,做有信仰、有情怀、有担当的工作者,做讲品位、讲格调、讲责任的服务者,向优秀的道德楷模学习,握紧风向标,拉好警戒线,坚决抵制低俗庸俗媚俗,严防德不配位,要发扬钉钉子精神,脚踏实地去干,不驰于空想,不骛于虚声,以此态度求学,则真理可明,以此态度做事,则功业可就。

第二节 道德是人生的第一根本

陶行知先生说过:"道德是做人的根本。根本一坏,纵然你有一些学问和本领,也无甚用处,并且,没有道德的人,学问和本领愈大,就能为非作恶愈大。"道德是以善恶作为评价方式,主要依靠社会舆论、传统习俗和内心信念来发挥作用的行为规范的总和。一个人如果拥有了道德，生活因此而更加完美；人生就如一颗宝石，用道德镶边，人生就会更加灿烂夺目，光彩耀人。道德在人生旅途中是至关重要的：人生就像是一只船，道德便是船桨，人有道德，如同船有前进动力，一步步到达成功的彼岸，到达人生的巅峰；如果一个人没有了道德，船也就没有了前进的动力，最终回到原点，这个人的一生就没有任何意义；但重新找到它却很难，就如大海捞针。道德的具体范畴和内涵不是千古不变的。在当今社会，道德在社会生活中所起的作用越来越重要，对于促进社会和谐与人的全面自由发展的作用越来越突出；道德调控的范围不断扩大，调控的手段或方式不断丰富，更加科学合理。

一、家庭美德是立业立家的第一根本

"读书，起家之本；循理，保家之本；和顺，齐家之本；勤俭，治家之本"。中华民族有着深深的家庭情结，注重家庭、注重家教、注重家风，注重发扬家庭美德、促进家庭和睦。家庭不仅是婚姻关系、血缘关系的呈现，也是道德践履的平台、品德养成的起点。在古代，孝悌恭敬是伦理道德的重要范畴，立业兴家是人生奋斗的基本追求。今天的生活格局虽然已经发生巨变，但作为拔节孕穗的温室、幸福生活的港湾、安享晚年的依托，家庭的功能没有变化，"家和万事兴"的道理并未过时，家庭美德依然至关重要。中共中央、国务院印发的《新时代公民道德建设实施纲要》，明确提出"推动践行以尊老爱幼、男女平等、夫妻和睦、勤俭持家、邻里互助为主要内容的家庭美德，鼓励人们在家庭里做一个好成员"。

（一）家庭是道德践履的平台

作为社会生活的"练兵场"，从价值观到财富观，从文明习惯到是非判断，家庭生活在潜移默化中塑造着每个人的行为方式。有什么样的家教，就有什么样的个人。家庭是人生的第一所学校，追求家庭和顺美满，关键是要用良好家教家风涵育子女道德品行。爱国华侨陈嘉庚兴巨资办学却对家人很"抠门",勤俭家教让子女养成了和他一样的公益情怀;人民教育家于漪耕耘教坛60多年,儿子、孙女在她的熏陶下相继走上教师岗位。家教家风与家庭美德绝不仅仅是居家生活的相处之道,更连通着国家发展和社会和谐。缺少必要的正确家教,家庭就会成为人性弱点的避风港、不良风气的滋生地。重言传、重身教,教知识、育品德,以身作则、耳濡目染,用正确道德观念塑造美好心灵,新时代的家庭就将绽放出美丽的道德光芒。我们要重视家庭文明建设,努力使千千万万个家庭成为国家发展、民族进步、社会和谐的重要基点,成为人们梦想启航的地方。家庭向善,国家向上。让美德植根每个家庭成员心灵,以千千万万家庭的好家风支撑起全社会的好风气,每个人、每个家庭都将为中华民族大家庭作出贡献,为实现中国梦凝聚力量。习近平总书记强调:"家庭教育涉及很多方面,但最重要的是品德教育,是如何做人的教育。"作为公民道德建设的关键一环,家庭的作用不可或缺。新时代新征程,培育家庭美德,崇尚良好家风,才能为家庭谋和谐、为他人送温暖、为社会作贡献。

(二)注重家庭、家教、家风

一是要注重家庭。家庭和睦则社会安定,家庭幸福则社会祥和,家庭文明则社会文明。家庭是社会的基本细胞。不论时代发生多大变化,生活格局发生多大变化,都要注重家庭美德建设。事业成功,往往与美好的爱情和美满的婚姻家庭密切相关。从恋爱到缔结婚姻和建立家庭是人生需要经历的阶段。注重家庭、注重家教、注重家风,遵守恋爱、婚姻家庭生活中的道德规范,树立正确的恋爱观和婚姻观,处理好复杂的感情和人际关系,有利于每一个人的健康成长、顺利成才。历史和现实告诉我们,家庭的前途命运同国家和民族的前途命运紧密相连。我们要认识到,千家万户都好,国家才能好,民族才能好。国家富强,民族复兴,人民幸福,不是抽象的,最终要体现在千千万万个家庭的幸福美满之上，体现在亿万人民生活的不断改善之上。同时，我们还要认识到，国家好，民族好，家庭才能好。只有实现中华民族伟大复兴的中国梦，家庭梦才能梦想成真。

二是要注重家教。家庭是人生的第一个课堂，父母是孩子的第一任老师。千千万万个家庭是国家发展、民族进步、社会和谐的重要基点，是人们梦想启航的地方。当代每个公民都应该积极参与家庭文明建设，推动形成爱国爱家、相亲相爱、向上向善、共建共享的社会主义家庭文明新风尚。家庭教育涉及很多方面，但最重要的是品德教育，是如何做人的教育，也就是古人说的"爱子，教之以义方""爱之不以道，适所以害之也"。家庭环境对下一代的影响很大，往往可以影响一个人的一生。注重家教，应该把美好的道德观念从小就传递给孩子，引导他们有做人的气节和骨气，帮助他们形成美好心灵，促使他们健康成长。

三是要注重家风。家风是指一个家庭或家族的传统风尚或作风。有什么样的家风，就有什么样的家庭。"积善之家，必有余庆。"家风中既有传统文化的延续传承，也有现代生活的生成聚合。良好的家风，不仅对家庭成员的个人修养产生着重要的作用，而且对整个社会道德风尚的形成产生着极其重要的影响。家风好，就能家道兴盛、和顺美满；家风差，难免殃及子孙、贻害社会，正所谓"积善之家，必有余庆；积不善之家，必有余殃"。诸葛亮诫子格言、颜氏家训、朱子家训等，都是在倡导一种家风。每个人要继承和弘扬优良家风，促进家庭和谐。家庭美德建设，不仅需注重发扬光大中华民族传统家庭美德，也要紧密结合培育和弘扬社会主义核心价值观。《新时代公民道德建设实施纲要》明确提出：要弘扬中华民族传统家庭美德，倡导现代家庭文明观念，推动形成爱国爱家、相亲相爱、向上向善、共建共享的社会主义家庭文明新风尚，让美德在家庭中生根、在亲情中升华。一方面传承中华孝道，养成孝敬父母、尊敬长辈的良好品质；另一方面倡导忠诚、责任、亲情、学习、公益的理念，让家庭成员之间相互影响、共同提高，就能涵养好家风，建设好家庭。

（三）家庭美德的主要内容

家庭美德以尊老爱幼、男女平等、夫妻和睦、勤俭持家、邻里团结为主要内容，在维系和谐美满的婚姻家庭关系中具有重要而独特的功能。一是尊老爱幼。我国自古以来就倡导"老有所终，幼有所养"，形成了尊老爱幼的良好家庭道德传统。子女要孝敬、赡养父母及长辈，父母要抚育、爱护子女，这不仅是每个公民必须遵守的道德准则，也是应尽的社会责任和法律义务。要保护老人、儿童的合法权益，坚决反对虐待、遗弃老人和儿童的行为。二是男女平等。家庭生活中的男女平等既表现为夫妻权利和义务上的平等、人格地位上的平等，又表现为平等地对待自己的子女，坚持男女平等，特别要尊重和保护妇女的合法权益，反对歧视和迫害妇女的行为。三是夫妻和睦。夫妻关系是家庭关系的核心。夫妻和睦是在男女平等基础上的互敬互爱、互助互让。四是勤俭持家。勤俭是家庭兴旺的保证，也是社会富足的保证。勤俭持家既要勤劳致富，也要量入为出。要尊重劳动所得，在日常生活中注意节俭，尽量减轻家庭的生活负担，这就是对家庭最实际的贡献。五是邻里团结。邻里团结重要的是相互尊重，尊重对方的人格、民族习惯、生活方式、兴趣爱好等，做到互谅互让，互帮互助，宽以待人，团结友爱。

二、职业美德是干事创业的第一根本

随着现代社会分工的发展和专业化程度的提高，市场竞争日趋激烈，整个社会对从业人员职业观念、职业态度、职业纪律和职业作风的要求越来越高。职业生活中的道德规范，对各行各业的从业者具有引导和约束作用，是干事创业的第一根本。

(一)职业生活是实现人生价值的宽广舞台

职业是指人们由于社会分工所从事的具有专门业务和特定职责,并以此作为主要生活来源的社会活动。职业生活则是人们参与社会分工,用专业的技能和知识创造物质财富或精神财富,获取合理报酬,丰富社会物质生活或精神生活的生活方式。劳动没有高低贵贱之分,任何一份职业都很光荣。在干事创业的过程中,必须要牢固树立"劳动最光荣、劳动最崇高、劳动最伟大、劳动最美丽"的观念。无论从事什么劳动,都要弘扬工匠精神,干一行、爱一行、钻一行。只要踏实劳动、勤勉劳动,在平凡岗位上也能干出不平凡的业绩。一切劳动者,只要肯学肯干肯钻研,练就一身真本领,掌握一手好技术,就能立足岗位成长成才,就能在劳动中发现广阔的天地,在劳动中体现价值、展现风采、感受快乐。事实上,只要有志气有闯劲,普通劳动者都可以在宽广舞台上实现自己的人生价值。许多劳动模范平凡而感人的事迹,就充分地说明了这一点。"蓝领专家"孔祥瑞、"金牌工人"窦铁成、"新时期铁人"王启明、"新时代雷锋"徐虎、"知识工人"邓建军、"马班邮路上的信使"王顺友、"白衣圣人"吴登云、"中国航空发动机之父"吴大观等一大批劳动模范和先进工作者,带动人们锐意进取、积极投身改革开放和社会主义现代化建设,为国家和人民建立了杰出功勋。因此,"爱岗敬业、争创一流,艰苦奋斗、勇于创新,淡泊名利、甘于奉献"的劳模精神,是我们极为宝贵的精神财富。

(二)职业生活中的道德规范

职业生活中的道德规范即职业道德,是指从事一定职业的人在职业生活中应当遵循的具有职业特征的道德要求和行为准则,涵盖了从业人员与服务对象、职业与职工、职业与职业之间的关系,反映的是从业人员对待自己职业的一种态度,是一种内在的道德需要。爱岗敬业、诚实守信、办事公道、服务群众和奉献社会是职业生活中的基本道德规范。

爱岗敬业体现的是从业者热爱自己的工作岗位、对工作极端负责、敬重自己所从事职业的道德操守，是从业者对工作勤奋努力、恪尽职守的行为表现。诚实守信既是中华民族的传统美德，也是我国公民道德建设的重点，还是社会主义核心价值观的一条重要准则。诚实就是真实无欺，既不自欺，也不欺人；守信就是重诺言，讲信誉，守信用。诚实和守信是统一的。就个人而言，诚实守信是高尚的人格力量；就社会而言，诚实守信是正常秩序的基本保证；就国家而言，诚实守信是良好的国际形象。在职业道德中，诚实守信是对从业者的道德要求。不仅是从业者步入职业殿堂的通行证，体现着从业者的道德操守和人格力量，也是在行业中扎根立足的基础。职业道德中的诚实守信要求从业者在职业活动中诚实劳动、合法经营、信守承诺、讲求信誉。办事公道，就是要求从业人员做到公平、公正，不损公肥私，不以权谋私，不假公济私。为人民服务是社会主义道德的核心，各行各业的从业人员都要以服务群众为目标。在社会主义社会，每个人无论从事什么工作、能力如何，都应该在本职岗位上通过不同形式为群众服务。如果每一个从业人员都能自觉遵循服务群众的要求，社会就会形成人人都是服务者、人人又都是服务对象的良好秩序与和谐状态。奉献社会就是要求从业人员在自己的工作岗位上兢兢业业地为社会和他人作贡献。这是社会主义职业道德中最高层次的要求，体现了社会主义职业道德的最高目标指向。爱岗敬业、诚实守信、办事公道、服务群众，都体现了奉献社会的精神。

（三）树立正确的择业观和创业观

职业生活是否顺利、是否成功，既取决于个人的专业知识和技能，更取决于个人的职业道德素质。一是要学习职业道德规范。通过学习职业道德规范，明确职业活动的基本规范，从而提高自己的职业认知能力、判断能力和树立正确的价值理念。应该学习的职业道德知识是多方面的，既包括一般的职业道德知识，也包括特定行业的职业道德知识。二是要提高职业道德意识。应当以职业道德模范为榜样，培养积极进取、甘于奉献、服务社会的良好职业道德意识，为以后的职业生活做准备。

就业是最大的民生。就业牵涉千家万户的利益，也影响国家和社会的发展。每个人都要面临就业的现实。树立正确的择业观和创业观，对于顺利走进职业生活具有极其重要的现实意义。一是要树立崇高的职业理想。职业活动不仅是人们谋生的手段，也是人们奉献社会、完善自身的必要条件。二是要服从社会发展的需要。择业创业固然要考虑个人的兴趣和意愿，也要充分考虑现实的可能性和社会的需要，把自己对职业的期望与社会的需要、现实的可能结合起来。三是要做好充分的择业准备。素质是立身之基，技能是立业之本。练就过硬本领，有了真才实学，才能在未来适应多种就业岗位。要有真才实学就要勤于学习，学文化、学科学、学技能、学各方面知识。四是要培养创业的勇气和能力。要有积极创业的思想准备，积极关注经济社会发展的趋势，了解国家鼓励自主创业的有关政策，为今后自主创业打下良好的基础。要有敢于创业的勇气，只有勇敢地接受创业的挑战，破除依赖心理和胆怯心理，才能敢于创业、善于创业，做一个真正的创业者。要充分考虑自身的条件、创业的环境等各种现实的因素，努力提高自主创业的能力。

三、社会公德是公共生活的第一根本

社会公德是全体公民在社会交往和公共生活中必须共同遵守的准则，是社会普遍公认的最基本的行为规范。社会公德与公共生活密切相关，公共生活需要道德规范来约束和协调。社会公德作为社会公共生活中应当遵守的行为准则，在维护公共秩序方面具有重要的作用。每一个人都应当自觉培养公德意识，养成遵守社会公德的良好行为习惯。社会公德水平的高低，直接影响着一个国家的社会秩序、社会风气、社会凝聚力，是一个社会文明程度的外部标志。在全面建设社会主义现代化国家，实现中华民族伟大复兴历史

进程中，大力弘扬社会公德、倡导文明新风，对于培养人的高尚品质，树立良好的社会道德风尚，创造安定和谐的社会环境，促进精神文明建设健康发展，具有十分重要的意义。

（一）公共生活是最普遍、最基本的公众生活

公共生活是相对于私人生活而言的。私人生活以家庭内部活动和个人活动为主要领域，私人空间里人们的行为是相对独立的，因而具有一定的封闭性和隐秘性。在公共生活中，一个人的行为必定与他人发生直接或间接的联系，具有鲜明的开放性和透明性，对社会的影响更为直接和广泛。当今世界，公共生活的领域更为广阔，公共生活的重要性更加凸显。公共生活具有以下四个方面的特征：一是活动范围的广泛性。公共生活的场所和领域不断扩展、空间不断扩大，特别是网络使公共生活进一步扩展到虚拟世界。二是活动内容的开放性。公共生活是由社会成员共同参与、共同创造的公共空间，它涉及的活动内容是开放的。三是交往对象的复杂性。随着科学技术的迅猛发展，人们在公共生活中的交往对象不再局限于熟识的人，而是进入公共场所的任何人，这就增加了人际交往信息的不对称性和行为后果的不可预期性。四是活动方式的多样性。当代社会的发展使人们的生活方式发生了新的变化，人们可以根据自身的需要及年龄、兴趣、职业、经济条件等因素，选择和变换参与公共生活的具体方式。公共生活领域越扩大，对公共秩序的要求就越高。有序的公共生活是社会生产活动的重要基础，是提高社会成员生活质量的基本保障，更是社会文明的重要标志。

（二）公共生活中的道德规范

公共生活中的道德规范，即社会公德，是指人们在社会交往和公共生活中应该遵守的行为准则，是维护公共利益、公共秩序、社会和谐稳定的起码的道德要求，涵盖了人与人、人与社会、人与自然之间的关系。每一个社会成员，都应遵守以文明礼貌、助人为乐、爱护公物、保护环境、遵纪守法为

主要内容的社会公德。

一是文明礼貌。文明礼貌是路上相遇时的微笑,是与人相处时的尊重,是沟通感情的桥梁,是调整和规范人际关系的行为准则,与我们每个人的日常生活密切相关,反映着一个人的道德修养,体现着一个民族的整体素质。二是助人为乐。"赠人玫瑰,手有余香"。把帮助他人视为自己应做之事,是每个社会成员应有的社会公德,是有爱心的表现。三是爱护公物。对社会共同劳动成果的珍惜和爱护,是每个公民应该承担的社会责任和义务,它既显示出个人的道德修养水平,也是社会文明水平的重要标志。四是保护环境。生态环境保护是功在当代、利在千秋的事业。要像对待生命一样对待生态环境,身体力行,着力倡导简约适度、绿色低碳的生活方式,为留下天蓝、地绿、水清的生产生活环境,为建设美丽中国作出自己应有的贡献。五是遵纪守法。全面依法治国需要每个人都遵纪守法,树立规则意识。遵纪守法是全体公民都必须遵循的基本行为准则,是维护公共生活秩序的重要条件。在社会生活中,每个社会成员既要遵守国家颁布的有关法律、法规,也要遵守特定公共场所和单位的有关纪律规定。

(三)网络生活中的道德要求

互联网是一个社会信息大平台,亿万网民在上面获得信息、交流信息。从本质上说,网络交往仍然是人与人的现实交往,网络生活也是人的真实生活。网络生活中的道德要求,是人们在网络生活中为了维护正常的网络公共秩序需要共同遵守的基本道德准则,是社会公德在网络空间的运用和扩展。

一是要正确使用网络工具。应当正确使用网络,提高信息的获取能力,加强信息的辨识能力,增进信息的应用能力,使网络成为开阔视野、提高能力的重要工具。二是要享受健康网络交往。QQ、微信、微博、网络直播等各种应用为人们提供了邮件收发、实时聊天、网上交友等途径。应通过网络开展健康有益的人际交往,树立自我保护意识,不要轻易相信网友,避免受骗上当，避免给自己的人身和财产安全带来危害。三是要自觉避免沉迷网络。一个人的时间和精力都是有限的，在网上消耗的时间多，在其他方面投入的时间就少。从网上得到的信息也并非越多越好，信息越多越有可能干扰自己的思维和行动。应当合理安排上网时间，约束上网行为，避免沉迷网络。四是要加强网络道德自律。网络空间同现实社会一样，既要提倡自由，也要保持秩序。网络的虚拟性以及行为主体的隐匿性不利于发挥社会舆论的监督作用，使道德规范所具有的外在约束力明显降低。如果说享受互联网的自由是网民不可剥夺的权利，那么加强道德自律就应该成为网民不可推卸的义务。应当在网络生活中培养自律精神，在缺少外在监督的网络空间里，做到自律而"不逾矩"，促进网络生活的健康与和谐。五是积极引导网络舆论。纷繁复杂的网络言论如果得不到正确引导，势必会引发各种社会问题。社会需要正能量的舆论来鼓舞温暖人心，网络舆论的引导更需要激浊扬清，弘扬正气。应当对模糊认识及时廓清，对怨气怨言要及时化解，对错误看法要及时引导和纠正，积极营造清朗网络空间。

第三节　好品德是每一个人的修为

个人品德在社会道德建设中具有基础性作用。在现实生活中，社会公德、职业道德和家庭美德的状况，最终都是以每个社会成员的道德品质为基础的。社会公德、职业道德和家庭美德建设，最终都要落实到个人品德的养成上。个人品德是通过社会道德教育和个人自觉的道德修养所形成的稳定的心理状态和行为习惯。它是个体对某种道德要求认同和践履的结果，集中体现了道德认知、道德情感、道德意志、道德信念和道德行为的内在统一。每一个社会成员都要自觉践行爱国奉献、明礼守法、厚德仁爱、正直善良、勤劳勇敢等个人品德要求，不断提升个人的道德修养和境界。在个人的素质结构中，个人品德是一个非常重要的组成部分，才智等其他素质的完善和成就，也离不开品德力量的支持。好品德是每一个人的修为。一方面，个人品德决定着一个人在实际生活和社会实践中的行为选择，以及对各种关系的协调和处理，直接显示出个人境界和素质的高低；另一方面，个人品德又为自我整体素质的修养、锻炼和完善规划目标指明方向，为个人成长提供指引和调控。

一、个人品德需要不断地通过道德修养加以提升

道德修养作为人类道德实践活动的重要形式之一，主要是指个体自觉地将一定社会的道德规范、准则及要求内化为内在的道德品质，以促进人格的自我陶冶、自我培育和自我完善的实践过程。加强道德修养，提升个人品德，应借鉴历史上思想家们所提出的各种积极有效的方法，并结合当今社会发展的需要身体力行。"不矜细行，终累大德"。加强个人品德修养不可能一蹴而就，更不可能一劳永逸。按照有效的品德修养方法去做，并长期坚持下去，才能使自己不断进步、不断完善，从而成为品德高尚的人。

（一）学思并重，知行合一

"为学之道，必本于思。不深思则不能造于道，不深思而得者，其得易失"。学思并重的方法，是指通过虚心学习，积极思索，辨别善恶，学善戒恶以涵养良好的德性。善于学习、勤于思考是提高自身素质和道德水平的重要途径，也是锻炼个人能力的重要基础，是修己、成己的重要方法。"学而不思则罔，思而不学则殆"。在提升个人品德的过程中，首先要善于学习各种道德理论和知识，尤其是社会主义道德理论和知识。同时要善于思考，并且把善于学习和善于思考有机地统一起来。正是认识到"学"的重要性，故荀子总是劝人为学。他在《性恶》篇中指出："今人之性，固无礼义，故强学而求有之也；性不知礼义，故思虑而求知之也。"只有坚持既不断学习又

深入思考的修养方式，才能对人为什么要讲道德、讲什么样的道德和怎样讲道德形成全面而深刻的认识，产生道德智慧，过有意义的生活。

知行合一的方法，即把提高道德认识与躬行道德实践统一起来，以促进道德要求内化为个人的道德品质，外化为实际的道德行为。强调知行合一也是儒家修身思想的重要特征。在言与行的关系上，孔子曾经明确主张"听其言而观其行"。他告诫学生，衡量人的品德不能只听其言论，更应看其实际行动。他认为学习的目的在于"行道""君子学以致其道""行义以达其道"，只有"行"才能使"道"变为现实。可见，道德修养并不是脱离实际的闭门思索，而是人们通过社会实践在道德上的自我反省和自我升华。党的十八大以来，习近平总书记多次谈到知行合一，对这一中华优秀传统思想作出新的阐释，使其成为我们党治国理政的重要思想文化资源。他强调，学习理论就是要"把自己摆进去、把职责摆进去、把工作摆进去，做到学、思、用贯通，知、信、行统一"，"知是基础、是前提，行是重点、是关键，必须以知促行、以行促知，做到知行合一"。

（二）省察克治，慎独自律

"省察克治"是明代思想家王阳明提出的一套修身养性的方法，指每时每刻思考检查自己的思想言行是否符合道德要求。王阳明说："初学时，心猿意马，拴缚不定，其所思所虑，多是从人欲一边，姑且教之静坐，息思虑。久之，俟其心意稍定，只悬空静守，如槁木死灰亦无用，须教人省察克治。"因此"省察克治"是在"静心"的前提下，将心体中的私欲之根一一拔去，让心如明镜。王阳明释曰："省察克治之功，则无时而可间，如去盗贼，须有个扫除廓清之意。无事时，将好色好货好名等私，逐一追究搜寻出来，定要拔去病根，永不复起，方始为快。常如猫之捕鼠，一眼看着，一耳听着，才有一念萌动，即与克去。"省察克治的方法即通过反省检验以发现和找出自己思想与行为中的不良倾向，并及时对这些不良倾向进行抑制和克服。自我反省，是自我认识错误、自我改正错误的前提。在日常生活中，要经常在自己内心深处用道德标准去检查、反省，找出那些坏毛病、坏思想、坏念头并加以纠正。"吾日三省吾身，为人谋而不忠乎？与朋友交而不信乎？传不习乎？"善于反省自己的言行，并对错误加以克治，才能使自己的德性不断完善。

"慎独"一词，出自秦汉之际儒家著作《礼记·中庸》一书："莫见乎隐，莫显乎微，故君子慎其独也。"最隐蔽的东西往往最能体现一个人的品质，最微小的东西同时最能看出一个人的灵魂，而慎独说到底其实就贵在这三个如一。所谓慎独，就是在别人不能看见的时候，能慎重行事；在别人不能听到的时候，能保持清醒。慎独自律的方法，即在无人知晓、没有外在监督的情况下，坚守自己的道德信念，自觉按道德要求行事，不因无人监督而恣意妄为。慎独自律的道德修养方法，既是对中国传统道德修养方法的批判性传承，也是在现代社会条件下仍需坚持的道德修养方法。《礼记·中庸》中提到："道也者，不可须臾离也，可离非道也。是故君子戒慎乎其所不睹，恐惧乎其所不闻。莫见乎隐，莫显乎微。故君子慎其独也。""道"是不可以须臾离开的。品德高尚的人在没有人看见的地方也能谨慎做人处世，在没有人听见的地方也能有所戒惧和敬畏，严格要求自己。可见，慎独就是一种关于个人善于独处、乐于隐处、慎于微处，于独处、隐处、微处自觉坚守道德情操的修炼功夫。自律是"慎独"达至的一种自觉自为的修养境界。"自"即自主、自觉，"律"为衡量、约束；自律即是一种自我认识、自我约束、自觉控制的个人修养方法。

二、加强道德修养，锤炼品德修为

千锤百炼才能造就英才，珍惜韶华方能不负人生。习近平总书记强调："道德建设，重要的是激发人们形成善良的道德意愿、道德情感，培育正确的道德判断和道德责任,提高道德实践能力尤其是自觉践行能力。"中国古代的思想家大都认为,在塑造理想人格的过程中,最重要的就是要奋发向上、切磋践履、修身养性。一个社会的道德规范和道德原则确立之后,最重要的就是要使这些道德原则和道德规范能够转化成人们的思想品德和行为实践,养成良好的道德习惯,形成完善的道德人格。儒家经典《礼记·大学》明确提出,"修身"是齐家、治国、平天下的前提和基础,孔子提倡"修己""克己"和"慎独",提倡"见贤思齐焉,见不贤而内自省",曾子提出"吾日三省吾身",孟子更主张"善养吾浩然之气"。墨家也非常重视修身,强调"察色修身"和"以身戴行"。宋明道学家们在修养的"功夫"上更加用力,强调"自省""存养""克治""知耻""慎独"和"躬行"的重要。要锤炼高尚道德品格,必须在知情意信行等方面加强道德修养,提高道德实践能力,自觉讲道德尊道德守道德,自觉明大德守公德严私德。强调道德修养,注重道德践履。

(一)增强道德判断能力

道德是人类社会生产实践和交往实践的产物。不同的民族、不同的文化、不同的社会发展阶段里,道德的基本要求具有显著的差异,道德因此具有历史性、民族性和时代性的特征。迄今为止,人类社会先后经历了五种基本社会形态,与此相适应,出现了原始社会的道德、奴隶社会的道德、封建社会的道德、资本主义社会的道德、社会主义社会的道德。面对世界的深刻复杂变化,应注重增强道德判断能力,学会理性的辨析、讲求道德,形成正确的道德认知和道德观念。形成正确的道德认知和道德判断,最根本的就是要坚持以唯物史观的基本原理来看待道德。一方面要客观评判古代传统道德观和近现代资本主义道德观的进步性与局限性,尤其要清醒认识当代西方资产阶级道德观念的不合理性;另一方面还要深刻理解以生产资料公有制为主体的社会主义生产实践基础上形成的道德所具有的历史优越性、时代进步性，牢固树立中国特色社会主义道德观念。要常怀对党、对国家、对人民、对社会的感恩之心，自觉树立和践行社会主义核心价值观，善于从中华民族传统美德中汲取道德滋养，从英雄人物和"时代楷模"的身上感受道德风范，从自身内省中提升道德修为，做到明大德、守公德、严私德，追求更有高度、更有境界、更有品位的人生。

（二）把道德认知切实转化为道德行为

道德修养重在践行，但社会中存在知而不行的现象，即尽管掌握了许多道德知识，却没有落实在自己的实际行动上，导致知行脱节。一方面，在道德认知向道德行为转化的过程中，道德意志和道德信念是关键环节。道德意志和道德信念是人们在践履道德原则、规范的过程中表现出的自觉克服一切困难和障碍的毅力，通过道德意志和信念的坚守，道德行为才能体现出恒久性。需要明白"从善如登"的深刻道理，磨炼道德意志，坚定道德信念，学会克服学习、生活、交往、成长中的各种困难和挫折，远离干扰、避免懈怠、战胜诱惑，在砥砺中前行，在拼搏中进取，并做到持之以恒、久久为功，从而成就高尚的道德品格。另一方面，要在道德修养中激发正向的情感认同，总体而言就是要亲近真善美，抵制假恶丑，体验道德的愉悦，追求高尚的快乐。通过对美德的尊崇，真正把外在的社会道德规范内化为心悦诚服的自律准则。具体而言，就是要把正确的道德认知、自觉的道德养成、积极的道德实践紧密结合起来，不断修身立德，打牢道德根基，自觉涵育对家庭成员的亲亲之情，对他人、集体的关心关爱，增强社会责任感、国家认同感、民族归属感、时代使命感，在与祖国同呼吸、与民族同步伐、与人民心连心的高尚情怀中，陶冶道德情操。

第四节 仁爱尚德是构建和谐社会的重要前提

哲学大师康德说:"有两种东西,我对它们的思考越是深沉和持久,它们在我心灵中唤起的惊奇和敬畏就越历久弥新,有增无减,这就是我头上的浩瀚星空和心中的道德法则。"社会主义和谐社会是民主法治、公平正义、诚信友爱、充满活力、安定有序、人与自然和谐相处的社会,而道德作用发挥大小程度将起到举足轻重的作用。仁爱尚德是构建社会主义和谐社会的重要前提和基础。公民道德建设对于提高人民思想觉悟、道德水准、文明素养,提高全社会文明程度,具有至关重要的作用。社会主义道德建设是社会主义和谐社会建设的重要内容。中华人民共和国成立以来特别是改革开放以来,社会主义道德建设不断取得进展,社会主义道德的核心、原则等也逐步确立,在培养全体人民的道德品质、提高全社会的道德素质、提升整个社会的文明水平方面发挥了重要指导作用。

一、社会主义道德是构建和谐社会的核心原则

社会主义道德是指植根于社会主义经济基础,与社会主义的经济、政治、文化状况相适应的社会道德。社会主义是共产主义的初级阶段,又是向共产主义高级阶段前进的历史运动,社会主义道德本质上从属于共产主义道德体系,是共产主义道德在社会主义历史阶段的具体体现。它以社会主义的集体主义为道德原则,以实现共产主义为道德理想。弘扬社会主义道德必须坚持以为人民服务为核心、以集体主义为原则,推进社会公德、职业道德、家庭美德、个人品德建设。

(一)为人民服务是社会主义道德的核心

为什么人服务是道德的核心问题,决定并体现着道德建设的根本性质和发展方向,规定并制约着道德领域中的所有道德现象。为人民服务,不仅是

坚持历史唯物主义的必然要求,是中国共产党践行的根本宗旨,也是社会主义道德观的集中体现,是全体中国人民共同遵循的道德要求。作为社会主义道德的核心,为人民服务是社会主义道德区别和优越于其他社会形态道德的显著标志。为人民服务,既伟大又平凡,既高尚又普通,它并非高不可攀、远不可及,而是可以通过不同层次、不同形式表现出来。"每个人的力量是有限的,但只要我们万众一心、众志成城,就没有克服不了的困难;每个人的工作时间是有限的,但全心全意为人民服务是无限的"。在今天,毫不利己、专门利人、无私奉献是为人民服务,顾全大局、先公后私、爱岗敬业、办事公道是为人民服务,互相关心、互相爱护、互相帮助是为人民服务,热心公益、助人为乐、见义勇为、扶贫帮困、扶残助残也是为人民服务,遵纪守法、诚实劳动并获取正当的个人利益同样也是为人民服务。践行为人民服务,就是要弘扬为人民服务的精神,尊重人、理解人、关心人,为人民、为社会多做好事、多作贡献。一个有道德的人、一个具有为人民服务意识的人,必定会有为他人服务、为社会献身的精神,会时时处处想到别人,想到社会,想到国家,从而能够推己及人、与人为善、服务他人、奉献社会,使他人能够因自己的所作所为而得到益处,使社会可以因自己的努力而发生积极改变。只要一个人对社会、对他人尽了心、尽了力、尽了职,他的言行就具有道德价值。

(二)集体主义是社会主义道德的原则

集体主义是社会主义道德的原则。在我国,国家利益、社会整体利益和个人利益根本上的一致性,使得集体主义应当而且能够在全社会范围内贯彻实施。长久以来,集体主义已经成为调节国家利益、社会整体利益和个人利益关系的基本原则。一方面,集体主义原则强调国家利益、社会整体利益和个人利益的辩证统一。在社会中,人既作为个体而存在,又作为集体中的一员而存在,集体和个人是不能分割的。在社会主义社会中,国家利益、社会整体利益和个人利益也是不能分割的。国家利益、社会整体利益体现着个人根本的、长远的利益，是所有社会成员共同利益的统一。同时，每个人的正当利益，又都是国家利益、社会整体利益不可分割的组成部分。另一方面，集体主义强调国家利益、社会整体利益高于个人利益。个人利益和国家利益、社会整体利益难免会发生矛盾。这种矛盾，有的是可以缓和、化解的，有的则会发生或大或小的冲突。但是，集体主义强调在个人利益与国家利益、社会整体利益发生矛盾冲突，尤其是发生激烈冲突的时候，个人应以大局为重，使个人利益服从国家利益、社会整体利益，在必要时作出牺牲。社会主义集体主义之所以强调个人利益要服从国家利益、社会整体利益，归根到底，既是为了维护国家、社会的共同利益，最终也是为了维护个人的根本利益和长远利益。

二、中华传统美德是构建和谐社会的道德资源

中华传统美德是中华文化的精髓，蕴含着丰富的思想道德资源。传统似江河之水，又似生命之流。传统道德是历史上不同时代人们的行为方式、风俗习惯、价值观念和文化心理的集中体现，是对道德实践经验的提炼总结。中华传统美德是中华优秀文化的重要组成部分。中华民族要继续前进，就必须根据时代条件，继承和弘扬我们的民族精神、我们民族的优秀文化，特别是包含其中的传统美德。中华传统美德内容丰富、博大精深，是人类文明发展的重要精神财富，是社会主义道德建设的源头活水。推进社会主义道德建设，也必须充分吸收借鉴中华优秀传统文化中的道德成果。

（一）中华传统美德的基本原则

一是义以为上，先义后利。传统道德中的义利之辨、利欲之辨核心和本质是公私之辨。"公义胜私欲"是中华传统美德的根本要求。《诗经》已经提出"夙夜在公"的道德要求，认为日夜勤于公务是一种高尚的道德品质。

《尚书》也有"以公灭私，民其允怀"的思想，认为朝廷官员应当以公心灭除自己的私欲，这样就可以得到老百姓的信任和依附。西汉初年的贾谊在他的《治安策》中提出"国而忘家，公而忘私"，清代林则徐提出"苟利国家生死以，岂因祸福避趋之"，都体现了强烈的为国家、为民族献身的精神。正是从国家利益和整体利益的原则出发，中国古代思想家强调在"义"和"利"发生矛盾时，应当义以为上、先义后利、见利思义、见义勇为。

二是仁者自爱，以和为贵。推崇仁爱、崇尚和谐是中华民族的优良传统和高尚品德。孔子强调"己欲立而立人，己欲达而达人"，孟子强调"亲亲而仁民，仁民而爱物"，荀子强调"仁者自爱"，墨子则提出"兼相爱，交相利"的思想。从仁爱精神出发，古人强调社会和谐，讲求和睦友善，倡导团结互助，追求和平共处。在人际相处上，主张与人为善、推己及人，建立和谐友爱的人际关系；在民族关系上，主张各民族互相交融、和衷共济，建设团结和睦的大家庭；在对外关系上，倡导亲仁善邻、协和万邦，与世界其他民族在平等相待、互相尊重的基础上发展友好合作关系。

三是提倡人伦价值，重视道德义务。中华传统美德，其中一个重要的特点，就是非常重视每个人在人伦关系中的地位及其价值，强调每个人都必须根据规范的要求来尽自己应尽的义务。早在《尚书·舜典》中就已经提出了"五教"的思想，即"父义""母慈""兄友""弟恭""子孝"。战国时期，孟子提出影响深远的"五伦"说，即"父子有亲、君臣有义、夫妇有别、长幼有序、朋友有信"。汉代以后，思想家为更好地调整不断变化着的人际关系，相继提出一些新的原则，如董仲舒提出了"仁、义、礼、智、信"，宋代的思想家们又提出了所谓"忠、孝、节、义"四大德目等，不断强化在人伦关系中每个人的责任和义务，强调人伦价值的重要意义。

（二）推动中华传统美德创造性转化和创新性发展

中华传统道德是一个矛盾体，具有鲜明的两重性。属于精华的部分，表现出积极进步的一面；属于糟粕的部分，则表现出保守落后的一面。因此，要在去粗取精、去伪存真的基础上坚持古为今用、推陈出新，努力实现中华传统美德的创造性转化和创新性发展。一是要加强对中华传统美德的挖掘和阐发，通过科学的分析和鉴别，把其中带有阶级和时代局限性的成分剔除出去，把其中具有当代价值的道德精神发掘出来，总结传统美德中丰富的思想道德资源，对中华传统美德的德目、观点进行新的诠释和激活，结合现代生活赋予其新的内涵。二是要用中华传统美德滋养社会主义道德建设，要结合时代要求，按照是否有利于推动中国特色社会主义事业，是否有利于建设社会主义道德体系，是否有利于培育和践行社会主义核心价值观的标准，坚持古为今用、推陈出新的原则，为社会主义道德建设提供丰厚的道德资源，赋予社会主义道德和共产主义道德以鲜明的民族特色。总之，我们要树立高度的文化自觉和文化自信，深入挖掘中华优秀传统文化蕴含的思想观念、人文精神、道德规范，结合时代要求继承创新，让中华文化展现出永久魅力和时代风采。

第六章　敬业才能创造人生新天地

"如果你是一滴水,你是否滋润了一寸土地?如果你是一线阳光,你是否照亮了一分黑暗?如果你是一颗粮食,你是否哺育了有用的生命?如果你是一颗最小的螺丝钉,你是否永远坚守在你的岗位上?"这是雷锋日记里的一句话。这句话告诉我们,无论在什么岗位,都要发挥最大的潜能,做出最大的贡献,一个爱岗敬业并愿意为自己的工作全身心付出的人,一定会在自己的岗位上干出一番事业和成就。在工作中,敬业往往比能力更加重要,对于一群能力相当的人而言,敬业的工作态度无疑起到了决定性的关键作用。敬业才能创造出一个新的天地。

第一节　勤勉敬业是中华民族优秀品质和优良传统

在长期的历史发展中,中华传统美德已经深入全民族的思维方式、价值观念、行为方式和风俗习惯之中,具有重要的当代价值。这些传统美德蕴藏的中国智慧,既可以为我们今天的道德建设提供有益启发,为治国理政提供有益启示,也为解决当代人类面临的道德难题提供了重要启迪。习近平总书记深刻指出:"中华民族是勤于劳动、善于创造的民族。正是因为劳动创造，我们拥有了历史的辉煌；也正是因为劳动创造，我们拥有了今天的成就。"中华民族历来以吃苦耐劳著称于世，披荆斩棘、自强不息、勤勉敬业，是中华民族在长期生产生活实践中逐渐形成、代代相传的优秀品质与优良传统，积淀于中华民族的心灵深处，成为维系中华民族文明久盛不衰的巨大精神力量。五千年的历史进程，锤炼出中国人民坚忍不拔的意志、勇于开拓的精神和勤劳朴实的民族品格，开拓出了浩如烟海的中华优秀传统美德以及一整套与之相适应、相匹配的行为准则和行为规范。

一、勤勉敬业的主要内涵

古往今来，无论谁想有所成就，都离不开敬业精神。"敬业"，自古以来就是我国传统文化中的一个重要的价值观念。中国古代的思想家们在论及职业操守时，首倡"敬"字，对于勤勉敬业优秀品格和优良传统的内涵做出诸多描述和论证。

（一）"执事敬，事思敬"

"敬"，原本是儒家哲学所重视的一个基本范畴，孔子主张，人在一生中始终要勤奋、刻苦，为事业尽心尽力。孔子把"居处恭，执事敬，与人忠"视为仁德基本要求；把"事思敬"作为对待工作的总要求。《说文》言："不懈于心为敬；必尽心任事始能不懈于位。"程颐更进一步强调："所谓敬者，主之一谓敬；所谓一者，无适（心不外向）之谓一。"《左传·宣公十二年》说道："人生在勤，勤则不匮。"《礼记》之中，便有"敬业乐群"的说法，孔子也主张"敬事而信""执事敬"。古往今来，但凡事业上有所成就者，大都离不开两条：一是要有强烈的事业心和责任感；二是要有锲而不舍的勤奋和努力。这两条的有机结合即为敬业精神。只有勤恳劳作，生活才会应有尽有。孟子曾说："天将降大任于斯人也，必先苦其心智，劳其筋骨，饿其体肤，空乏其身，行拂乱其所为，所以动心忍性，增益其所不能。"意思就是说，干一番事业，必定要呕心沥血，意志坚强，甘于吃苦，勇于奉献，才能有所成就。《礼记》中说："博学之，审问之，慎思之，明辨之，笃行之。"有人说："圣人是肯做功夫的庸人，庸人是不肯做功夫的圣人。"干事创业，关键是要迈稳步子、夯实根基、久久为功。心浮气躁，朝三暮四，学一门丢一门，干一行弃一行，无论为学还是创业，都是最忌讳的。"天下难事，必作于易；天下大事，必作于细。"成功的背后永远是艰辛努力。把艰苦环境作为磨炼自己的机遇，把小事当作大事干，一步一个脚印往前走。滴水可以穿石。

（二）"专心致志，以事其业"

朱熹曾把"敬业"解释为"专心致志，以事其业"。"敬"，是指一种思想专一、不涣散的精神状态。用今天的话来说，"敬业"，就是指凡做一件事，便忠于一件事，将全副精力集中到这事上头，用一种恭敬严肃的态度对待自己的工作，一点不旁骛，认真负责，一心一意，任劳任怨，精益求精，就是不能三心二意、朝秦暮楚，而是要集中精力、专心致志、从一而终。古代拜师学艺，都要先焚香、作揖、发誓，就是树立从业者的敬重、敬畏之心。天行健，君子当自强不息。敬业，强调的是对自己所从事的职业的一种态度，实际也是对自己生命价值的一种态度。《朱子语类》里讲："'敬'字工夫，乃是圣门第一义……只是有所畏谨，不敢放纵。如此则身心收敛，如有所畏，常常如此，气象自别。"对于所从事的职业常怀敬畏之心，在日常事务中保持严肃恭敬，这不仅因为它是获取生产资料和生活资料的重要手段和根本保障，而且更是个人价值实现和成长发展的必由之路。因此，对职业的敬重首先体现在恪尽职守、精益求精的职业操守，表达的是对自己人生和社会的一种勇于担当、甘于奉献的责任意识。

（三）"敬而不爱，非真敬也"

《论语·学而》里则说："道千乘之国：敬事而信，节用而爱人，使民以时。"近代思想家梁启超在《敬业与乐业》一文中指出:"敬业主义,于人生最为必要,又于人生最为有利。"著名教育家蔡元培先生则对敬业精神有着明确的解读:"人生之目的,为尽义务而来。每人必有一定职务,必做一番事业,此谓之职业。……今之人误解职业,以得权利为惟一目的,实则不然。重在义务,不仅有益自身,且须有益于人群,始不辜负此人生。"所谓"爱而不敬,非真爱也;敬而不爱,非真敬也"。"敬",是一种发自内心的情感,只有发自内心地热爱自己的职业,才能做到真正的敬业。一方面,对职业的热爱,体现在价值认知和专心致志、全身心投入的工作状态。孔子说,知之者不如好之者,好之者不如乐之者。任何职业都自有其中的甘苦,只有身处其中的人才能真切地体会;另一方面,一个职业尽管看起来也许并不十分重要,甚至于从世俗和功利的角度来看可能平凡和微不足道,但只要你全身心投入,真正理解了其中的意义,也同样可以做出一番伟大的成绩,同时你也能够从中体会到无限的乐趣。

二、勤勉敬业的历史传承

作为中华民族的一项传统美德,勤勉敬业是中华民族优秀品质、优良民族精神、崇高民族气节、高尚民族情感、良好民族习惯的总和。品质、精神、情感、习惯既是一种精神,而更主要的是一种行动。这种行动是必须通过实践去完成的。不实践就没有具体表现,不实践就不能有美德。中华上下五千年,从尧、舜、禹起,各个历史时代的广大人民群众,乃至封建统治阶级的有识之士,无不以"勤勉敬业"为做人的美德、持家的要诀、治国的法宝,大力倡导,并身体力行。在中国古代历史上,敬业的典型事例不胜枚举:明朝的海瑞为了重振朝纲,减轻百姓疾苦,置个人生死荣辱于度外,甚至不惜冒犯皇帝;名医华佗,为了他的事业,放弃了升官的机会,不愿做曹操侍医,而是不辞劳苦,四处行医,直到老死;诸葛亮一生兢兢业业，为国为民，呕心沥血，实现了他《后出师表》中所说的："鞠躬尽瘁，死而后已"。

（一）大禹三过家门而不入

为了治水，大禹曾三过家门而不敢入。大禹三过家门而不入，被传为美谈，至今仍为人们所传颂。根据《史记·夏本纪》的相关记载，当年帝尧时期"鸿水滔天，浩浩怀山襄陵，下民其忧"，在这种情况下又没有合适的人选去治水，没有办法之中帝尧便任命崇伯鲧（即禹的父亲）治河，后来因"九年而水不息，功用不成"。帝尧于是派舜治水，舜以治水无功之罪，诛杀了鲧，同时又推举鲧之子禹继承父志，继续治水。禹因此而"劳身焦思，居外三十年，过家门而不敢入"。第一次经过家门时，听到他的妻子因分娩而在呻吟，还有婴儿的哇哇哭声。助手劝他进去看看，他怕耽误治水，没有进去；第二次经过家门时，他的儿子正在他妻子的怀中向他招着手，这正是工程紧张的时候，他只是挥手打了下招呼，就走过去了。第三次经过家门时，儿子已长到10多岁了，跑过来使劲把他往家里拉。禹深情地抚摸儿子的头并告诉他，水未治平，没空回家，又匆忙离开，没进家门。大禹一生为公、勤勉敬业，竭尽全力治理洪水，解除民众受水患所苦。禹在治水过程中公而忘私，三次路过家门，他把天下有人淹死看成是自己没有尽到责任，身劳焦思，身体偏枯，手足胼胝，全心全意治水。禹的这种大公无私的精神，受到了民众的赞扬，也为舜所重视。所以舜在晚年把禹举荐给上天，把首领的位置禅让给禹。

（二）雍正勤于政事

雍正是中国古代历史上最为勤劳的皇帝。正是雍正的勤政精神成就了康乾盛世。雍正是清朝入关后第三位皇帝，他于1722年继承皇位，到1735年去世，在位仅12年8个月，但他所做出的改革，比他父亲康熙担任61年皇帝所做出的改革还要多。自从雍正登基之后，他一直勤于政务，据记载他每天休息的时间不超过四个小时,每天工作到大半夜。根据清朝的律法,凡是三品以上的官员都可以直接向皇帝写密折,而这样的官员在全国有数千人,关于这些奏折,雍正都是每份都亲自批阅。仅仅在数万件奏折中他所写下的批语,就有1000多万字。雍正的勤政精神、理财成效、治国业绩,在中国古代帝王中堪称楷模。

(三)祖逖、刘琨闻鸡起舞

祖逖和刘琨是晋代著名的两个将领。24岁那年,祖逖担任司州主簿,主管文书簿籍。刘琨是汉朝宗室中山靖王刘胜的后代,也是一个很有志向的青年。他们志同道合,都希望为国家出力,干一番事业。当时,西晋皇族内部互相倾轧,争权夺利,各少数民族的首领乘机起兵作乱,国家安全受到严重威胁。祖逖和刘琨对此很是焦虑。他们白天一起在衙门里供职,晚上回家一起谈论国家大事,谈如何建功立业,报效国家,一谈就是大半夜,累了才合盖一床被子睡下。有一天,他们谈得很晚,刚入睡,刘琨就鼾声如雷。刚睡了一会儿,祖逖猛然听到鸡的叫声,于是叫醒刘琨说:"你听,你听,这不是荒鸡的叫声吗?恐怕天下要大乱了,我们还能安稳地睡觉吗?"刘琨揉揉眼,想想说:"对!应该居安思危!"于是两人穿衣起床来到院中,拔剑对舞起来,直到曙光初露才去歇息。后来,祖逖和刘琨为收复北方竭尽全力,作出贡献。而他们早年"闻鸡起舞"的故事更是成为家喻户晓的美谈。

三、大力弘扬勤勉敬业

正是凭借奋发图强、刻苦耐劳、勤劳吃苦、刻苦能干的"硬颈"精神,中华民族才得以源远流长、绵绵不断。在今天,大力倡导敬业的价值观,弘扬"勤勉敬业"的优良传统和优秀品格,推动中华优秀传统美德的创造性转化和创新性发展,引导人们敬爱岗位,恪尽职守,勤奋工作,实现自己的人生理想，显得尤为重要。

（一）"勤勉敬业"优良传统的创造性转化

"勤勉敬业"的传统美德是经过漫长的社会发展而形成的，不可避免地打上了传统社会的印记，在内容和形式上或多或少地存在着与今天的现实生活不相适应的地方。一方面，必须要通过科学的分析和鉴别，总结传统美德中丰富的思想道德资源，对"勤勉敬业"优秀品格和优良传统的德目、观点进行新的诠释和激活，结合当今的现实生活赋予其新的时代内涵，努力推动这一传统美德实现创造性转化和创新性发展。另一方面，要立足于面向大众、服务人民，发挥中华传统美德人伦日用的化育功能，用中华传统美德滋养社会主义道德建设，使传统美德与日常生活水乳交融，让传统美德中蕴含的伦理精神点点滴滴地融入人们的生活，生根发酵，产生化育的功能，不断丰富人们的精神世界，增强人们的精神力量。此外，在对待传统道德的问题上，要反对两种错误思潮。一种是复古论，认为学习传统美德的最终目标就是要恢复中国"固有文化"，形成以中国传统文化为主体的道德体系；另一种是虚无论，认为中国传统道德从整体上来说在今天已经失去了价值和意义，必须从整体上予以全盘否定。这两种观点都是错误的，割断了道德的历史与发展的关系，都不利于社会的发展和道德的进步。

（二）"勤勉敬业"优良传统的新内涵

任何道德都是具体历史时代的产物，不同时代对敬业的诠释也有所不同。在当今社会，"勤勉敬业"的优秀品格和优良传统也展现出了新的时代内涵。敬业是一种人生态度，是一种责任担当。一是忠于职守的工作态度。敬业的人应拥有强烈的社会责任感，把工作由外在的强制和被动转化为内在的自觉和主动，不计较报酬，不在乎得失，认识到自己承担的特定职责，勤勤恳恳工作，任劳任怨付出。二是爱业乐业的职业情感。"天才是由于对事业的热爱感而发展起来的，简直可以说，天才就其本质而论，只不过是对事业、对工作过程的热爱而已"。真正的敬业者，应该有爱业、乐业的情怀，燃起巨大的工作热情，把工作当作快乐、当作幸福，会保持一股积极进取的干劲、一种拼命奋斗的热情，想方设法把工作做好、做到极致。三是勤业敬业的业务素养。一个人无论本领多大、能力多强、素质多高，凡事拈轻怕重、应付了事，就很难有所成就。同样，一个人无论多么爱岗敬业，如果认识水平不高、技术能力平平，恐怕也很难取得很大的成就。四是把职业当事业的人生追求。敬业看似平凡，实则不易。任何岗位都意味着机会和平台，把职业当作事业来做，它可以成就我们的人生、铸就辉煌的未来。只要我们保持一个良好的心态，凡事往好处想，就会少些抱怨，少些牢骚，再差的职业都能出彩。选择一项适合自己的职业，兢兢业业地干，快快乐乐地做，人生的意义和价值就能够通过职业显示出来。

第二节　敬业是社会主义核心价值观的应有之义

对一个民族、一个国家来说，最持久、最深层的力量是全社会共同认可的核心价值观。社会主义核心价值观，是当代中国精神的集中体现，是一个民族赖以维系的精神纽带，是一个国家共同的思想道德基础，凝结着全体人民共同的价值追求，承载着一个民族、一个国家的精神追求，体现着一个社会评判是非曲直的价值标准。为什么中华民族能够在几千年的历史长河中生生不息、薪火相传、顽强发展？很重要的一个原因就是中华民族有一脉相承的精神追求、精神特质、精神脉络。核心价值观，其实就是一种德，既是个人的德，也是一种大德，就是国家的德、社会的德。国无德不兴，人无德不立。如果一个民族、一个国家没有核心价值观，莫衷一是，行无依归，那么，这个民族、这个国家就会魂无定所、行无依归。

一、敬业是社会主义核心价值观在公民层面的价值要求

培育和践行社会主义核心价值观,是我们党立足实现中华民族伟大复兴中国梦的全局所作出的重大决策。习近平总书记指出:"我国是一个有着14亿多人口、56个民族的大国,确立反映全国各族人民共同认同的价值观'最大公约数',使全体人民同心同德、团结奋进,关乎国家前途命运,关乎人民幸福安康。"为此他强调必须"把培育和弘扬社会主义核心价值观作为凝魂聚气、强基固本的基础工程"。敬业,既是中华民族的传统美德,也是社会主义核心价值观的重要内容。

(一)以"三个倡导"为主要内容的社会主义核心价值观

以"三个倡导"为主要内容的社会主义核心价值观是马克思主义道德价值理论中国化的重要成果,是用马克思主义中国化理论成果武装全党、教育人民的重要内容,是加强党的意识形态工作的重要举措,体现了仁人志士的夙愿,体现了革命先烈的理想,也寄托着各族人民对美好生活的向往。社会主义核心价值观的主要内容包括:倡导富强、民主、文明、和谐,倡导自由、平等、公正、法治,倡导爱国、敬业、诚信、友善。其中,富强、民主、文明、和谐是国家层面的价值目标,自由、平等、公正、法治是社会层面的价值取向,爱国、敬业、诚信、友善是公民个人层面的价值准则。这24个字、12个词,是社会主义核心价值观的基本内容,为培育和践行社会主义核心价值观提供了基本遵循。以"三个倡导"为基本内容的社会主义核心价值观,不仅与中国特色社会主义发展要求相契合,而且与中华优秀传统文化和人类文明优秀成果相承接,是我们党凝聚全党全社会价值共识作出的重要论断,深刻回答了"我们要建设什么样的国家、建设什么样的社会、培育什么样的公民"的重大问题。积极践行社会主义核心价值观,可以振奋起人们的精气神、增强全民族的精神纽带,铸就自立于世界民族之林的中国精神。在当今中国,要想实现"两个一百年"奋斗目标,实现中华民族伟大

复兴的中国梦，必须构建全体国民广泛的价值共识和共同的价值追求，通过把社会主义核心价值观内化于心，外化于行，来不断巩固全党全国各族人民团结奋斗的共同思想基础，凝聚起实现中华民族伟大复兴中国梦的强大精神力量。

（二）敬业是公民职业道德的核心价值准则

在党的十八大报告所倡导的社会主义核心价值观中，敬业是针对公民职业道德方面的核心要求。之所以把敬业纳入社会主义核心价值观，是因为国家的发展与社会的进步、团队事业的成功与组织目标的实现、个人作为与价值的实现，都有赖于此。今天，我们正在全面建设社会主义现代化国家，全面推进实现中华民族伟大复兴的伟大事业。我们所讲的敬业，已经不是单纯地为了实现个人的人生价值，更是为了使自己同这个伟大事业相联结、相融合，从而履行自己的一份神圣责任。中国特色社会主义进入新时代，中华民族要实现伟大复兴的梦想，同样也需要我们每一个来艰苦奋斗、勤奋敬业、拼搏奉献。如果人人都全力以赴投入工作，不分"分内"还是"分外"，换来的便是集体凝聚力与协作力的成倍提升，全社会就会普遍形成敬业的氛围。总之，国家的发展与社会的进步离不开敬业。任何一个国家想要实现快速发展，国民必须要拥有一个好好做事、勤勉敬业的精神状态。美国和德国人很敬业，所以经济很发达，中华民族也是一个非常敬业的民族，勤勉敬业是我们的优秀传统美德和品质。正是依靠敬业奉献，我们创造了灿烂的文明。因此，历史经验反复证明，国民敬业则国家强盛，社会进步，国民懈怠则社会衰退。

（三）敬业对中国特色社会主义伟大事业的特殊意义

在当代中国，敬业具有特殊的重要意义。中国特色社会主义事业是需要全国各族人民共同为之奋斗的历史伟业，这个伟业是由各个不同的具体行业和职业组成的有机统一整体，每个人都在自己特定的岗位上通过特定的职业活动来为这个事业服务,这就需要我们每个人艰苦奋斗、勤奋敬业、拼搏奉献。从这个意义上来讲,敬业精神就是人们的一种社会责任感和历史使命感,是人们发自内心地忠于职守、奉献社会的情感意志和精神力量,其最终的指向是我们社会的进步和民族的复兴。中华民族实现伟大复兴的梦想,同样要靠14亿中国人努力创造的伟大实践。习近平总书记深刻指出:"幸福不会从天而降,梦想不会自动成真。实现我们的奋斗目标,开创我们的美好未来,必须紧紧依靠人民、始终为了人民,必须依靠辛勤劳动、诚实劳动、创造性劳动。"在分工高度细化的今天,社会的正常运转,需要每一个链条像齿轮一样咬合,相互联动,可依然会有料之不及的"漏洞",出现"掉链子"的尴尬与风险。因此,对社会来说,倘若每一领域、每个岗位上的人都能怀有主人翁意识,恪尽职责,敬业尽职,自然人人从中受益,社会发展也更有生机活力。因为,敬业就是实现中华民族伟大复兴中国梦的动力之源。

二、敬业的核心要求

敬业,就是要求我们每个人敬重自己的职业,培育强烈的责任心与使命感,要求我们每个人都爱岗、尽责、专注、钻研和奉献。敬业,不是一句简单的口号,而是要付诸实践、躬身力行。我们要树立敬业意识,在岗言岗、在岗爱岗、在岗为岗,才能成为本行业、本岗位的行家里手,从而书写出杰出的人生篇章。近年来全国各地接连涌现"最美教师""最美司机""最美护士"等一系列感人事件,也正是因为他们都在平凡的岗位上忠于职守,对社会对他人勇于担当。当这些的平凡人不断出现在我们身边,当各行各业都积极践行社会主义核心价值观,崇德向善的社会正能量就能持续不断喷涌出来。作为社会主义核心价值观,敬业是人们处理职业道德问题时必须坚持的核心理念。那么,怎样做才算是敬业?敬业有哪些基本要求呢?具体来看,主要包括以下几个方面。

（一）爱岗尽责

荀子说："凡百事之成也，必在敬之；其败也，必在慢之。"爱岗是敬业的首要因素。爱是投入的前提，敬是责任的缘起。只有热爱自己的本职工作和岗位，才会始终保持强烈的责任感，才会在工作中投入自己最大的精力，才会自觉地把工作当作事业来干。热爱自己的工作，就不会把工作当作生计，而是看成是自己的事业；热爱自己的工作，就不会只想着这是个临时的位置；热爱自己的工作，才不会把它看成是苦差事，而是主动从中寻找快乐；热爱自己的工作才不会觉得糊弄过去就行了，而是力求把工作做到完美；热爱自己的工作，就会努力激发自己的潜能，全面提高自己的工作能力。尽责是敬业的必然选择。尽责就是认真负责，忠于自己的职守，尽心尽力地做好手中的工作，善始善终地完成自己承担的任务。一个人在多种因素的作用下，选择了自己要从事的职业，社会为你安排了岗位，这个岗位不是可有可无的，你必须守土有责，保证这个岗位的顺利运转。这是人们必须拥有的责任感。责任感是敬业的关键部分，因为责任感越强烈，你对工作对事业的尽力程度就越高，尽力程度越高，就越能激发你的各种能量，取得常人所不能及的成绩。

（二）专注钻研

专注是敬业的核心因素。古语说："敬业者，专心致志以事其业也。"专心致志、心无旁骛是敬业的内在含义。人的注意力是有限的，人必须进行选择。如果人的注意力比较分散，投入到某一事情的精力就有限，效果、效率就会下降。专注于事业，人们就会收起许多私心杂念，就不会受花花世界的诱惑，就能够把更多的热情投入到事业和岗位上，就会提高工作效率，增加自己在职业方面的造诣。王安石说："人之才，成于专而毁于杂。"说的就是这个道理。钻研是敬业精神的升华。敬业更要精业。做好工作，必须要有专业的技能和职业的能力。特别是在科技高度发达的今天，签到充数的日子已经一去不复返了。在效率优先的年代，谁效率高、谁拥有的知识丰富，谁拥有的就业机会就多，谁就能获得丰厚的回报。这就需要每个人不断地加强学习，不断地积累经验，从而掌握该领域最前沿的知识，最丰富的经验，最适用的办法，使自己变得比其他人更精通，成为工作方面的行家里手。

（三）热忱奉献

奉献是敬业的必然境界。敬业者怀着使命感工作，对工作表现出极大的热忱，不可避免地要比别人投入更多的时间和精力。如果我们对于投入与回报斤斤计较，自然就会压缩对工作的投入，这与敬业精神是相背离的。因此，敬业从本质上要求我们不能仅仅为了薪水而工作，要懂得适当的牺牲和奉献。没有国家的发展与社会的进步，没有单位的发展与成功，自己事业的成功与利益的获得都没有保障。我们也应当明白，工作给我们敬业的回报不仅仅是薪水，还包括丰富的经验、卓越的才干和优秀的品格，以及由此形成的成就感与自豪感。总之，机遇青睐敬业者。只有勤勉敬业的人，才能把自己时刻置于最显眼的跑道上，从而得到伯乐的赏识，才有可能成为千里马。相反，整天碌碌无为，只会慨叹没有平台，机会来时便会失之交臂，最后只能干瞪眼。一个人无论从事哪个行业，担任什么职务，都应该用辛勤的劳动和扎实的工作来践行敬业这一朴素而崇高的美德。

三、把敬业的要求变成自觉奉行的信念理念

习近平总书记深刻指出："核心价值观的养成绝非一日之功，要坚持由易到难、由近及远，努力把核心价值观的要求变成日常的行为准则，进而形成自觉奉行的信念理念。不要顺利的时候，看山是山、看水是水，一遇挫折，就怀疑动摇，看山不是山、看水不是水了。无论什么时候，我们都要坚守在中国大地上形成和发展起来的社会主义核心价值观，在时代大潮中建功立业，成就自己的宝贵人生。"要切实把社会主义核心价值观对

于敬业的基本要求贯穿于社会生活方方面面，通过教育引导、舆论宣传、文化熏陶、实践养成、制度保障等，使敬业内化为人们的精神追求，外化为人们的自觉行动。

（一）要正确对待利益与回报的关系

做到敬业，要有长远发展的眼光。高尔基说："一个人追求的目标越高，他的才力就发展得越快，对社会就越有益。"要做到敬业，就要对自己所承担的工作、所从事的职业有更高的追求，要正确对待利益与回报的关系。对于每个人而言，工作是为了生计，但又不能仅仅着眼于生计。比生计更可贵的，就是在工作中充分发挥自己的价值，增长自己的才干，为自己理想的实现奠定基础。要正确理解工作的实质是事业发展的环节，而不仅仅把工作视为差事。要看到建筑工人搬砖，不仅仅是完成搬砖的差事，而是为了建设美丽的城市；要看到公务人员工作，不仅仅是为了稳定的工作，而是为了提供公共服务。只有如此，我们才能对工作产生热爱之意，才能在工作中寻找到乐趣，才能把工作干出不同的境界。

（二）保持勤奋

要做到敬业，最重要的是勤奋以及把勤奋坚持下去的毅力。"业精于勤而荒于嬉"。勤奋是一切事业成功的必要条件。敬业要求人们专注、钻研，保持一段时间并不是什么难事，难的是成年累月、数十年坚持不懈。爱因斯坦说过："人们把我的成功归因于我的天才，其实我的天才只是刻苦罢了。"勤奋则是一切敬业要求实现的根本手段。如果说梦想是成功的起跑线，决心是起跑时的枪声，那么，勤奋则如起跑者全力地奔跑，唯有坚持到最后一秒的方能取得最后的成功。如果你足够勤奋，就能够克服工作中的困难；如果你足够勤奋，就能够弥补能力上的不足；如果你足够勤奋，在机遇面前就会做好充足的准备；如果你足够勤奋，就能够提高自己的造诣。在这个世界上，既没有免费的午餐，也没有天上掉下来的馅饼，凡是能够取得超于常人成就的人，在背后都付出过别人未曾付出的汗水。

（三）使敬业成为一种习惯

敬业就是认认真真、踏踏实实地做好你身边的小事。如何敬业，是不是多加几次班儿就是敬业？当然不是。敬业的人并不认为自己加班多一点就是敬业，他们认为这只是一种工作的习惯，一种不把事情做好就不安心的习惯，习惯是我们在职场中慢慢培养起来的，因此要养成敬业的习惯，首先要有持之以恒的耐心和落实到点的决心，只有我们达到这样的心态，才能在职场中更好地控制监督自己，让自己完成自己的工作，保质保量地完成每天的任务，达到一种敬业的精神。统计学中有个概率计算：如果一件事成功率是1%，反复100次至少成功1次的概率是多少？正确答案是63%。计算方法：成功率1%，失败率99%，尝试100次全部失败概率为99%的100次方约37%，至少成功1次即63%。看似不可能的事在反复尝试中，成功率会不断提高。要达到真正的敬业状态，要求人们有超乎常人的毅力，有持之以恒的精神，有金石为开的努力。一个人干好一天的工作并不难，难的是每天坚持做好，从不懈怠；一个人好好学习一天并不难，难的是每天都花一定时间学习，从不中断。

第三节　敬业爱岗是干事成事的基础

敬业精神的强弱，敬业水准的高低，直接决定个人的作为大小。敬业爱岗是干事成事的基础，凡是有所作为的人，都是非常敬业的人；凡是事业成功的人，都是特别勤奋的人。诗人吟出了好诗，往往是他"童心便有爱书癖，手指今余把笔痕"的结果；很多企业家事业干得风生水起，他们都经过了创业的艰辛。从哲学角度来看，敬业是人存在与发展的本质所在。恩格斯说过："劳动创造了人本身。"劳动不仅把自然物质转换成物质生活资料，提高了人的能力，把人同其他动物区别开来。只有在劳动中，人才能找到自己生存发展的意义，才能体会到做人的充实。正因为如此，人的生命的长度与宽度往往不是以岁月计算的，而是以事业来计算的。在人类历史中，在人的生涯中，保留下来的记录都是他做过什么事情，取得了什么样的成果。人做的事情越多，成果越丰硕，他的生命内涵就越丰富，那些大的成果，会成为一个人生命中的里程碑。

一、敬业是立业之本

有这么一个小笑话：在一次面试中，面试官问道："这位先生，我想请问您，您还有其他您认为值得一提的技能吗？""还有一点点，"应聘者谦虚地回答，"去年我的两篇小说登上了全国性的杂志，此外，我还完成了一部长篇小说。""真不简单，"面试官评价道，"不过我更想知道，您还有哪些能在办公时间应用的技能。"应聘者微笑地解释道："哦，其实这些都是我在办公时间完成的。"这则笑话讽刺了那些不敬业的人，他们在工作时间内做着其他的事情，领薪水时却一分不少拿，还常为自己的聪明感到自豪。这则小故事充分证明，只有敬业才能立业，敬业是立业的前提和基础。敬业，最大的受益者还是自己，往往能决定你日后更大事业的成败。一个人想要成功，工作态度的转变十分必要，无论做什么事情，都务必竭尽全力。

（一）做新时代的干事创业者

新时代是奋斗者的时代。习近平总书记曾在多个场合向全国人民发出奋斗动员令——"幸福都是奋斗出来的""奋斗本身就是一种幸福"！坚守在每一个平凡岗位干事创业，就是新时代奋斗精神的集中彰显。"撸起袖子加油干""天上不会掉馅饼，努力奋斗才能梦想成真""不驰于空想、不骛于虚声""幸福都是奋斗出来的"。这一句句脍炙人口的名言引发共鸣，既提出了新时代把蓝图变为现实的新要求,也提振了中国人民永不褪色的精神品格,奏响了全国人民不懈奋斗的新号角。一个民族要实现伟大复兴,不是一个人、不是少数人能完成的,而是需要千千万万普通人的参与。习近平多次点明幸福与奋斗的关系,就是要动员每一个普通人:你在参与创造伟大时代的同时,也在创造自己的美好人生;祖国是你个人成就的放大器,借时代之力才有机会实现自我突破。行百里者半九十,越是伟大事业,往往越是充满艰难险阻,越是需要开拓创新。决胜全面建成小康社会的艰巨任务、实现中华民族伟大复兴的历史使命,是前无古人的伟大事业,对我们每一个中国人民提出了前所未有的新挑战新要求,而这一切都需要有那么一股"敢教日月换新天""在困难面前逞英雄"的干事创业的斗志和勇气。从党的十九大到党的二十大,是"两个一百年"奋斗目标的历史交汇期,第一个百年奋斗目标要实现,第二个百年奋斗目标要开篇。梦想凝聚人心,前景如何落地变成现实。唯我们以时不我待、只争朝夕、勇立潮头的历史担当,主动担当作为、干事创业、开拓创新、敢作敢为、锐意进取,把奋斗精神融于岗位、融于日常,作出无愧于新时代的光辉业绩。

(二)不敬业是阻碍干事创业的绊脚石

当前正处于重要战略机遇期,比历史上任何时期都更接近、也更有信心和能力实现中华民族的伟大复兴。然而,世界正处于百年未有之大变局,各种矛盾交织,各种风险叠加,可以预见和难以预见的风险、挑战、困难前所未有,中华民族伟大复兴绝不是轻轻松松、敲锣打鼓就能实现的,必须准备付出更为艰巨的努力。"大事难事看担当,逆境顺境看襟怀"。关键时刻比的是担当精神、拼的是干事劲头、赛的是拼搏状态。因此,干事创业要有只争朝夕、奋发有为的奋斗姿态和越是艰险越向前的斗争精神。扬帆新征程,更需要发扬干事创业、勇于担当的政治品格。身居其位不谋其政,对待工作被动应付、消极处理、推诿扯皮,遇到矛盾绕着走,碰到难事往后拖,更有甚者，抱着"多做多错、少做少错、不做不错"的心态，把遵守规矩与干事创业对立起来，认为只要不出事，宁愿不做事；不求过得硬，只求过得去，愿做一个无功亦无过的"木偶"，这是不敬业的典型表现，是缺乏担当精神的典型症状，是没有政治担当、历史担当、责任担当和事业担当的典型症候，是世界观、人生观、价值观的扭曲与异化，并且也是阻碍干事创业的最大绊脚石和阻力板。因此，对于我们每一个个体而言，必须要做起而行之的行动者，当攻坚克难的奋斗者，从根本上查摆纠治"守成先生""中庸先生""撞钟先生""好好先生""裹脚先生"等"六种先生"问题，持续强化"无功就是过，平庸就是错"观念，消除工作中的"三不为"现象，用知重负重、攻坚克难的实际行动和舍我其谁的历史使命诠释新时代的奋斗精神和干事创业精神。

二、"干字当头"是爱岗敬业的基础

干事创业，在新时代正当其时。越到紧要关头，越不能有丝毫松懈，越需要发扬苦干实干的敬业精神。有多大担当才能干多大事业，尽多大责任才会有多大成就。对于每一个劳动者而言，干事是天职，不干是失职，必须要干出个样子来。爱岗敬业的关键是要"干"字当头。说一千、道一万，不如甩开膀子埋头干。不能只是在口头上高喊爱岗敬业的口号，但是在工作过程中却偷懒耍滑，碰到矛盾躲着走，遇到问题绕着走，看见难点低头走。干出实打实的新业绩和好口碑，形成千帆竞发、百舸争流的生动局面，是做到爱岗敬业的最好证明。干事创业没有坦途，新时代的干事创业者要戒除"看摊""守成""保位"的慵懒思想，要切实拿出领头雁的果敢、拓荒牛的劲头、下山虎的气势、千里马的恒心，开拓进取、善谋勇为、真干实干，干出实绩。真正做到爱岗敬业，不仅要有担当的宽肩膀，还得有成事的真本领。因此，我们要备好"金刚钻"，练就"真功夫"，把全部心思和精力用到钻研业务、拼搏进取上来，做到干一行爱一行、钻一行精一行、管一行像一行，以"踏石留印、抓铁有痕"的品质和作风，一步一个脚印，把事情一件一件干好。

（一）要保持迎难而上、艰苦奋斗的担当精神

干事创业，必须要打牢信仰之基、补足精神之钙、把稳精神之舵。每一位新时代的劳动者都要自觉强化舍我其谁的历史使命感、紧迫感、责任感，积极主动作为，担起该担的责任，遇事不推诿、不退避、不说谎，主动作为，敢于亮剑。要有干成事的格局，观大势、识大体、知大局，自觉在大局下思考问题、在全局中谋划工作，在配合融合中乘势借力，在整合聚合中推进落实，为全局助力，为大局添彩，尤其是在大是大非面前要敢于担当，敢于坚持原则，面对矛盾困难敢于直面应对，遇到危机挑战敢于挺身而出，有了失误责任敢于主动承担。不在困难面前低头，不在挑战面前退缩。因此，需要我们始终保持矢志不渝、坚守初心、奋发有为履行使命的昂扬斗志，在工作收获中不断体现人生价值，以"功成不必在我"的境界和"功成必定有我"的担当，善于"披坚执锐"，勇担"千钧重担"。一方面，大力弘扬拼搏创新精神，以永不懈怠的精神状态和一往无前的奋斗姿态，敢于直面问题破解难题，提高谋划工作、落实工作的质量和水平。另一方面，要大力弘扬迎难而上、艰苦奋斗的奋斗精神，把真干作为本分，把实干作为责任，把苦干作为追求，把巧干作为方法，不惧辛劳、脚踏实地、任劳任怨，奋发有为、积极进取，切实增强工作的落实力和执行力，把工作做得更好、更实、更高效。

（二）要锤炼干事创业的本领和能力

干事创业，决不能只想出彩不想出力，要锤炼本领，能干事。既要有想干事、真干事的自觉，又要有会干事、干成事的本领。荀子的《劝学》在开篇一句指出："学不可以已。"学无止境，业有专攻，在新时代，每一位

劳动者都要有本领不够的危机感，在增长知识见识上狠下功夫，加快知识更新、优化知识结构、拓宽眼界视野、强化实践锻炼，一刻不停地增强本领。不断锤炼干事创业的真本领，就一定能培养更多社会主义建设者和接班人，为中华民族伟大复兴提供最强大的人才支撑。思路决定出路。没有金刚钻，就揽不了瓷器活。一方面，要强化专业能力的提高，采取结对传帮带、集中培训等多种方式，全面提高专业能力和本领，努力使自己成为精通业务的"活字典"和擅长工作的"多面手"。尤其要练就主动探索创新的能力。现代社会早已不只是"大鱼吃小鱼"的时代，更是"快鱼吃慢鱼"的时代。谁的创新能力强、创新速度快，谁就更具生命力，更富竞争力，更能顺应时代发展的潮流。守成者没有出路，开拓者才有未来。要强化创新意识，多问一问"要不要创新、创什么样的新、怎么创新"，敢于冲破程序化的固有思维，善于精准选择创新突破口，尤其是对那些长期难以消化的老问题，要深挖根源、聚力突破，切实增强工作的探索性、引领性、创新性。另一方面，要切实强化实战能力锻造，在工作的第一线、主战场和最前沿历练才干、磨砺意志、锤炼品格，弥补知识弱项、能力短板、经验盲区，不断克服能力不足、本领恐慌、知识落伍的问题。要增强"重任在肩"的使命感、"放心不下"的责任感、"马上就办"的紧迫感，对定下来的事情，始终保持真抓的实劲、敢抓的狠劲、善抓的巧劲、常抓的韧劲，以新担当、新作为创造新时代新业绩。

（三）要发扬钉钉子精神

爱岗敬业，必须要有闯关夺隘、披荆斩棘的勇气，挑重担、啃硬骨头的担当，逢山开路、遇水架桥的干劲。疾风知劲草，烈火炼真金。爱岗敬业，不仅需要有责任重于泰山的担当意识，坚持党的原则第一、党的事业第一、人民利益第一，面对大是大非敢于亮剑，面对矛盾敢于迎难而上，面对危机敢于挺身而出，面对失误敢于承担责任，而且还需要发扬钉钉子精神，一锤接着锤敲，一茬接着一茬干，一步一个脚印。那么，什么是"钉钉子精神"？习近平总书记对"钉钉子精神"进行了详细阐述："我们要有钉钉子的精神，钉钉子往往不是一锤子就能钉好的，而是要一锤一锤接着敲，直到把钉子钉实钉牢，钉牢一颗再钉下一颗，不断钉下去，必然大有成效。"一方面，发扬钉钉子精神，要有坚持不懈的恒心和韧劲。工作岗位上的每一件事情都要做到一抓到底，一件事情接着一件事情办，一年接着一年干，锲而不舍向前走，做到件件有着落。另一方面，钉钉子，往哪儿钉很重要，如果钉不到点上，钉子就会打歪。一张桌子，关键部位的钉子钉得不牢，钉子再多，桌子也会散架。唯物辩证法告诉我们，在认识事物时注意区分主要矛盾和次要矛盾，善于抓住事物的主要矛盾，牵住牛鼻子。在实际工作中，我们应把握住关键重点，分清轻重缓急，善于统筹协调，集中力量抓关键、攻难点，以重点突破带动全局发展，工作才会有成效。此外，钉钉子不能光凭着一股蛮力，逢墙乱钉，碰到容易脱落或者开裂的墙面时，还要想办法修补墙面，打好钉钉子的基础。这启示我们，干工作不能脱离实际照搬照抄，而应在吃透上情、摸清下情的基础上做好结合的文章，而是应该在坚持原则的基础之上，因地制宜，大胆创新，善于以新思路、新办法解决问题、推动工作。

（四）要增强干事创业的精气神

精气神是由人的内心追求所展现出来的从业态度和精神风貌。心中有信仰，行动有力量。干事创业的精气神，以正确的世界观、人生观、价值观为内在支撑，从根本上讲源自崇高的理想信念和人生价值追求。现实中，一些人精神上萎靡不振、不思进取，作风上涣散飘浮、懈怠疲沓，工作上敷衍塞责、得过且过，问题的原因是多方面的，但根子在于信仰缺失、理想信念淡化。因此，必须把抓好培根固魂作为增强干事创业精气神的根本举措，教育引导广大劳动者把共产主义远大理想和中国特色社会主义共同理想统一起来，同我们正在做的事情统一起来，更加自觉地不懈奋斗。实践表明，强固思想之"锚"，干事创业才能方向明、站位高、眼界宽、信心足、动力强，才能坚定地为了理想信念和崇高事业去拼搏奋斗。因此，爱岗敬业，需要始终保持昂扬向上的精神状态，做好奋斗者，当好答卷人，唯其如此，才能谋大事、干大事、成大事。一方面，要把心思放在干事创业上，要坚定信念，紧盯目标，迎难而上，攻坚克难，久久为功，把劲头用在攻坚克难中，有难题就解决、有矛盾就协调、有困难就突破。另一方面，要有奋发有为的状态、敢闯敢试的斗志、开拓进取的精神，努力培养和塑造自己的坚韧品格，在事业陷入低谷时不言败，在工作遇到困难时不气馁，在面对复杂形势时沉住气。

第四节 勤业敬业才能谱写人生事业的华彩篇章

对于不敬业、不勤业、不乐业的人来说，他们或许可以得到暂时不执行任务的"清闲"，却失去了重要的成长机会。什么都不做，到哪里去学习技能，到哪里去积累经验呢？他们不仅是在逃避职责，更是对自己能力的践踏，对自己开拓精神的扼杀。唯有勤业敬业，才能谱写出人生事业的华彩篇章。

一、在勤业敬业中谱写人生华彩篇章

无论时代发生怎样的变化，社会发展永远需要敬业精神，敬业精神永远熠熠生辉。古往今来，有很多人用勤业敬业乐业的精神，书写了一个个大写的自我，在工作的过程中不断提升人生境界，谱写出了人生事业的华彩篇章。对每一个个体而言，敬业是"成为更好的自己"的修为方式。我国近代思想家梁启超说："敬业主义，于人生最为必要，又于人生最为有利。"在现实生活中也可以体会到：当我们以虔诚恭敬的态度对待工作、对待事业

时，就能够在精益求精中体验到内心的充实和精神的愉悦。这样来看，敬业就不是约束人的"规矩"，而是激励人的理念，需要每个劳动者、每个行业以至全社会共同遵守。世界上一切幸福生活、美好未来，都从劳动中来，从奋斗中来。敬业正是劳动、奋斗的具体体现，是创造幸福生活、美好未来的不二法门。

（一）雷锋："永远做一颗螺丝钉"

雷锋虽然已经不幸倒地牺牲，但雷锋精神闪亮矗立。人们一提起雷锋，就想到他的奉献精神，比如"雷锋出差一千里，好事做了一火车"，"人的生命是有限的，可是，为人民服务是无限的，我要把有限的生命投入到无限的为人民服务之中去"。雷锋是一名士兵，驾驶员是雷锋的本职工作，而做好事只是其"业余爱好"。人们往往盯住一个存善心、行善举的雷锋，而往往忽略了一个工作称职、有着极高职业素养和职业道德的雷锋。雷锋的岗位是平凡的，但他"干一行爱一行、专一行精一行"，在平凡的岗位上做出了不平凡的业绩。他从来不把工作当成负担，而是当作了一种快乐，有快乐、全心投入，才能深入其中，积极创新。据报道，雷锋当年驾驶的卡车很破旧，是连队出了名的"耗油大王"，但经过他精心维修保养，竟成为节油标兵车。在那个时代，雷锋的内心深处也许没有职业道德这样的字眼，但他对职业道德有颇为形象的表达。"我愿永远做一个螺丝钉。螺丝钉要经常保养和清洗，才不会生锈。""如果你是一滴水，你是否滋润了一寸土地？如果你是一线阳光，你是否照亮了一分黑暗？如果你是一颗粮食，你是否哺育了有用的生命？如果你是一颗最小的螺丝钉，你是否永远坚守在你生活的岗位上？"这些名言提到的螺丝钉，后被赞为螺丝钉精神，即像螺丝钉一样爱岗敬业。雷锋这些朴素的表达，深刻地诠释了职业道德的真义。因此，正是在爱岗敬业的过程中，雷锋实现了自己的人生价值。

（二）焦裕禄："县委书记的好榜样"

兰考县地处豫东黄河故道，是个饱受风沙、盐碱、内涝之患的老灾区。时值该县遭受严重的内涝、风沙、盐碱三害之时，焦裕禄被调到兰考县担任县委书记。在工作过程中，他坚持实事求是、走群众路线的领导方法，同全县干部和群众一起，与深重的自然灾害进行顽强斗争，努力改变兰考面貌。他身患肝癌，依旧忍着剧痛，坚持工作，被誉为"党的好干部""人民的好公仆"。他用自己的实际行动，铸就了亲民爱民、艰苦奋斗、科学求实、迎难而上、无私奉献的焦裕禄精神。焦裕禄踏上兰考土地的那一年，正是这个地区遭受连续3年自然灾害较严重的一年，全县粮食产量下降到历年最低水平。他从第二天起，就深入基层调查研究。他说："吃别人嚼过的馍没味道。"他拖着患有慢性肝病的身体，在一年多的时间里跑遍了全县140多个大队中的120多个。在带领全县人民封沙、治水、改地的斗争中，焦裕禄身先士卒，以身作则。风沙最大的时候，他带头去查风口，探流沙；大雨倾盆的时候，他带头蹚着齐腰深的洪水察看洪水流势；风雪铺天盖地的时候，他率领干部访贫问苦，登门为群众送救济粮款。他经常钻进农民的草庵、牛棚，同普通农民同吃同住同劳动。1964年5月14日，焦裕禄被肝癌夺去了生命，年仅42岁。他临终前对组织上唯一的要求，就是他死后"把我运回兰考，埋在沙堆上。活着我没有治好沙丘，死了也要看着你们把沙丘治好"。

（三）成功来源于敬业

说起敬业，总让人想起"铁人"王进喜，这一所有中国人耳熟能详的名字。王进喜作为甘肃玉门贫苦人家，从旧社会的玉门油矿逐步走向新中国的大庆油田，王进喜发出了"宁可少活二十年也要拿下大油田""有条件要上，没有条件创造条件也要上""干工作要经得起子孙万代检查"的敬业誓言，从贫油国逐步打出大庆油田的第一口井。"做好了这件事情，这一生就过得很有价值，就是为它死也值得！"邓稼先为核事业隐姓埋名 28 年，半辈子默默无闻，一生无怨无悔。邓稼先在美国取得博士学位后，毅然放弃国外优厚的工作生活待遇，回国投身到国家建设中，当时在物质匮乏、技术落后的情况下，中国没有计算机，他就用算盘；没有可参考文献资料，他就自己反复试验摸索，带领同事共同翻译积攒国外资料，历经千辛万苦，最终在1964年造出中国第一颗原子弹，在西北大漠深处升腾起壮观的一朵蘑菇云。"为了将每一个学生送出大山，我几乎付出了生命，只要学生走得比我好就足够了。"这就是张桂梅，是一位坚守滇西贫困地区40多年的乡村教师，放弃了优越的工作条件，毅然投身深度贫困山区教育扶贫主战场，以"以无比的热情和执着，全心全意地投入到教育事业中"理念，建成针对贫困山区家庭困难女孩的全国第一所全免费女子高中，使1600多名贫困家庭学生圆梦大学，托举起贫困家庭脱贫发展的希望与信心。大型电视连续剧《水浒传》中鲁智深的扮演者臧金生，为了把人物演得更加逼真而采取紧急增肥的办法。"涮羊肉要最肥的，鸡蛋一天十几个，饭前一把乳酶生，饭后一把酵母片，睡觉之前灌啤酒……"就是这样，短短两个月里，他硬是增重了23公斤。别人告诉他，这种非正常性增肥是要折寿的，可是他并不后悔。他说："一要对得起古人，老祖宗留下那么好的文化遗产；二要对得起'衣食父母'，尊重观众得拿出实际行动；三要对得起艺术家的良心，这是咱自己的事业嘛。"因此，事实充分证明，成功来源于爱岗敬业。

二、勤业敬业是实现个人价值的必要条件

从一般意义而言，每一个人要在社会中实现其个人价值，首先必须拥有一份稳定的有益于社会的工作。当今社会，在应聘者总体能力普遍提升的情况下，用人单位会更为重视对求职者品行、态度等方面的考量。如果一个人才能出众，但恃才傲物，或对待工作漫不经心，往往会被招聘单位归入"不好用，不敢用"之列，很难找到一份理想的工作。此外，用人单位倾向于认为，与提升能力相比，改变态度更为困难。如果一个爱岗敬业但能力稍弱的新人在领导的着重培养下业务水平逐渐提高，一个态度散漫的"能者"也就走到了被辞退的边缘。因此，不具备敬业精神的人很难找到和长久从事一份较好的工作，遑论实现个人价值了。

（一）人的自我价值是在劳动过程中实现的

自我价值是指在个人生活和社会活动中，自我对社会作出贡献，而后社会和他人对作为人的存在的一种肯定关系。包括人的尊严，和保证人的尊严的物质精神条件。自我价值的实现必然要以对社会的贡献为基础，以答谢社会为目的。马克思主义认为，人的价值，就是指人对自己、他人乃至社会需要的满足；人的价值包含两个方面，其一是社会价值，其二是人的自我价值。具体地说，就是人通过自身的实践活动，充分发挥其体力和智力的潜能，不断创造出物质财富和精神财富，在满足自身需要的同时，满足他人和社会的需要。简而言之，人的价值的实质在于其对社会的贡献。德国著名诗人歌德曾说过："你若要喜爱自己的价值，你就得给世界创造价值。"爱因斯坦也曾经这样说过："人只有贡献于社会，才能找出那实际工作上短暂而有风险的生命意义。"把人的社会价值确定为贡献，是马克思主义历史哲学在对人与社会互助关系深刻理解的基础上，对人的社会价值本质的正确揭示。可见，奉献主要体现于个人对他人和社会需要的满足，即体现于人的社会价值。

当自我提升、保持较高的自我价值成为一种需要，它会促使我们通过提高技能或赢得他人的赞赏来提升自我价值，同时促进个人成长与进步。当自我价值低的时候，有些工作不敢去尝试，不敢去竞争，也就放弃了很多机会去锻炼。锻炼得少了，能力得不到提升，很多需要无法满足，最终会导致自我价值更低，形成恶性循环。因此，从事任何一项工作，都需要一定的自我价值与自我效能（对从事某项具体工作能否胜任的自我评价），如果自我价值与自我效能不足，我们不敢于去从事很多工作，很多需要无法满足，也无法去实现自己全部的潜能。因此，人的自我价值必须要在劳动过程和工作过程中才能得到真正意义上的实现。

（二）勤勉敬业是提升自我价值的重要基础

保持勤勉敬业的工作态度，可以为自我价值的实现奠定物质基础。工作可以保证一个人生活的基本需求。只有在基本物质资料得到满足的基础之上，才有机会讨论和思考人生价值的实现。但是大多数人往往只局限于满足自身的需要，只是把工作作为生活来源的保障，没有自己的人生规划，一参加工作就过上高枕无忧的舒服生活，从此不求上进荒废自己的一生。还有一部分人，他们每天都看似在努力工作，但是他们的动机不是要实现自己的价值观，他们的目的相当功利，就是要通过工作实现自己的愿望，他们极力工作希望得到晋升或者获得更多的经济利益。只有那些少数杰出的人，才去琢磨该如何实现自己的人生价值。

鲁迅曾经说过："使一个人有限的生命，更加有效，也即延长了他的生命。"要提升自我价值，实现自我价值的增长，其中一个重要途径就是勤勉敬业。老师的默默付出，大国工匠们的苦心坚守，农民辛勤耕耘，看似平淡无奇，默默无闻，但却蕴含着他们的半生心血。每一位劳动者都在自己的岗位上，用自己的方式，使自己的人生更有价值，使短暂的生命大放光彩。他们不求轰轰烈烈，只求初心依旧，不负自己。人的生命是有限的，我们无法改变它的长度，但可以尽量增大它的宽度，即在有限的生命中创造无限的价值。人的一生也许不能轰轰烈烈，大放光彩，但把一件件平淡无奇的小事做到极致，把自己的本职工作做到最好，这既是一种成功，同样也是一种伟大。每个人都具有自身价值，在平凡生活中通过勤勉工作也能够发挥出最大的价值。工作是实现人生价值的舞台，一个人只有走上了工作岗位，才能有机会展示自己的才能。有的人在普通的岗位上碌碌无为地度过了一生，有的人却干出来惊天动地的事业。

　　总之,人类是劳动创造的,社会也是劳动创造的。劳动没有高低贵贱之分,任何一份职业都很光荣。梦想属于每一个人,广大劳动群众要敢想敢干、敢于追梦。说到底,实现中华民族伟大复兴的中国梦,要靠各行各业人们的辛勤劳动。现在,党和国家事业空间很大,只要有志气有闯劲,普通劳动者也可以在宽广舞台上展示自己的人生价值。广大劳动群众要立足本职岗位诚实劳动。无论从事什么劳动,都要干一行、爱一行、钻一行。勤业敬业,才能谱写出人生事业的华彩篇章。

第七章　诚信是维护社会存续发展的基石

诚信是生活中人们很熟悉的德性之一，是中国传统道德体系中的重要组成部分，是维护社会秩序和调节人际关系的重要手段，从孩提时代起，人们就开始熟悉诚信这个词。诚信问题不仅关乎国民的道德素质，关乎社会稳定和秩序，更关涉民族和国家的形象。先秦时期儒家学派的孔子就有"自古皆有死，民无信不立"之说，习近平同志也指出"人与人交往在于言而有信，国与国相处讲究诚信为本"。然而，进入市场经济建设时期后，价值利益驱使下，我国失信现象频发。在意识到诚信的价值与当前诚信缺失现象增多的现实情况下，我国已经全面开展诚信体系建设。诚信是其他美德的基础，所有人都必须接受诚信的道德检验，只有树立践行诚信价值观，才能赢得欢迎。

第一节　诚信是做人之本

诚信是人类社会普遍的道德要求，是个人立身处世的基本规范，是社会存续发展的重要基石。诚信是做人之本，了解掌握诚信概念的历史嬗变，分析诚信概念演进的时代背景、社会变迁，进而掌握其丰富内涵意蕴，对诚信形成整体认知，是践行诚实守信原则的必要前提。

一、"诚"与"信"的词源解释

诚信思想从春秋开始，但诚信作为一个完整的概念，则始于战国时期。早期诚信概念并不是以"诚信"这个整体概念出现，而是分别以"诚"与"信"这两个相对分离的概念显现。

关于"诚"的记载最早出现于古籍《尚书》中——"鬼神无常享，享于克诚"。"诚"的观念最早源于对待鬼神的态度，是虔诚和敬畏的表现。特别是在祭祀之中，人们为了祈福、避祸等目的，必须竭尽诚意，才能获得心理安慰。古人的诚信，蕴含着宗教色彩和神秘性的特征，人们对鬼神的虔诚正是人们渴求生命和安全的写照。战国中期以后，随着诸子百家对社会现实反思的深入，人们才开始关注"诚"的社会意义及现实意义，着重从内心之诚探讨外在诚信的缺失问题。《大学》《中庸》是"诚"思想的集中体现，"诚"在书中分别出现 8 次和 26 次，"诚"是两书的重要思想。对"诚"而言，更重要的是不欺骗他人，其基本的要求是不以谎言骗人，不弄虚作假、欺世盗名，对事不敷衍塞责。不仅不可以说谎话、假话，而且不说那些不能兑现或无用的大话、空话。此外，"诚"还表现为对自己所从事的事业、工作真心实干，全心全意，"实用其力"。它所体现的是一种高度的务实精神。"诚"是社会之人的一种德性规范，是一切道德行为的基础和根本；"诚意"是道德修养的关键，是"修身齐家治国平天下"的基础；"诚"是一切事业得以成功的保证，只有出于诚，才能对事真心实干，脚踏实地，有始有终。

"信"的观念也起源于人们对待鬼神的虔诚态度，"所谓道，忠于民而信于神也"。在先秦诸侯国的盟誓或缔约中，"信"的观念得到进一步深化。盟誓者为了相互取信而对神灵做出遵守诺言的保证，以对彼此形成约束力和心理压力，借助道德力量和宗教的神秘力量达到预期的目的。长此以往，"信"演化为处理人际关系的基本准则。"信"字最早见于商汤伐桀的誓词，出现在《尚书》之中。"尔无不信，朕不食言"，其为"相信、可信"之意。春秋时期军事家孙武对"信"也有所述及，认为"智、信、仁、勇、严"是成为杰出军事将领的必备要素。"信"得到系统阐释，却是出现在号称中国第一部伦理著作的《论语》之中。在《论语》中，"信"字共出现38次，主要涉及三层意思：一是做语气助词使用；二是表信任、相信之意；三是忠信、诚信之义。经过儒家提倡，"信"逐渐脱离了宗教色彩，与儒家核心要义"仁""忠"联系在一起，成为经世致用的道德伦理规范，并与政道融合在一起。"信"不仅存在于人际关系或政治之中，统治者的诚信则如潜在法律规范，具有极大的引导作用，成为人们诚实守信的前提和基础。"上好信，则民莫敢不用情"。汉代大儒董仲舒在继承以往儒学传统的基础上进一步将"仁""义""礼""智""信"归为"五常之道"，"信"被正式纳入封建王朝的统治思想体系。

从"诚""信"的词源和意境上考察，两者存在紧密的联系和细微的区别。在最初意义上，两者都起源于对鬼神的敬畏，有浓厚的宗教色彩和神秘色彩。在社会意义与现实层面，两者都与政道相合，是治理国家的重要基础，在社会控制中发挥着重要作用。在个体发展层次，两者都是德性修养的重要目标和追求，是伦理规范的重要组成部分。然而在传统上，"诚"被视为道德修养所要达到的最高境界，主要指称个体的内在修为，与他者关联不大，是单向的要求；而单独一方则不能称之为"信"，人际关系或治理国家的诚信态度都有一定的对象指陈，相对他者或人民，自身才可称为"信"。"信"着重于主体之间的关系，目的在于规范社会秩序，是双向或多向的要求。这种差别并未割裂"诚""信"的关系，恰是两者关系的另一种体现：即"信"以"诚"为基础，只有个体修养达到一定程度，在与他人相处或治事理政中才能秉持"信"的态度;"诚"给"信"加上了个人的、内在的限制,而"信"给"诚"加上外在的、关系的限制。两者相辅相成,不可分裂。正是"诚""信"具有的内在一致性,"诚信"一词才在文本中出现并得到广泛运用,逐步被社会接受和认可。

二、认识现代诚信概念

诚信是我国传统道德体系中宝贵的财富,但随着社会变迁和市场经济的发展,传统诚信显示出难以适应的症状,即对人们交往行为的约束失灵。传统诚信的失灵,暗示着传统诚信需要向现代诚信转型,需要建构一种新的诚信。在建构现代诚信时,需要在继承诚信传统资源基础上,依据经济社会全面转型的现实,建构适合中国的现代诚信概念。

其一,要继承传统诚信中的优秀精华。传统诚信中的积极因子至今仍在道德层面规范、引导着社会成员的行为,具有跨时代的精神价值。传统诚信具有提倡自律、重视情感、强调义务等特点,它是一种人格诚信,注重个体的道德修养,主要通过道德规则来约束人们的日常行为。至今,传统诚信对个体在私德领域的行为仍具有很强的约束力,能较好地调节熟人之间的人际关系。当然,传统诚信也具有自身的局限性,即较为忽视契约诚信。传统社会属于"熟人社会",私人关系的紧密使得诚信在道德层面就足以发挥其强大的约束机制。因此,传统诚信强调道德诚信、人格诚信,强调"诚",忽视契约诚信。改革开放以来,市场经济的发展,"陌生人社会"已然形成。市场经济的发展、商品的流通,需要信用制度作为保障。因此,现代诚信概念将更为注重契约诚信和信用。

其二,要在社会转型背景下建构现代诚信。当前经济社会的全面转型,为现代诚信建构提供了本源。市场经济的建立健全,人与人之间陌生关系的形成,为现代诚信的建构提供了宏观的背景。与传统诚信强调"诚为本"不同，现代诚信则强调"信为用"，强调规则诚信、契约诚信，这种概念侧重点的转移主要是契合了市场经济和社会转型的需求。现代诚信的转型使得诚信突破了传统道德的躯壳，扩展为一种社会制度，成为引领社会成员行为的法律化规则，具有了底线化性质。

三、诚实守信至关重要

诚信的重要性在于有利于人，有利于己，更有利于社会的存在发展。前文有言，诚信这一范畴是由"诚"和"信"两个概念组成的。诚，指真诚、诚实；信，指信任、信用和守信。"诚"与"信"合起来作为一个科学的道德范畴，是现代社会的产物。在现代社会，经济的市场化和国际化、政治的民主化和法治化以及文化的多元化和交往方式的现代化，无不凸显着诚信的价值，并要求践行诚信。我们可以把诚信定义为适应现代市场经济发展要求的、同现代经济契约关系和民主政治密切相关并继承了传统诚信美德的真诚无欺、信守承诺的心理意识、原则规范和行为活动的总和。诚信的本质，要从以下几个方面来把握：

首先，诚信是一种人们在立身处世、待人接物和生活实践中必须而且应当具有的真诚无欺、实事求是的态度和信守承诺的行为品质，其基本要求是说老实话、办老实事、做老实人。诚信之诚是诚心诚意，忠诚不贰；诚信之信是说话算数和信守承诺，它们都是现代人必须而且应当具备的基本素质和品格。在市场经济的条件下，人们只有树立起真诚守信的道德品质，才能适应社会生活的要求，并实现自己的人生价值。

其次，诚信是一种社会的道德原则和规范，它要求人们以求真务实的原则指导自己的行动，以知行合一的态度对待各项工作。在现代社会，诚信不仅指公民和法人之间的商业诚信，而且也包括建立在社会公正基础上的社会公共诚信，如制度诚信、国家诚信、政府诚信、企业诚信和组织诚信等。这就是说，任何政府和制度都要按照诚信的原则来组织和建构，亦需按照诚信的原则行使其职权。一旦背离了诚信的原则和精神，政府就会失信于民，制度就会成为不合理的包袱。

再次，诚信是个人与社会、心理和行为的辩证统一。诚信本质上是德性伦理与规范伦理或者说信念伦理与责任伦理的合一，是道义论与功利论、目的论与手段论的合一。如果说"诚"强调的是个人内心信念的真诚，是一种品行和美德，那么"信"则是诚这种内在品德的外在化显现，是一种责任和规范。在中国历史上，就有"诚于中而信于外"的说法。诚信不仅是一种道德目的，是人们应当具有的一种信念，而且也是一种道德手段，是人们应当承担的一种社会责任和实现利益的方式。诚信，既可以是价值论和功利论的，又可以是道义论和义务论的。价值论和功利论的诚信观把诚信作为一种价值和实现目的的手段，认为人们如果不讲诚信就无法实现自身的发展和完善，也很难取得长久而真正的利益。道义论和义务论的诚信观则把诚信视为一种应尽的义务和内在的要求，认为人们讲求诚信是提升自身素质和实现全面发展的需要，讲求诚信哪怕不能带来物质上的利益，仍然是弥足珍贵的。我们主张在诚信问题上把道义论和功利论结合起来，既把诚信的讲求视为一种谋利和促进发展的手段，又把诚信的讲求视为一种神圣的使命和内在的义务，使诚信的讲求既崇高又实用，既伟大又平凡，这体现了中国传统文化所倡导的"极高明而道中庸"的价值特质。

总之，诚信是一切道德的根基和本源。它不仅是一种个人的美德和品质，而且是一种社会的道德原则和规范；不仅是一种内在的精神和价值，而且是一种外在的声誉和资源。诚信是道义的化身，同时也是功利的保证或源泉。

第二节 守诚信是做事的第一要务

诚信是人与人之间的合作基础，是维系社会协调发展的道德基准，是促进人类文明进步、经济和社会活动有序开展的保障。在社会生活中，诚信是人们自觉履行的一项基本的道德准则，是维护社会良好秩序的一条重要法则。然而，我国现代社会的各个领域都不同程度地存在诚信缺失现象，进入21世纪以来，诚信已经成为社会稀缺资源，是不争的事实。

一、检视诚信缺失现象

近年来，随着对诚信认识的不断加深，国家已经开展了卓有成效的工作加大对诚信体系的支持和提倡，我国信用体系建设所取得的成绩有目共睹。诚信作为社会主义核心价值观的重要内容，越来越被社会广泛认同，人们的诚信意识逐步增强，各级党委和政府高度关注社会信用建设。但我们也应该看到，覆盖全社会的信用信息系统尚未形成，失信惩戒机制尚不健全，诚实守信的社会氛围与人民群众的期待还有差距。诚信缺失的现象在社会各领域仍广泛地存在，在有些地方甚至愈演愈烈。

在个人诚信方面，个人交往中的不诚信损害了人际关系的和谐。虽然国家极力提倡个人诚信立法，并着力把诚信的考量纳入人才选拔等与个人利益密切相关的实践中，并且部分商业银行把个人信用纳入银行信用数据库体系中，但是并未在全国范围内建立一个完整的制度安排来规范个人的诚信行为。诚信缺失或信用危机在社会生活的诸多方面表现出来，对社会生活和社会秩序的危害颇深。在经济方面，社会上存在坑蒙拐骗等违法违纪行为，造成个人经济损失，并进一步影响了经济秩序和社会秩序，人们彼此信任度降低，人际关系淡漠；个人道德方面，在拜金主义、极端个人主义侵蚀下，人们对利益的疯狂驱逐，冲击了传统诚信文化。个人诚信缺失已渗透到人们生活的方方面面，如说假话、假文凭、假证件、假发票、假彩票、考试作弊、偷逃税款、骗取保险、虚假广告、假球黑哨、假医假药等等，不一而足。这些不断出现的诚信缺失行为，严重地阻碍着社会经济的正常运转，影响到对外开放形象，损害群众切身利益，破坏整个市场经济秩序，冲击着我们的诚信大厦。但个人却是社会诚信缺失最终承担者和最大的受害者，无论作为生产者还是消费者，个人都处在社会组织的最末端，也就成为最终的失信成本的承担人。同时，个人属于弱势群体，由于维权意识和应诉能力低下，受社会诚信缺失带来的危害是最大的。

在企业诚信方面，经济领域中的不诚信严重危害着社会主义市场经济的健康发展。诚信不仅是衡量个人品德的重要标尺，也是关系企业兴衰成败的关键因素。企业诚信立法开展已久，中央相继出台《中华人民共和国合同法》《中华人民共和国反不正当竞争法》《中华人民共和国刑法》等一系列法律条例，对企业进行诚信监管，民间也建立了各种企业诚信协会和行业协会，加大了行业间的自我约束和监督。但很多企业在巨大利益以及较少机会成本的双重驱动下，不断寻找经济、法律、政策的空隙，这种短视行为必然对我国的市场经济发展造成恶劣的影响。目前我国企业的失信事件时有发生，农民工工资拖欠、假冒伪劣商品屡禁不止、虚假广告泛滥、上市公司财务造假、偷税漏税、骗税骗汇等。据相关统计，中国企业由于不诚信造成的中国经济损失每年占GDP有2～3个百分点，可以说企业诚信的缺失已经越来越影响我国经济的发展。企业失信，从短期看，可能通过生产假冒伪劣产品赚取高额利润，但侵犯了消费者权益，无形中损耗了自身信誉，长期会丧失消费者信任。有的企业失信，不仅影响自身发展，还会给整个行业带来不良影响。诚信关乎企业形象和声誉，是一个企业立足市场的重要无形资产。诚信行为有利于企业交易成本的减少，有利于整个市场上交易总量的上升。

但是在信息不对称和机会主义倾向下，企业的不诚信行为也会引起交易成本的增加，企业花费更多成本谈判协商，不仅增加了交易成本，更不利于企业的长远发展。对于企业来说，要认清失信行为的严重性，须知"玩火自焚"式的失信经营对企业终将产生毁灭性打击和影响。无论传统企业还是新兴企业，想在市场上长久立于不败之地，都离不开严格自律、狠抓质量，只有像爱护眼睛一样珍惜企业名声，才能以优秀的诚信形象助推企业的长远战略发展。

在政府诚信方面，政治生活中的不诚信严重影响了政府在公众中的形象。诚信缺失不仅表现在个人和企业方面，政务诚信也应引起重视，政务诚信是社会诚信体系建设的关键。在立法方面，继《中华人民共和国行政诉讼法》《中华人民共和国行政许可法》之后，《中华人民共和国政府信息公开条例》也正式实施，信息公开必然减少了信息垄断下欺骗行为发生的概率，这也成为构建政府诚信的一个重要里程碑。但条例与法律效力不同，政府诚信还有待进一步提高。在行政方面，由于信息垄断和权力垄断，政府政策朝令夕改、暗箱操作、行政执法越权、侵害公民、企业权益行为屡有发生；从政府行政人员方面看，公务员队伍缺少为人民服务的精神，贪污腐败，以权谋私，其素质亟待提高。目前，个别地方政府还缺乏程序规范和法治意识，以致发生失信于民的现象。比如，打造"政绩工程"，耍花架子、搞形式主义；浮夸虚报，对上级报喜不报忧。这些政务失信行为，影响政府形象，损害政府公信力。

诚信缺失致使社会风气恶化，失信行为造成信任危机，整个社会欺诈获利和诚信吃亏的现象必然影响人们的价值判断，会破坏社会的道德准则，进一步影响社会文明。同时，诚信缺失会造成经济秩序的紊乱。社会诚信缺失导致交易成本的增加，降低经济交易的总量，在这种不诚信行为多发而没有得到有效抑制时，必然造成整个经济秩序的混乱。

二、诚信缺失原因分析

从现阶段我国社会诚信现状可以看出，虽然国家不断地加强法治建设、加强精神文明建设，不断地从各个方面努力禁止这种失信的行为，但是诚信缺失却屡禁不止，愈演愈烈，不但严重损害了社会利益，更制约了我国社会主义市场经济的发展。从深层次看，我国当下爆发的诚信危机并不是偶然的，而是一定的社会发展阶段的必然产物，主要因为传统道德观念的沦丧、社会经济文化发展的不平衡以及法律制度的不完善。在上述原因以及道德教育简单化等多重因素的综合作用下，造成了当下诚信危机的爆发。

社会诚信教育不足，导致传统诚信道德观念沦丧。儒家虽然很早提出诚信教育的观念，但是，真正的诚信教育在我国推行得并不够。诚信教育本应由家庭教育、学校教育和社会教育共同完成。由于我国长期受儒家传统文化的影响，家庭诚信教育做得比较深入，但毕竟主要停留在人的年少阶段，对价值观的形成作用是有限的，人生价值观的真正形成是在学校教育和社会教育阶段。现阶段经济发展水平之下，相对于社会责任与社会效益，我国企业更加注重眼前利益，即企业缺乏长期的战略眼光，更注重经济效益与员工技术技能的培养，而忽视了最基本的诚信道德准则的教育。在学校教育方面，国家教育方针虽然强调学生的全面发展与立德树人的教育理念，但是在实际的教育过程中，存在着重理轻文、重智轻德的情况，诚信教育在我国的教育体制、课程设置中比例不够，质量不高。义务教育阶段就会通过"狼来了""烽火戏诸侯"一类的故事引导人们诚实、不说谎等，但是真正对其重视，将诚信教育深入人心的却很少。目前强调了诚信的道德教育，但大多流于泛泛而谈，不具备针对性、实质性的内容、有力及有效的措施等。尤其是诚信教育提出的要求、内容与其实践存在严重脱节的现象。同时教育者自身所说与所做也难以完全保持一致，这直接造成的结果就是难以得到受教育者的重视，极大地削弱了诚信教育的效果。

社会经济文化发展的不平衡，容易诱发诚信缺失。诚信问题一定程度上与社会的经济文化发展水平有关。经济基础决定上层建筑，经济文化发展不平衡，社会的信任度将降低，如果相应的制度再不完善，必然导致失信行为的产生。在经济发展过程中，技术、人才、资金等经济要素固然重要，但制度文明方面的因素更加不容忽视，诚信作为制度文明的核心尤为关键。技术可以跨越，制度很难跨越。技术、人才、资金可以引进，唯独诚信不能引进。我国社会主义精神文明建设、思想道德文化建设在总体上是健康的、积极的。但价值的多元化发展趋向，也使得一些人的世界观、人生观、价值观和思想道德发生扭曲，思想道德观念发生蜕变，特别是诚信观。由于儒家思想长期影响中国人的价值观，与市场经济强调规则、制度的基本原则是不相符的，因而，在短时期内，必然存在有些人的人生价值观缺失，甚至未成形等现象，而且没有相应的制度约束。当人们的信任度很低时，在市场经济规则面前，必然有人会受经济利益驱使，公然践踏、破坏这些原则来获取不义之利，从而使得以诚信为本的现代市场经济原则严重失范。

社会诚信体制不健全，无法切实规范诚信行为。我国到目前为止尚未完全建立健全的社会信用评价管理体系，对企业和个人的诚信评价没有一套全国统一的科学评估办法，这就出现了各行业、各部门自成一体，评价资料就难以进行有效共享，而评价的结果在独立性与公正性上的权威性也就很难得到社会的认可，这就带来大量重复性劳动与社会资源的浪费。而企业的信用管理也尚未形成一套有效的办法，其发展和市场形势的发展相比严重滞后，难以满足市场经济新发展的需要。

此外，我国当前现行法律制度之中，和信用相关的法规并不多，主要散布在《中华人民共和国民法通则》《中华人民共和国刑法》《中华人民共和国票据法》《中华人民共和国合同法》和《中华人民共和国担保法》等之中，但目前为止尚未出台一部相对系统、完整的对信用活动起到规范作用的专门法，相应的制度、法规更是极为缺乏。总而言之，在长期的执法实践中存在有法不依、违法不究、执法不严等现象，所以，对社会经济生活的企业没有信用的行为缺乏"硬性规定"，这造成了当前社会中很多企业在借着法律规定的空子进行恶意地逃避债务等行为。这样违约和违法类行为或者难以得到必要的惩罚，或者只是用罚款的方式简单处理，难以达到打击并充分威慑违法犯罪分子的目的，反而使犯罪分子的胆子更大。

诚信缺失原因错综复杂，经济文化因素交织，内在外在因素缠绕，但只有真正厘清诚信缺失原因，才能找到抑制诚信缺失的对策，化解诚信危机，进而加强社会诚信建设，使人们培养诚信美德，恪守诚信，形成良好社会风尚。

三、加强诚信体系建设

诚信缺失的危害性显而易见，使公民基本道德失范，损害和谐友好关系；扰乱了社会主义市场经济秩序，阻碍了社会主义市场经济健康发展；在政治上影响安定、团结的大局。解决现代社会诚信缺失问题，是当前我国社会中一个重要而又迫切的问题。而诚信缺失的原因是多方面的，对诚信缺失的治理和加强诚信体系建设需要多管齐下，综合整治。

加强社会诚信教育，树立诚信理念。认真贯彻公民道德建设实施纲要，弘扬爱国主义精神，提高全民族的思想道德和科学文化水平，按照建设学习型社会的要求，将素质教育，尤其是诚信教育纳入构建现代国民教育体系和终身教育体系中去，在全社会成员中树立起诚信理念。应把"以人为本"的思想放在道德教育的重要地位，把人文教育与道德教育有机结合起来，尊重人的主体性和能动性，积极为自我教育、自我塑造、自我发展创造条件。要以诚信为重点，针对我国教育体制中的薄弱环节，建立和完善有效的思想道德教育，增强思想道德教育的实效性。社会、家庭、学校等教育主体都是诚信教育的重要阵地,把三者有机结合起来,充分发挥各自的优势,灵活采用适宜的教育方式,是取得诚信教育成功的关键。与此同时,应借鉴和继承儒家诚信思想的精华,根据时代特色,与时俱进,丰富其精神内涵,发扬儒家文化传统。并且,还应当树立马克思主义诚信观。马克思不仅对诚信做了辩证唯物主义定义,还主张经济信用是整个社会信用的基础,"信用作为本质的、发达的生产关系,也只有在以资本或以雇佣劳动为基础的流通中才会历史地出现"。而列宁则认为,诚信就是遵守社会主义道德和纪律,"为巩固和完成共产主义事业而斗争,这是共产主义道德的基础","在这里,纪律、忠诚和统一的意志一定会取得胜利"。马克思主义蕴含丰富的诚信思想,我国传统诚信文化观念与马克思主义诚信观本身也并不冲突,存在相互融通的部分。

提高失信惩戒力度,完善法治建设。这是诚信体系建设的根本着力点,是行之有效的监督和惩戒机制,我们要把社会诚信建设上升到法制的地位。首先,要完善法治建设。社会在发展,时代在变化,作为经济社会运行以及个人发展的基本规范,必须把社会经济发展中各有关主体应当遵守的规则和相应的权利义务更加明确化,还要及时地增加法律中关于守信和失信的内容和条款,做到奖惩有法可依。其次,要严格监管过程。在加强社会诚信体系建设的过程中,我们也应主张,让社会政治经济文化的各个方面都要在阳光下运行。具体来说,要让产品生产在阳光下运行,要让文化创新在阳光下运行,要让社会建设各个环节在阳光下运行。最后,要提高惩戒力度。这属于执行的过程。提高惩戒力度,既包括增加责任主体的威信成本,又包括现有法律的执行力度。苍白无力的处罚力度,无疑会纵容不良商家的再次犯罪。

进一步加强组织建设,不断提高领导水平。社会诚信体系建设是一个浩大而又细致的工程,必须充分发挥基层党组织的能动性。从理论上来讲,要充分认识到基层党组织的领导作用。从宏观上来讲,社会诚信体系建设既是社会主义和谐社会的重要内容之一，又是社会主义文化的重要范畴，还是社会主义核心价值体系的重要组成部分；从微观上来讲，加强社会诚信体系建设，最终落脚点还是在个人。只有个人诚信意识的提高，才能增进社会诚信水平，如砖瓦之于高楼大厦。中国共产党作为社会主义事业的领导核心，在社会主义文化建设、道德建设，乃至社会诚信体系建设等方面，也必须承担最重大的责任。从实践上来讲，社会诚信体系建设过程中基层党组织能动性的发挥，可以从两方面入手：要充分发挥党员干部的模范带头作用，带头遵纪守法，带头遵守社会公德，带头讲诚信友爱，在群众中间树立党员威信；与此同时，作为一个整体，基层党组织必须进一步发挥它们的组织功能，因地制宜、因时制宜地开展各种活动，宣传先进文化，弘扬主旋律，引导积极的舆论，从诚信教育入手，以道德建设为辅助，最终达到建设完善的社会诚信体系的目标。

第三节 诚信守法是和谐社会的基础

和谐社会是我国现时代社会发展进程中的主题。和谐社会是社会发展的一种理想目标，也是社会发展的一种价值取向，是一个具有中国特色的、和谐稳定的现代化形态的全面发展的社会。当前，我国正处于社会转型时期，社会发展中出现了秩序困境和信任危机，阻碍了构建和谐社会的进程。这反映了社会转型时期的诸多不完善性和不协调性，也反映了诚信守法对构建和谐社会的重要性。和谐社会六个基本特征中至少有四个与诚信守法密切相关，诚信守法支撑下的社会才会是"民主法治、公平正义、诚信友爱、充满活力、安定有序、人与自然和谐相处"的和谐社会。

一、诚信守法是建立和谐人际关系的准则

人类社会发展的根本方向和最终的追求就是实现社会的全面和谐。和谐社会的实质是社会关系的和谐，最基础的是人际关系的和谐。而诚信守法是维系和谐的社会关系，特别是和谐的人际关系不可缺少的纽带。

诚实守信是中华民族的传统美德，在大力提倡构建和谐社会的今天，诚信更是一张无形的名片，关乎一个人的形象和品质，更应当进一步发扬光大。在社会主义条件下，广大人民群众的根本利益是一致的，人与人之间应当是互帮互助、诚实守信、平等友爱、融洽相处的新型关系。这是社会主义制度优越性的具体体现。人们之间以诚相待，遵纪守法，才能处理好各种人民内部矛盾，使人们各尽其能、各得其所。但在实际生活中，一些人"一切向钱看"，不讲诚信，不守法律，弄虚作假，尔虞我诈；一些地方存在道德冷漠症，造成人与人之间的隔阂与不信任，严重损害了人与人之间关系的和谐。面对诚信的缺失，光是呼唤是不够的，我们每个人都是建设诚信大厦的砖瓦，需要从自身做起，从身边小事做起，以自身的实际行动恪守诚信，遵纪守法，正确处理义与利的关系，以培育新型人际关系。

社会转型期和谐社会构建，最突出、最基础、最核心的课题是要建立诚信友爱的社会关系，形成遵纪守法的社会规范。诚信是立人之本，诚信是一切道德的基础和根本，是人之为人最重要的品德和为人处世的基本道德准则。诚信作为人的立身之本，要求人们必须为人正直、讲究信用，诚信守法应成为所有人恪守的基本道德规范。如果说，在传统文化中诚信是对人的一种"君子一言，驷马难追"式的道德要求，那么在现代社会中，诚信守法则是与市场公平、社会公正、权利义务等息息相关并以"和谐"为终极诉求的社会道德基础。诚信守法的缺失伤害的并不仅仅是人与人之间的道德关系，更严重的是动摇了整个社会和谐运作的秩序基础。诚信是维系人与人之间关系的道德基础，守法是维持社会和谐的秩序核心。人人都讲诚信，人际关系

就和谐，人人都讲守法，社会关系就和谐，整个社会就和谐。一个人人都讲诚信守法的社会必将是一个和谐的社会。

诚信守法既是构成和谐社会的内容，又是构建和谐社会的基础和前提。诚实不欺、相互信任、信守承诺、遵守法律是每个人立身处世的基本要求，也是个人发展和完善的前提条件。对于家庭而言，诚信守法是治家之道。家庭是社会的基本单元，是通过婚姻而建立的，互不相识的一对男女经过恋爱或其他途径结为夫妻、组建家庭，夫妻关系是家庭老小这个十字框架的中轴线，家庭要长久、和谐、稳定，则需要夫妻间的诚信来维持。对于企业而言，诚信守法是兴业之本。在现代经济条件下，企业存在的表现形式是不停地进行产品、资本、信息等交换活动。所以，从某种意义上说，企业活动是一系列契约、合同的组合，而这些契约、合同兑现的前提条件就是双方诚信。对于国家和政府而言，能否取信于民，是关系到国家政权能否稳定乃至兴衰存亡的大问题。在现代社会中，政府是经济活动的参与者，同时又是社会的管理者，政府的决策若朝令夕改，承诺不兑现，民对国不诚，国对民失信，民心思散，国家将难以安定，社会就谈不上和谐，更难言发展。没有诚信，家庭、企业和国家就难以和谐，整个社会的和谐就只是梦想。因此，诚信守法是维系和谐社会关系的纽带，是和谐社会构建的核心。

二、诚信守法是维护市场秩序和谐的链条

经济组织间的和谐、经济关系的和谐、市场活动的有序等，是社会和谐的重要基础和内容。社会主义市场经济条件下讲的和谐社会，首先要求经济生活的制度化、规范化和秩序化，也即人们常讲的，市场经济是道德经济，是法治经济。就市场经济是道德经济而论，诚信居于核心位置，有着特殊的作用。就市场经济是法治经济而言，守法居于关键位置，起着基础作用。诚信守法是维护市场秩序、经济关系和谐的基本规范，加强诚信守法建设，是

完善市场经济的必然要求，我们必须把它作为一项重要工程来抓。

诚信守法是各种经济行为有序和谐运行的一个重要机制。诚信通过经济行为反映出来，从各经济群体和组织的角度来看，表现为是否等价交换、货真价实、童叟无欺等。各经济群体和组织的诚信守法行为有利于增强对外经济关系、经济活动的竞争能力，扩大信誉度，提高自身的发展能力。反之，如果各经济群体和组织经常陷入一些失信与违法行为所造成的难堪境地，不仅损害了自己的声誉，加大了生产经营成本和交易成本，从而降低了经营效益，制约了自身的发展，并在更大范围内损害了社会和谐。在竞争环境中，各经济群体和组织必须将竞争能力提升到适当水平，这需要大力培植和发展自己的核心竞争力。各经济群体和组织的核心竞争力必然与诚信守法经营紧密相连，诚信守法经营是根基和根本保证，是核心竞争力的"提升器"。一个诚信守法的经济组织，不仅有利于吸引投资者和合作伙伴，而且有利于培育高品质的组织行为道德，塑造良好的社会形象，营造良好的生存发展空间，而不讲诚信道德，不按市场规则办事，靠坑蒙拐骗过日子的经济组织，不仅是失去市场，更为严重的是破坏市场秩序、经济关系，进而影响整个社会的和谐。诚信是市场经济的黄金规则，是市场经济的基石。在经济活动中，从商品市场的买卖到资本市场的借贷，从要素市场上的交易到证券市场上的支付等等，无不体现着诚信的内在要求。没有诚信就没有交换，没有守法就没有秩序，没有诚信守法的经济活动就会阻力重重。而充满矛盾和摩擦的经济组织、经济关系、经济活动，不仅导致了市场活动的无序和混乱，而且破坏和消解着整个社会的和谐状态。

诚信守法是市场经济健康和谐发展的保证。商品交换是以社会分工为基础的劳动产品交换，其基本原则为等价交换，交换双方都以信用作为守约条件，构成互相信任的经济关系。随着交换关系的复杂化，日益扩展的市场关系便逐步构建起彼此相连、互为制约的信用关系链条，维系着错综繁杂的市场关系和正常的市场秩序。可见，从最初的交换到扩大了的市场关系，都是以信用为基本准则的。现代市场经济同时也是信用经济，需要良好的信用支撑，它要求人们在社会经济活动中以诚信为本，以法为范，具有重承诺、守信用、讲信誉等良好德性。"诚信为本，童叟无欺"过去一直作为中国商业文化的精髓为世人所称颂，古时商家有"诚招天客，誉从信中来"之说。诚信守法是经济组织的生命，没有诚信的经济组织将无法在市场经济的竞争中生存和立足。因此，以诚信守法来引导和规范经济行为，是市场经济条件下构建社会主义和谐社会的一个重要课题。以社会分工为基础的交换关系，要求双方以信用作为守约条件。日益扩展的市场关系逐步构建起彼此相联、互为制约的信用关系链条，维系着市场关系和市场秩序。信用经济与诚信经济是市场经济的内在属性，但市场经济同时具有追求利益最大化的属性，如果对经济活动缺乏有效的约束和规范，一些人就可能以失信行为来谋不当之利。目前，社会主义市场经济体制尚不够完善，失信问题较为严重。是否能做到诚信守法，这关系到市场秩序的状况，关系到社会的和谐。加强诚信守法建设，是维护市场秩序的基本要求，也是和谐社会构建的核心要求。

三、诚信政府是推进政治生活和谐的基石

全社会下诚信体系的构建，和谐社会中诚信基础的完善，不仅关系到个人、企业，更关系到政府。政府的诚信，关系民主法治、公平正义，影响着政府的公信力，决定着和谐社会的长远发展，是和谐社会构建的重中之重。

政府的诚信状况，直接关系到政府的公信力，关系到社会正义与公平，也就从根本上决定着和谐社会的建设。和谐社会离不开政府的诚信，政府诚信通过对社会诚信的导向作用来保证整个社会的和谐。和谐是社会平稳有序发展的重要条件，诚信是政府推动社会和谐的道德基础。政府失信是社会不和谐的重要根源，必然对构建和谐社会产生消极影响和严重后果。为此，应

当把加强政府诚信建设、提高政府公信力，作为和谐社会道德构建的重要内容。政府诚信不仅是实现政府与社会和谐的首要因素，也是对社会各种关系和谐的示范与引导。诚信包括商业诚信、个人诚信、政府诚信等，一个和谐的社会，是由这些诚信共同作用而成的。而政府诚信在其中起着关键性的作用。政府诚信是社会信用的核心，是形成社会信用体系，实现政府与社会和谐的核心环节。政府应当是社会最具公信力的组织，其组织中的每一个成员的诚信行为，具有很强的引导和示范作用。政府诚信引导着行业诚信、商业诚信和个人诚信等，是整个社会诚信的保证。政府失信，则会破坏公民和政府之间的信任与协作关系，动摇法治政府的根基，对社会和谐的破坏作用是巨大的。没有诚信的政府，就不可能有诚信的职能部门和诚信的组织成员，也不可能有诚信的经济组织、诚信的个人，当然也就不会有诚信的社会。政府失信是全社会失信中最具破坏力的因素，将直接导致全社会的信用失常。因此，诚信道德的构建，首先要有诚信的政府。政府如果不做守法诚信的典范，社会的诚信就难有作为。政府如果在管理行政事务、经济文化事业、社会事务以及各项工作时，不遵循国家的宪法和法律，不严格依照宪法和法律的规定办事，不自觉维护和实现国家宪法的尊严，法律在调节社会关系中的作用将削弱，社会和谐就会受到严重的消解。政府出台的政策等，如果不能贯彻，或者随意更改，甚至出尔反尔，政府权力运行的权威性、严肃性就不复存在，政策的制定如果不能得到落实，对政府诚信的破坏可能还不如没有这项政策。政府诚信的降低甚至丧失，将成为整个社会诚信道德滑坡的根本因素。因此，和谐社会的诚信道德构建，政府诚信建设是重中之重，要实现政府诚信，必须强调政务透明化和行政法治化。政府诚信是整个社会信用体系的关键。

政府诚信是社会对政府信任的前提，而社会对政府的信任，是社会和谐的基石。是不是得到社会的信任，政府与社会是不是和谐，很重要的判断标准是政府有没有诚信，政府有没有把诚信作为行政的重要道德准则。如果政府没有诚信，社会及其公众就不会信任政府，也就不可能有政府与社会、政府与公众的和谐，也就不可能有整个社会的和谐。政府有了诚信，社会就有了对政府的信任和支持，社会和谐就有了持续的道德支撑。社会对政府的信任从何而来，首要的当然是看这个政府有没有诚信，代表政府行使职责的组织成员是不是诚信。建设诚信政府，就要坚持全心全意为人民服务的宗旨，坚持以最广大人民的根本利益为各项工作的出发点和落脚点；就要依法执政，以诚为本；就要率先把诚信内化为各级组织及其成员的自律意识。这是社会主义核心价值体系的重要要求，也是构建社会主义和谐社会的核心道德因素。但在现实生活中，有的不能做到依法行政、公正执法，缺乏责任意识，致使政策扭曲；有的地方腐败现象损害了党和政府的形象，影响了政府的公信力。因此，诚信政府建设，关系到社会信用体系的建立，关系到社会诚信道德水平的提升，关系到和谐社会的构建。

和谐社会目标的实现，离不开诚信守法的规范、支持和维护。如果一个社会不能在公民中普遍地培育起以诚信守法为核心的道德素养，其政治、经济、文化等各方面的关系就不可能和谐与协调，人与人之间就不能做到平等友爱、融洽相处，社会生活就不能充满活力、安定有序。从这个意义上说，诚信守法状况直接关系到整个和谐社会的建设。因此，加强诚信守法建设是和谐社会构建的基础和核心，必须予以高度重视。

第四节　诚信赢得尊重，赢得尊严

诚信是中华优秀传统文化的思想精华和道德精髓，是社会主义核心价值观的重要内容，是以爱国主义为核心的民族精神、以改革创新为核心的时代精神的深层内涵，是全球化、信息化、智能化经济社会生活的本质要求。

习近平总书记明确要求，要"深入挖掘和阐发中华优秀传统文化讲仁爱、重民本、守诚信、崇正义、尚和合、求大同的时代价值"。结合自我与社会发展需求，我们必须深刻理解诚信对自身完善与发展的内在价值，深刻理解诚信建设对新时代中国特色社会主义的重大意义。在此基础上，个人自觉主动地践行诚信、推广诚信，从"不自觉行为"转为"自觉行为"，从而赢得尊重，赢得尊严，使诚信价值观成为当代人自觉践履的道德规范。

一、诚信具有正当性

人的理性、意识、思想等特征，使人不仅追问生命、生活的意义，而且也要追问行为的价值理由，即行为的正当性。人的生活和行为需要某种价值的支撑和文化的归属。正当性意指合规律性，具有合理性，合规律性获得合法性，在合规律性、合法性的基础上，具有正确性、肯认性和信服性。无疑，诚信的正当性，是社会成员认同与践行诚信价值原则的前提。

诚信是"自然本性法则"。诚信是本体论、认识论和价值论的统一。自然万物的本性是客观实在性，人对事物客观实在性进行真实反映，并按照真实要求待人接物，就是诚实道德律令。为此，"诚"有三层意蕴：一是在本体论上，指自然万物的客观实在性，即"天道"的必然性和规律性，如韩非所言："道者，万物之所然也……道者，万物之所以成也。"故我国古代典籍《中庸》道："诚者，天之道也。"二是在认识论的意义上，指对"天道"的客观真实的反映，即"人道"效法"天道"的真实性，尊重客观规律。为此，《中庸》道："诚之者，人之道也。"三是在价值论的意义上，指尊重事实和忠实本心的待人接物的规范要求，即真实反映事物求真，真诚待人求实，既不自欺也不欺人。故朱熹言："诚者，真实无妄之谓。""诚者何？不自欺不妄之谓也。"综上所述，诚实是客体的实在性与主体真实反映及其尊重实在性的统一。故而，孟子曰，"是故诚者，天之道也；思诚者，人之道也"。朱熹注解为："诚者，理之在我者皆实而无伪，天道之本然也。思诚者，欲此理之在我者皆实而无伪，人道之当然也。"人们尊重规律，实事求是，做事实在，为人不虚假，自然衍生出言行一致、表里如一、有约必践的信用道德要求。所以，许慎在《说文解字》中，把"诚"和"信"互训，"诚：信也，从言成声"，"信：诚也，从人从言"。由此可见，诚信不是社会强加于人的规定，而是自然万物本性的道德要求。

诚信是"生命存在法则"。人作为生命有机体，生物机制决定了人的物质需要性。大自然没有恩泽人类坐享其成的生活，人类只能通过劳动满足生命体的需要。劳动是人类赖以生存的基础。尊重规律的诚实劳动，关系着人类生命的存在样态及其质量。劳动作为物质变换的手段，其维持人类自我生存和发展的积极价值，是在尊重自然规律基础上对人类正当需要的满足。尊重自然规律、满足人类的正当需要，内蕴了对人类诚信的道德要求。一方面，诚信要求人们在满足人的衣食住行等基本需要过程中，按照事物本性做事，不能背离客观规律，反对急功近利的弄虚作假；另一方面，诚信要求人们尊重生命的健康和安全规律，反对丧尽天良的唯利是图。一言以蔽之，毒奶粉、毒胶囊、地沟油、染色馒头、劣质工程、破坏环境等非诚实劳动，对人的生命构成极大危害。所以说，诚实劳动不仅是人们干活出力而不偷奸耍滑，更在于人们在认识自然、改造自然和社会中，对客观规律的尊重而不作假牟利。食品安全、工程质量中的诚信问题，实则是人类的自我伤害和残杀。显然，真实反映事物求真，竭力而为求实的诚实劳动，是人类存在和发展的"生命法则"。

诚信是"社会门槛原则"。诚信是为人处世之道。道德是人有别于动物的重要标志。中国古人认为，人异于禽兽，在于人知礼义，讲道德。所以，人们常把那些丧尽天良、泯灭人性的恶人，斥责为"禽兽不如"。诚信是人的基本德性。凡是人，都要讲诚信；不讲诚信者，徒有人形而无人性。

我国古籍《春秋谷梁传》曰:"人之所以为人者,言也,人而不能言,何以为人?言之所以为言者,信也。言而不信,何以为言?言之所以为信者,道也,信而不道,何以为道?"人们在社会交往中,忠于本心表达真实思想并坚守承诺,是人应该具有的态度和品行。为此,孔子曰:"人而无信,不知其可也。"陆九渊说得更直白:"人而不忠信,何以异于禽兽者乎?"所以,人们出生后初明事理接受的最早道德要求就是不说谎、说话算数等诚信道德教育。因为人是具有各种社会关系的、必然要进行交往的社会人。人是通过"社会化"完成其从生命体的自然人到具有社会角色的社会人转化的。人的社会化,不仅要学习和掌握社会生活所必需的知识和技能,而且要了解社会交往规则。说实话、不欺骗、守诺言、履行合同等,是任何一种社会秩序的核心因素。所以,孩子一懂事,大人们首先要对孩子进行诚信的规则教育,以便使其融入社会生活中。在这个意义上,不说谎、说话算数等诚信要求,是人们步入社会的门槛原则。

诚信是市场经济的基本原则。市场经济是信用经济。市场经济是发达的商品经济,商品交换具有频繁性和广泛性。市场经济的商品交换,打破了以货币为媒介的"一手钱、一手货"的交易形式,普遍实行赊销、赊购、预付款、贷款、融资等有条件让渡的价值不同步实现的信用交易。以信用取代货币为主导的市场经济,在本质上是一种以信任为基础的信用经济。信用经济表现为在商品交换和货币流通过程中,债权人以有条件让渡的形式贷出货币或赊销商品,债务人则按约兑现。信用经济商品交换的产权关系转移的不同步性,既需要债权人对交易安全能够给予确信,又要求债务人诚实守信,能够履行约定,兑现承诺。显然,信用经济存在的基础是信任,因为交易离开信任无法进行。债权人对债务人的信任,既来自债务人具有履约的经济实力,也来自债务人诚实守信的商业道德操守。在这个意义上,诚信是实现信用交易安全的前提和保障,是市场经济健康发展的黄金规则和生命线。市场主体诚实守信,不仅能够规避逆向选择和道德风险,降低交易成本,而且能够形成合理的市场秩序,增强经济社会活动的可预期性,提高经济效率。为此,德国社会学家鲍曼在其《道德的市场》一书中明确指出:"诚信、真挚、值得依赖或可信性重新被视作确保市场交易的先决条件而不是市场的结果。"

二、诚信是价值共识

社会主义核心价值观是社会大多数人的价值共识,习近平总书记将此称之为"最大公约数"。也就是说,社会主义核心价值观不是那种难以企及的精神理想,而是为普通大众所能认同的"共识价值"。诚信就是具备"最大公约数"的价值观念。

人的活动离不开诚信的道德支持。人的活动只有秉持诚信的理念才有成功的可能,才使活动富有价值的意义,无论做人、做事皆是如此。具体来说,第一,诚信做人的目标。做什么样的人才是有价值的呢?人们自然可以举出很多富有吸引力的人才。然而,这些人只有在诚信的基础上才能显示出价值,因为诚信是做人的基本要求,在这个道德基点上提升才华才能使人生闪耀价值光芒。失去诚信做人的目标,纵然天赋绝才,也找不到人生的正确之路,难以展示个人的价值。这个道理中国古人早已参透,提出诚信应为做人之道:"诚之者,人之道也。"如果没有诚信,那如何做人?"人而无信,不知其可也。"诚信做人,古今同理。今天的社会鼓励人们充分发挥个人兴趣特长,创造个性化的人生,但诚信做人仍是人生价值之求。第二,诚信做事的态度。成功事业离不开诚信。诚就是老老实实的态度,包含着求真求实、戒绝虚妄的含义。"诚者,真实无妄之谓",这是做成一件事的基本条件。人们从事各项工作都希望有成功的结果,当然成功事业有多种条件,但是以诚信对待工作的态度往往是成功的主观条件,所谓"精诚所至,金石为开"。相反，不诚则难以事成。古人说："修学不以诚，则学杂；为事不以诚，则事败。"诚信之所以是做事的条件，是因为诚信的观念和行为包含着对事物的客观评判，求真求实中才能发现事物的真相，才能把握事物发展的规律性，并且能够排除轻浮妄断而造成的误判。诚信也敦促人们做事用心专一，敬业奋进，有助事业发展。因此，今天无论做什么事，只要你期望事情的顺利和成功，就必须要有诚信的做事态度，诚信助人成功。第三，诚信人际交往。如今中国正处于交往普遍化的时代，与人交往是现代人生活的组成部分。如何交往？古人教导，"与人交，开心见诚"，"与朋友交，言而有信"。诚信交往具有社会安全性，形成的是相互信任的人际关系，交往就可能产生预期的良好结果。如果与人交往缺乏诚信，势必造成交往的双方相互提防，谁也不信任谁。这种交往不仅背离了人际交往互利互惠的初衷，也会破坏人际社会的和谐。

社会活动也需要诚信道德的支持。社会活动除了一般的社会交往活动之外，经济领域和政治领域的活动同样需要诚信的支持。今天经济与政治领域对诚信的期待更显得迫切，在诚信文化体系中被称为商务诚信和政务诚信。第一，经济领域中的商务诚信。商务诚信是对所有交换性经济活动诚信规则的泛指。在市场经济社会中，经济活动的外部形态都是市场交换性的活动，由于市场的广阔与多样，交换活动既需要法律的规范，更需要道德的引领。商务诚信是现代经济活动最重要的道德要素，尤其以金融为特征的现代信用经济的崛起，更加重了经济对诚信的道德依赖，不诚信的行为不仅受到行业内同行的谴责，而且被记录在案，影响以后的经商活动。这意味着不诚信的经商行为将受到制约，甚至失去经营的资格。第二，政治领域中的政务诚信。政务诚信是我国现代政治发展中提出来的。我国古代先哲也曾提出过诚信为"立政之本""民无信不立"等政治智慧，但是由于社会制度的等级与专制的性质，实践中往往虽有信而诚不足。当今我国是人民当家作主的社会，政府是为人民服务的机构，政务诚信才有了实践的可能性。所谓政务诚信，指的是政务活动中的诚信准则，其体现为政府公权部门和公务人员在决策、行政过程中公权不谋私，坦诚对社会，为民在真诚。需要强调的是政务诚信在我国公权部门实践的必要性。政务诚信并非是可有可无的问题，而是必须大力践行的问题。因为公权部门的政务诚信不单单关系到政府的形象问题，更涉及政府的行政效率、政府的公信力等深层次的问题。也就是说，政务诚信对于政府公权部门来说，是政务活动绝不可少的道德法宝，政务诚信的缺失将动摇政府部门执政的道德基础。

所有人都必须接受诚信的道德检验。道德评价包括社会评价和自我评价，是道德价值的功能之一，其作用在于营造社会风气和鼓励或矫正人们观念行为的取向。道德评价的依据自然是各种道德观念，逻辑上所有的道德观念都可以成为道德评价的尺度，但是道德实践表明，并不是所有的道德观念都适用于一切人的道德评判。例如，对于一个没有劳动能力的人，对其进行"奉献"的道德评价是不合情理的。同样，人们也无法对一个不拥有分配权力的人作出"公正"与否的评价。但是"诚信"作为人最基本的品质，其道德评价对所有人都是适用的，没有人可以例外，无论是诚信的还是不诚信的，都不能回避社会对其的诚信评价。任何不诚信的行为都必须接受来自社会的谴责，并为此付出相应的道德代价。无论处于多高权位的政治人物，还是腰缠万贯的富翁，都不能逃脱诚信的道德评价和道德制裁。对此，社会有着高度的共识认同，具有"最大的公约数"。

诚信是其他美德的基础。诚信作为社会主义核心价值观的重要内容在于其不可或缺性，而这种不可或缺性在道德体系中则在于诚信所居于其中的道德基础性的地位，亦即诚信是其他美德得以成立的基础，是道德的道德。任何不以诚信为前提的其他品德都难以成为有价值的品德。可以设想一下，离开诚信的"公正"何以成为"公正"？同样，不以诚信为前提的"善良"只能是伪善。

"仁"与"义"是儒家道德的核心价值,但是"假仁假义"还能称之为"仁义"吗?可以说,所有的德性都要用诚信奠定自己道德价值的地基。

三、诚信之现代意蕴

诚信在人类道德体系中具有基础性地位,是人类社会中一个具有普遍规范性的非正式治理范畴。立足于现代社会更为理性和法治的运行机制,利用制度力量传递诚信价值导向,赋予诚信现代文明内涵,这是诚信的现代意蕴所在。明确诚信的现代意蕴,才能真正实现价值对接,赢得尊重和尊严。

诚信是政治文明之理念。从政治文明发展的趋势看,随着民主政治的发展,尤其是信息传播的大众化和网络化,对政治诚信的要求是不可避免的趋势。诚信是权威之基,民主政治与政治文明内在地包含着政治诚信。在党的十八大、党的十七大确立的全面建成小康社会目标的基础上,党的十九大提出新的要求,"健全人民当家作主制度体系,发展社会主义民主政治",在政府各项法规的组织与反馈过程中始终贯彻诚信理念,将权利与权力分野,让诚信的光芒映照在权力运行的每一个具体环节中。政治文明建设是社会主义政治制度的自我完善和发展,必然推动政治体制改革的深化,这一过程也包含着政治诚信建设的实际效果。群众反映最大的"官僚主义、形式主义、享乐主义、奢靡之风"都是违背政治诚信要求的,扰乱社会公序良俗,破坏资源分配的公平正义,听任其蔓延,必然严重地损害政治诚信,政治文明的体制改革成果也会受到严重损害。

诚信是法治文化之支撑。法律吸收道德观念最早始于罗马法,古罗马的立法者们开始制定的一些柔性法律规范,其中凸显的就是诚信条款。就本体结构而言,诚信是法治的重要内涵,是法律的本质属性,推行法治应以诚信为基础。从渊源上,诚信道德属于社会意识,法律诚信必须包含社会基本的诚信道德准则作为基础和依托,否则就会成为无本之木。这里强调的是,如果诚信在政治意志与行为层面拥有系统性的特征，而在法律场域与法治文化上就呈现出更加开放与共融的特性。这是因为，诚信在法治文化的领域中具有三维之义：第一，诚信作为主体的内在品格，不需要法律的强制与调整，但可由法律文化来规训；第二，诚信作为主体之间的纽带，归属于法治文化的应然调整范围之内；第三，诚信作为主体最终追求的价值目标，成为法治文化的主体精神。在三个维度的共同作用下，诚信是法治文化的内在支撑，法治是诚信的制度保障。

诚信是社会治理之基石。诚信是人类社会中具有普遍性、初始性的道德规范，镶嵌在人类社会生活的各个角落，以其独特的深刻影响，对人们相互之间利益关系予以调节和整合。随着我国改革开放和市场经济的不断发展，推进国家治理体系和治理能力现代化，必然要求有效合理地运用伦理调控手段的内在影响和教化作用，建立起正义、善良、仁爱的社会公共诚信体系。公共诚信作为现代社会普遍遵守的道德规范和公德要求，首先是对规则的诚和信。这就说明在社会治理中规则制定很重要，但规则制定是否诚信更加重要，因为这是人们认识到自己能否公正、平等地遵守诚信道德并从中获得利益保证的关键所在。必须立足于当代社会的现实生活对其加以重构，在大力倡导公共诚信的同时，加强社会信用体系建设，防范诚信风险。例如，全面开启个人信用体系，设立诚信记录查询公共服务平台，建立居民信用档案等。对于构筑社会诚信来说，选择与设计健全的信用制度显然是毋庸置疑的，如果其中有失信或者出现不良的信用记录，就会失去整个社会系统的支持。

诚信是人类的普遍道德要求，是中华民族的传统美德，是培育和践行社会主义核心价值观的重要内容，是每个公民理应树立和积极践行的道德价值准则。因市场经济的负面影响、我国现行体制的不完善以及诚信教育的不健全等因素所引发诚信危机需要我们每个人理性应对，从自身做起，将诚信奉为做事的第一要务，培养诚实守信美德，赢得人生的尊重和尊严。

第八章　友善是人的本性

友善即对人友爱，待人和善，要求人们善待亲友、他人、社会、自然。善待亲人以和谐家庭关系，善待朋友以凝结牢固的友谊，善待他人以构建和谐的人际关系，善待自然以形成和谐的自然生态。友善在社会生活中发挥着不可替代的作用，友善是公民优秀的个人品质，是构建和谐人际关系和社会关系的道德纽带，更是维护健康良好社会秩序的伦理基础。随着科技的进步和文化的交融，人们的活动范围越来越大，交往也越来越频繁，友善成为人们沟通相处的基本准则。特别在我国当前这样一个社会转型期，经济压力越来越大，利益竞争更趋激烈，社会矛盾和社会分歧增多，友善则是社会各阶层和各行业的人们达成共识、融洽相处的前提性条件。友善同时亦是社会主义核心价值观中对公民维系良好人际关系和社会关系的基本道德规范，是无论身处哪个阶层、从事哪个行业都应当积极倡导的基础性的价值理念。培育和践行社会主义友善价值观，是缓解社会矛盾、维护社会秩序、促进社会和谐的坚实基础。

第一节　友善是做人之要

友善就是友好、友谊，就是要与人为善、善解人意、善与人处、广交朋友，在人和人的交往中，要关心、爱护、照顾他人，要严以责己、宽以待人，要有爱人之心，力求成人之美。友善能温暖人的心灵，有助于人们正确处理义与利、竞争与协作的关系，化解社会转型期各阶层严重分化带来的矛盾及危机，为建构社会主义和谐社会提供重要支撑。

一、友善观念传统溯源

友善观念古已有之，具有深厚的传统文化底蕴。在中国古典文集中，"友"和"善"这两个词是分开使用的。所谓"友"，其意思为彼此有交情的人，或有亲近和睦关系的人。本义为"朋友、友好"。"善"，会意字，从言，从羊。《说文解字》解释之："善，吉也。"《康熙字典》解释之："善，吉也，良也，佳也。"本义"吉祥"。由此从词源学的角度讲，友与善是有很大区别的，在长期的语言演进过程中，两个词融合，形成新的词汇——"友善"。《现代汉语词典》解释之：朋友之间亲近和睦。故此，友善本义是指人与人之间的关系，像朋友一样善良。正如习近平所指出的："中华优秀传统文化已经成为中华民族的基因，植根在中国人内心，潜移默化影响着中国人的思想方式和行为方式。今天，我们提倡和弘扬社会主义核心价值观，必须从中汲取丰富营养，否则就不会有生命力和影响力。"对友善的理解与把握必须立足中华传统文化，探究其传统渊源，这主要蕴含在儒、道两家丰富的道德伦理中。

儒家的"仁爱"思想是传统友善观的基础和核心。儒家认为，善就是仁，仁就是爱人。"樊迟问仁。子曰：爱人。"即"仁者爱人"，就是强调了人与人之间要互相友爱、友善，强调要"推己及物""推己及人"，关爱他人。孔子特别强调人们要注重道德实践，提出"仁"的实现必须发扬止恶扬善的精神，需从"孝悌""忠恕"等基本实践开始，从内心深处认真反省并处理好人与人之间，以及人与社会的关系。孔子特别强调"己欲立而立人，己欲达而达人"和"己所不欲，勿施于人"。这就是中华民族友善思想的萌芽和起点。孟子强调与人为善。孟子对"仁"的意义进行了较深层次的探讨。他在性本善理论里面提出了善良的内在精神实质："人皆有不忍人之心。"孟子还提出了与孔子大同世界相类似的充满友善情谊的理想社会——"死徒无出乡，乡田同井，出入相友，守望相助，疾病相扶持，则群众亲睦"。孟子把"仁"建立在人皆有"恻隐之心"的道德基础之上，使得"仁"所追求的目标，演变成了追求"善"的道德价值。与此同时，孟子把孔子的仁爱思想进一步向前推进。孟子曰："君子之于物也，爱之而弗仁；于民也，仁之而弗亲。亲亲而仁民，仁民而爱物。"由"爱人"推广至"仁民"并向"爱物"去扩展。意思是说，人要充满对至爱亲朋的爱，对普通大众的爱，对世间万物的爱。友善范围逐步扩大，做到"老吾老以及人之老，幼吾幼以及人之幼，天下可运于掌"。中国儒家特别强调与人为善，虽然没有把"友善"作为独立的道德行为规范提炼出来，但是，它却包含在"仁"的思想中；"仁"的思想中，体现友善的理念。"友善"不一定爱人，然而，爱人一定对人或者对物友善。"友善"这一道德思想，从一开始就渗透于民族心理和思维方式之中，并在人们的社会生活中不断得以发展和完善。

道家"清静无为"的人生哲学以及"赏善罚恶，善恶报应"等的道德理念，是中国传统友善观念发展进程中另外一个重要的思想起源。道是宇宙自然万物运行变化的真理。道教认为宇宙自然系统具有规律性，这就是"道"。世界上的一切，包括天地万物和人都是由"道"产生的。这个"道"，既是万物之宗，也是万物之始，更是万象之源。使天、地、人等宇宙万物在"道"中实现了生态自然的和谐统一。道教强调人和自然是一个整体。自然是生育天地万物的本源，人应该遵循自然规律，协调阴阳，顺应自然，维护自然生态，保持和谐，才符合自然规律。道教思想侧重把大自然看作是一个充满生命的超级系统，其中的所有事物都相互有机地联系着，宇宙在其历程中运行，是时间坐标和空间坐标的交叉线。从老、庄之始便探其玄机，以揭示自然界中固有的整体关系。天、地、人，亦即自然、社会、自我三者整体和谐统一，体现了一种大生态系统的整体友善与和谐。道教强调人与自然万物是天然的命运共同体，强调生态系统的自然、和谐和健康发展，反映道、天、地、人之间生态平衡的自然关系。老子在《道德经》中指出："人法地，地法天，天法道，道法自然。"它反映了人类的生命系统及其赖以生存的自然环境系统的最佳的、最自然的相互协调友善的和谐统一。《太平经》的"承负说"亦成为后世友善活动的依据。"承负说"是在"积善余庆，积恶余殃"的善恶报应论和天人感应思想的基础上发展而来的。它认为，任何人的善恶行为不仅在自身遭报应，而且对后世子孙也产生影响；而人的今世祸福也都是先人行为的结果。如果祖宗有过失，子孙也要承负其报应，其报应范围前后各延伸五代。

二、现代友善丰富内涵

党的十八大报告指出要加强社会主义核心价值体系建设，倡导富强、民主、文明、和谐倡导自由、平等、公正、法治，倡导爱国、敬业、诚信、友善，积极培育和践行社会主义核心价值观。其中"友善观"的提出，既继承了中国传统伦理思想中的友善内涵，同时又在新时代赋予了友善现代价值。党的十八大把"友善"作为我国公民基本道德要求，既是维系社会国家之所需，也是我国社会主义公民道德建设与时俱进的结果。结合传统友善观念溯源与现代友善观念演变，我们把友善的内涵归纳为以下几个方面：平等、尊重、真诚、宽容、礼让、互助。友善的这些内涵丰富而深刻，把抽象的友善具体化了。

真诚是友善的前提。所谓真诚，即真实诚恳，与虚假和虚伪相对。"真"，即真心；"诚"，诚实、诚恳、忠诚，核心意思是真实而不虚妄。诚实作为人内心的道德规范，要求人们能够保持自己内心的本真，真实表露自己的心声，丝毫不加以任何掩饰，真正做到表里如一。真诚是我们在与人交往过程中表现出来的一种真实诚恳的态度，也是我们对人际关系的期待。言行一致，不弄虚作假，外在表现和内心真实的想法和情感是相一致的。真诚在人际关系发展中有着重要的作用，而友善的人际关系显然需要真诚。真诚是相互信任的心理基础，没有真诚，就很难有信任，也就难以形成友善的关系。有真诚才有友好，才能换来他人的尊重与信任。友善是我们追寻人类真挚的道德情感的表现。拥有真诚的心，成为善良的人，是做到友善前提。

平等是友善的基础。平等是每一个人的权利，每一个都有同等的生存、发展，追求自身价值和幸福的权利，人人生而平等。平等待人就是对各种各样的人，无论其天赋、出身、贫富、地位、职务、文化程度等如何，都本着真诚、尊重、友好的态度以礼相待。与人为善首先要做到平等待人。当我们认为他人与自己是平等的时候更容易做到平等待人，做到与人友善。我国社会现在处于转型期，社会的政治、经济和文化等各方面发展不平衡，社会阶层分化加速，伴随这种不平衡与分化的是各阶层成员的心态、愿望和观念的差异以及由此产生的冲突和摩擦，也影响了公民之间友善关系的建立。在与他人交往过程中要做到友善待人，应有平等的思想。他人与自己都是社会中的公民，与自己有同样的人格地位，同等的权利，在法律上享有平等的权利，都在社会中追求自己的价值。当今每个国家都在致力于实现基本教育、医疗与社会保障的平等，这种平等趋向为人们之间友善关系的建立提供了良好的条件。

尊重是友善的灵魂。尊重，对作为人格主体的尊重就是承认他人的人格尊严不容侵犯,意味着对他人内在价值的肯定。我们期望他人能够承认和肯定自己的价值和尊严,就要先承认和肯定他人的价值和尊严。对他人的尊重,就是尊重他人的人格尊严,他的自由,他的生活选择,他应有的权利。人除了有物质需求外还有精神需求,在社会中的每一个人都自然地拥有被尊重与肯定的精神性需求,这就是对尊重的价值诉求。在现代社会中,对人格尊严的尊重是所有人的普遍权利。假如这种诉求,这种权利没有得到实现,就会埋下不友善的种子。我们应该认识到在道德生活中,我们除了关切自己的亲人、朋友外,对其他人也应负有一定的道德责任,因为我们自身是有限的,不这样做就很难有满意的生活条件和环境。在公共生活中,尊重他人尤为重要。我们怀着友好的愿望,抱着彼此平等的心理,相互尊重,才有可能达到友善的关系。

宽容是友善的要义。严以责己,宽以待人是友善的重要体现。一个人总有需要别人帮助的时候,平日里对他人的宽容,对他人差异性的包容,遇到矛盾能够主动反思自己,做到友善相处,当自己需要帮助的时候自会有人伸出援助之手。社会成员的差异性使得宽容成为必要。宽容就是要包容他人与自己生活方式、价值观、信仰的不同,接纳他人,但这个包容和接纳是在道德原则之内对多样性的包容和接纳,不是对不道德行为的默认。世界上没有完全相同的两片树叶,每一个人都有自己独特的个性,差异性使得尊重和宽容成为必要。宽容就是以平等的对话方式来对待差异性,表现在人与人之间,不同的思想观念之间的平等和尊重的对话,人与人交流上的理解、体谅心态,对不同于自己的他人行为、他人观点的容忍与理解。宽容的深刻含义就在于,对别人所信赖的事物又能想到它有合理之处,对自己认同的对象也能抱审慎的态度。

礼让是友善的表现。礼让是一个人心怀"恭敬"而表现出来的行为方式,亦是评判一个人道德文化素养高低的尺度。礼让是在人际交往过程中,不违背社会法律和道德规范的前提下，与他人发生冲突时的主动谦让、避让。它是一种舍己为人、以礼待人的美德。"礼让"是对人友善的外在表现，是一个人道德修养的体现。礼让是一种谦让的精神。谦让首先是自己要谦虚，不妄自尊大，不骄傲自满，遇利能辞让，治学能下人。只有如此，才能不断进步，有所作为。谦和礼让，表现为对人恭敬，尊敬他人，理解他人，看到他人长处，虚心向他人学习，是促使自己走向成功的重要方面。谦和礼让体现了儒家所倡导的严于律己、宽以待人的优良品德，谦和礼让的结果必然是人与人之间的友善和谐。而在应作出道德行为时的退让不叫礼让，所谓"当仁不让于师"就是这个意思。

互助是友善的核心。善绝不仅仅是友好的态度和善良的内心，友善更应是当他人遇到困难时的出手相助。人类是合群动物，一开始就靠着合作互助，结成群体才发展至今。帮助他人，扶危济困，是友善的内涵之一。志愿者活动，慈善事业的日益发展及其机制的日益完善体现了人们越来越强的帮助他人，扶危济困的心理。在社会生活中，公民怀着互助的精神，相互帮助，形成团结互助的民族凝聚力，对社会的和谐稳定发展有重要意义。

三、友善美德必不可少

善一直是人类永恒的价值取向，友善美德归根到底是由人的本质和人性的善所决定的，是因为人有精神需要，需要道德规范来调节人与人，人与社会的关系。伴随着改革开放进入攻坚期，社会转型进入深水期，我国发展不平衡矛盾加剧，公共领域空前拓展，社会结构更趋复杂，人际交往日益频繁。与此同时，由于人们利益多元和观念多样，人际交往冲突不断，冷漠暴戾现象时有发生。当人际矛盾日益突出、公共生活的道德开始弱化时，人们对友善的渴望便与日俱增。友善是社会主义核心价值观的基本内容之一，它是构建和谐人际关系的道德纽带，也是维护和谐社会秩序的道德基础，在社会生活中发挥着至关重要的作用。

友善源于人们对善的追求本性与对社会的需求本质。友善就是与人为善，友善待人，源于对善的追求，同时也是善的外在表现。善是人们心中的信仰，是人们彼此尊重、友好、理解宽容、言行适度、严守约定的原则。人只要是人性的生存，就必然是追求道德性的存在，个体就应具有善能力。道德与善在本质上是直接统一的。道德的直接目的就是求善，追求善的目标是道德的独立价值。善的本质在于合目的性、合利益性、合规范性。善永远是人类道德生活的主题。与人为善，是顺应道德发展规律而在人际交往中的必然要求。友善是人们心中善念的外在表现，是每一个人都应具备的素质和品质。人是社会性的存在，现实的个人都具有社会性，都具有交往、合作和归宿等各种的社会性需要，这是友善得以被需要和被追求的基点。人的社会性主要表现为三个方面，首先是群体性。人是具有群体性的，正如古人所说天时不如地利，地利不如人和，"人和"就是说在社会中与人和平相处，与人为善，能够团结，同心协力等。在今天我们则简单明了地说成团结就是力量。其次是交往性。人只能是生活在社会中的人，在社会生产过程中人们必定产生交往的需要。交往是人类在谋求生存繁衍，发展生产力，进行社会生产的过程中自然产生的，交往性是使人之所以成为人的重要特性。友善是人与人交往过程中应遵循的道德规范。最后是合作性。人之所以成为万物之灵，就在于人能够在谋求生存和发展过程中建立与他人的联系，形成分工协作、相互依存的秩序。没有合作就没有个人和社会的发展。社会合作体系是一个规范的体系，是绝对自在自为的，向善和相互之间的友善是公共认可的规范，参与到这个体系中也是公民的义务。人的群体性、交往性、合作性直接要求人在交往中要做到平等相待、尊重他人、互相帮助、宽容待人等，这些就是友善的内涵。

第二节 利他是友善的第一前提

从人性角度分析,每个人都同时存在利己情感和利他情感,利己是建立在合理的个人利益基础上,维护公民个人正常需求的基本,利他是个人对他人、集体、国家的真诚奉献,维持公民正常社会活动的基本,此二者存在紧密联系。而"友善"美德讲求推己及人的情感迁移、慎思明辨的理性反思,讲求理解包容、信任互助的社会人际关系,讲求塑造阳光积极、稳定团结的社会风尚。因而,"友善"内含了奉献利他的精神实质和互助共赢的实践目的。

一、善待他人是利他基础

善待他人包含了一视同仁的理念,体现了尊重他人的态度,内涵了礼尚往来的意义,是当今公共领域人际交往和谐友好的前提条件,更是利他的基础内容。

遵循人际交往的礼仪是善待他人的表现。礼仪可以说是一种最基本的行为准则,它常常被人们称作人际交往的通行证,人与人在交往过程中遵循一定的礼仪规则,是善待他人的表现。我们在人际交往中应该遵循的礼仪规则主要是指个人的日常基本礼仪,它分为两部分:第一,言语礼仪,它是有声的礼仪;第二,仪态礼仪,它是无声的礼仪。不管是有声的礼仪还是无声的礼仪,他们都是礼仪的重要组成部分和待人友好的元素。说话其实是一门艺术,我们都听过这样一句箴言:"良言一句三冬暖,恶语伤人六月寒。"我们与他人交谈时要有礼貌,要注意自己的用语,不要说脏话、粗话,更要学会换位思考体察对方的心情,使说话的内容切合语言环境,不要胡言论语。当然,除了遵循这些言语礼仪,还要遵循仪态礼仪。展现友好的最大法宝便是微笑,微笑可谓是拉近人们心灵距离的一剂良方。不过,在交往中光有笑容是不够的，有得体的举止也是很必要的。在日常生活中，未敲门就破门而入、未经他人同意就随意拿别人的东西、用肢体恶意碰撞他人等都是十分不友好的举动，会使他人对自己的印象大打折扣，甚至造成与他人之间的摩擦与冲突。

遵守人际交往的道德是善待他人的准则。道德规范是人们在一定社会关系中理应遵循的善恶准则，一个能够严格遵守道德规范的人显然更可能善待他人。因为一个遵守善恶准则的人会具备一定的明辨是非的能力，他即使不为善，也至少不会为恶，与别人相比，他就具有更大的与人为善的可能性，所以"遵守人际交往的道德规范"能够顺理成章地成为善待他人的一个要求。不同的领域有不同的道德规范，根据公共生活、职业生活和家庭生活这三大领域，我们把道德规范分成了三类，分别是社会公德、职业道德和家庭美德。在家庭生活中，我们遵循尊老爱幼、男女平等、家庭和睦等行为规范，认为这是善待亲人的表现，因为这些家庭规范中蕴藏的尊敬、关爱、平等、和谐等元素无不映射出友善的理念。善待亲人是善待他人的一个方面，不过对于个体来说，公共生活中的人际交往才是主打，所以遵守人际交往的道德规范主要是指遵守公共生活中的道德规范，即社会公德。社会公德倡导的文明礼貌、爱护公物、保护环境等具体规范以最大的程度昭示了友善精神，在这些道德规范中，友善的对象已经从人跨越到自然，透露出现代意义上的自然友善。职业生活中的职业道德，它其实和家庭美德、社会公德一样，从自己具体的道德规范中投射出了善待他人的理念。

恪守人际交往的法律是善待他人的底线。善待他人从来不是没有原则、没有禁忌地对他人友善，它有着自己不可逾越的鸿沟，这条鸿沟便是法律，法律准则就是友好背后的警钟。马克思说过，"法典就是人民自由的圣经"，从这句话中我们应该有所领悟，我们要懂得公民虽然有行为的自由，但这种自由是在一定限度内的。在我国，遵守法律是公民的基本行为准则，人际交往自然也不例外,因此,善待他人决不能打破法律的藩篱,只能在法律许可的范围内。法律和道德都具有规范作用,不过二者存在一定区别,道德是一种柔性约束,更多地强调自律,所以"遵守道德规范"是善待他人的一个要求,是应当而不是必须。可法律自形成起就是命令性的规范,它是一种刚性约束,所以"恪守法律准则"是善待他人的底线,是必须而不是应当。

二、帮助他人是利他核心

帮助他人是化索取为施予的窗口,是化干戈为玉帛的桥梁,是化冷漠为温情的纽带,是将友善付诸行动的重要表现,更是利他的核心内容。

提供力所能及的帮助是帮助他人的基本。友善不管是作为核心价值观,还是作为道德规范、道德品质,它都是知与行的统一体。纯粹静态意义上的友善是不能称之为真正的友善的,真正的友善应该是静态与动态的结合,这也就是说友善不能停留在脑海中或口头上,它更应该付诸行动。相友相济的友善诉求是早就存在的,只不过传统社会友助的对象是熟人。今天,友善的对象发生了深刻变化,我们面对更多的是素未谋面的陌生人,但友助并不能因为对象的变化而终止,相反,在这个被陌生感充斥的社会里,友助显得更为必要。在当今社会,每个人都应该自觉地将友助的对象从熟人过渡到陌生人,并且从基本的行动做起,即从给人提供力所能及的帮助开始。在日常生活的绝大多数情况下,我们给人友助其实都只是举手之劳,比如给人让座、替人指路、帮人提东西等,这些都是十分简单的友善之举,并不超出个体的能力范围。向他人提供力所能及的帮助就是一种助人为乐的行为,这种行为重走心,而不以量的多少去衡量,俗话说"赠人玫瑰,手有余香",我们在帮助他人的同时也收获了自我快乐和满足。

肩负理应承担的责任是帮助他人的提升。给人友助不仅表现为向他人提供力所能及的帮助,还表现为能够肩负自己理应承担的责任,这要求人们有一种责任意识，并能够把这种意识自觉地贯彻到实际行动中。肩负理应承担的责任意味着人们要做好自己分内的事，并把关心他人和关心社会当作自己的义务，这对于社会来说就是一种善。社会的良性运行需要每个成员各司其职，做好自己该做的，同时能把促进社会和谐当作自己的任务。人们生活在社会之中，享受着社会赋予的安身立命的良好环境，这种良好环境有利于每个成员的生存与发展，既然大家都是社会和谐的受益人，那么促进社会和谐就该由大家共同负责，就该是每个成员理应承担、不应推卸的责任。由此看来，责任与友善不可分离，友善是为了促进社会和谐，而社会和谐又需要人们自觉承担责任，因此，肩负理应承担的责任是社会主义"友善"价值观的题中之义。若我们对他人的困难和社会的冲突视若无睹，其实也正是将自己逐渐推入这种困难与冲突之中，因为将来的自己很有可能也面临相同的情况。一个安全和谐的社会，应当是每一个成员都愿意承担的社会，不然，我们都会生活在冲突和危机中。

做出自我利益的牺牲是帮助他人的升华。"友善"价值观内部呈现出阶梯式的层次性，作为其基本内容之一的"友助"也延续了这种由低至高的层次性。向他人提供力所能及的帮助无疑是"友助"的较低层次，因为这种帮助多半是举手之劳，并不会损害自身太大的利益，而做出自我利益的牺牲则属于完全的利他行为。它与一般的助人行为最大的不同就是不企求任何回报，它以帮助他人为目标，完全出于自愿，并且伴随着自身利益的损害，这种损害可能是财富，也可能是生命，总之个体极有可能因为利他而付出一定程度上的代价。"人们为之奋斗的一切，都同他们的利益有关。思想一旦离开利益，就一定会使自己出丑。"可见，利益是思想的基础，马克思和恩格斯承认了利益的合理性，并不反对人们追求个人的正当利益，但他们极力反对人们片面地追逐私利，将人与人之间的相互关系统统归结为功用关系。"友善"价值观作为思想上层建筑自然也以一定的利益为前提，但这一利益应充分考虑广大人民群众的利益，不能仅仅局限于个人利益。能够做出自我利益牺牲的友助行为，就是在践行善的友爱，它完全出自利他动机，这种行为放弃了一定的个人利益，增进了他人和社会的利益，人与人之间的关系因此才显得更加友爱和谐了。

三、成就他人是利他灵魂

成就他人内含着真诚奉献的利他精神，规定着传播正能量、遏制负能量的实践精神，是锦上添花的正面建设，更是利他的灵魂内容。

由于个人能力及时间的有限性，公民置身于众多社会活动中，活跃于各种不同的社会领域，承担着多元的社会角色，相互的帮助和成全是为个人所不可缺。"成人之美"一词出自《论语》，"君子成人之美，不成人之恶。小人反是"。意指要助人成就好事，而不能帮助人作恶。余秋雨认为，"'成人之美'也就是促成别人的好事"。这里的人，并不仅仅是指家人、友人、认识的人，而是范围极广，宽阔无边……更多是指促成良缘、介绍益友、消解误会、帮助合作等等。马克思认为："假定人就是人，而人对世界的关系是一种人的关系，那么你就只能用爱来交换爱，只能用信任来交换信任。""成人之美"以社会全体的幸福为自己的幸福的前提，以帮助他人、促成他人、成就他人为欣慰之事，最终使得社会成员更为积极主动地发挥好个人在公共领域中的责任与义务，能重塑人与人之间的和睦、人与社会之间的信任。

成就他人内含着为他人之事真诚奉献的利他精神。"正像一个有机体的健康和完善在于它所有的器官和谐地合作一样，灵魂的健康和完善在于自私和利他这两种感情的和谐合作。一个个体在他所有的倾向和感情都有利他的族类或他所在的集体的幸福时，他是善的或有德性的。德性是两种冲动之间的恰当的平衡或和谐"。在社会大机体中每一个体都在相互以情感、意念、行动感染影响着他人，能够妥善为他人之事奉献力量，能够助他人成就好事，更促成整个群体的幸福。在利他的奉献的同时，挣脱自我的牢笼，灵魂得以洗涤，集体中的平衡及与他人间的协调、自我德性的完善都悠然而至。

成就他人规定着传播正能量遏止负能量实践精神。"在迄今为止的世界历史上，只有人才会是道德的或不道德的，因而也只有人才应该对自己的举动和行为负有道德责任"。人应当对社会风气高尚与否、社会秩序有序与否、公共领域规范合乎规则与否负有责任，个人在社会大环境下也对自身所为是否有利他人、自身所言是否激励他人、自身的社会形象是否起正面示范效用负有责任。"正己而不求于人，则无怨。上不怨天，下不尤人"，端正自我而不苛责他人，规正自我而不埋怨上天，不随心所欲地依照负面情绪来选择行为，不随波逐流地依照负面舆论来选择恶习，充满正能量的自我形象和交往态度是一定能给他人带来正面效益的。"道德把握世界不是让人盲目听从外界权威、屈从于现实中的邪恶势力，而是增强主体的选择能力，动员全部身心克服恶性、培养德行，既提高自身的道德境界，又实现社会的道德理想"。

第三节　友善是赠人玫瑰手有余香的美德

友善是处理人际关系的基本准则，是公民基本道德规范，友善可以调节人与人之间的关系，尊重他人、理解他人、关心他人、帮助他人能够展现出自身良好的道德修养，赢得他人的尊重。同时，当社会公民都能以友善作为标准严格要求自身，并都能在社会生活中展示友善的一面时，人与人之间的交往就会更加紧密，社会中的矛盾与冲突都能迎刃而解，整个社会也会朝着更加和谐、美好的方向发展。友善价值观为公民正确价值观的树立提供了导向，为全社会和谐人际关系的建立提供了思想支撑，为国家的长治久安提供了道德依据。新时代践行友善价值观最主要的就是加强个人友善价值观培育，通过个人、家庭、社会等的各方努力，培育社会公民友善观念、提高友善修养，最终践行友善美德。

一、培育友善观念

友善观念的形成是一个在外部因素作用下，个体不断进行自我建构和推动的过程，在这一过程中，形成"友善"价值观的价值自觉和价值自信是必不可少的环节，这就需要对友善观念进行建构和培育，形成对友善观念的真正认同。

培育友善观念的基础是构建平和的心态，拥有平和的心态是形成友善观念的前提。公民友善价值观的培育离不开个体内在平和的心态，正所谓心平则气和。在一个人口十几亿大国的社会转型期中，构建平和的社会心态尤为重要。我们当如何理性对待收入差距问题，应当如何理性面对社会资源分配的不公，又应当如何理性地化解人际交往中的摩擦，这些问题不容小觑。社会关系的调节并非只能靠非理性的途径来实现，当下中国转型时期凸显的社会矛盾更是需要人们内在的理性平和心态，以及外在有序的制度约束共同配合的方式去进行调节。平和的心态绝不是软弱无能的体现，构建平和的心态目的是帮助公民通过理性的途径来宣泄郁积的情绪，维护自身的合法权益。比起动辄破口大骂、喊打喊杀的非理性途径，我们需要通过外在的法治建设来帮助公民诉求合法利益、实现个人价值。公民平和心态的建设首先要从人际交往中的理性做起，秉承着平等、友爱、诚信等交往原则，正确看待自己的境遇。公民平和理想心态的建设离不开传统文化的滋养，儒家的命运观就认为君子应当知命，尽心尽性，以积极的心态去顺应天命。这种命运观是积极向上的，让人心怀坦荡地接受自己的遭遇，尽心尽力、诚心诚意地去行正道。平和的心态是构建友善价值观必不可缺的心理因素，有助于有序的社会环境的构建。

　　培育友善观念的立足点是共情与同情能力的培养，拥有共情与同情能力是形成友善观念的关键。从本质上来讲，友善是一种道德情感，这种情感作为一种心理定势和倾向，能推动人们产生利他行为。与理性相比，友善情感具有先在性，是培育友善价值观的关键点。具体说来，这种关于友善的情感包括同情心和共情能力两个方面。正是对他人苦难和不幸的同情才将人们联系起来，而共情能力强的人更乐意为他人提供帮助。同情是友善的起点，有同情心不一定做出友善行为，但没有同情心就一定不会产生友善行为。同情是将个人与他人联系在一起的纽带，同情的纽带把别人的命运同我们自己联系在一起。同情是人的本性，许多人对处于灾难和不幸中的人无私贡献，在情况危急时不假思索地做出善举，根本没有对付出和收益做权衡，这种行为的产生基础就在于对别人疾苦的怜悯和感同身受。由于拥有了这种怜悯心、同情心作为心理定势，人们往往善于并乐于在特定的情境中通过道德想象力和他人易地而处，从而体会别人的苦难和困境，关心他们的需求和期待。通过这种付出，自己人生的价值和意义得到了提升，促进他人幸福的同时也成就了我们自己的幸福。这种出于善意的悲悯和同情能够将两个人的情感连接起来，使他们感到有人与他情感一致，这能使人感到极大的安慰和愉悦。

　　培育友善观念的落脚点是友善价值自觉的唤醒，拥有友善价值自觉是培育友善观念的归宿所在。当前社会，传统友善观与现代友善观，中方友善观与西方友善观相互交织与碰撞，个体如何在多元的友善观中做出正确的选择是一个艰难的过程。人们头脑中的主流价值取向绝不能是"多"，只能是"一"，这就需要个体发挥主观能动性，在激烈的价值交锋中时刻保持清醒的头脑，提高自身对友善观的价值判断和价值选择能力，形成对社会主义"友善"价值观的理性把握与认识。而自信是自觉的前提，形成对友善观念的价值自信才能落实价值自觉。个体要形成价值自信，首先要充分认识到社会主义"友善"价值观的先进性，并对其坚信不疑。个体应明白社会主义"友善"价值观不是凭空产生的，它立足于实践，是对本土优秀友善思想的传承，是对外来合理友善思想的借鉴与吸收，它继承传统又超越传统，借鉴西方又超越西方，针对现实又指向未来，因此，我们所倡导的"友善"价值观很好地实现了价值层面的超越，具有极其明显的先进性，而个体的价值自信就源于它本身有的先进性。其次，个体要看到社会主义"友善"价值观的优越性。个体应觉察社会主义"友善"价值观的强大作用，明白它是促进人际和谐的润滑剂和推动自身全面发展的精神要件，人们只有发现和肯定"友善"价值观对于自身生活实实在在的益处，才会增强对它的信奉，进而形成价值自觉。

二、提高友善修养

提高友善修养是为了更好地践行友善，个体提高友善修养可以从两个方面展开，一方面，个体可以通过道德学习来培养自己的友善品质，这是从提升自己的积极方面来提高自身的友善修养。另一方面，个体可以通过自律来约束自己的不善行为，这是从克制自己的消极方面来提高自身的友善修养。这两种途径并行不悖，个体应结合起来使用。

掌握友善知识，自觉进行道德学习，培养友善品质。外界为个体提供了多样化的学习环境，个体可以在家庭、学校或社会中接受道德学习，学习是最直观的获得友善知识的方法。个体可以通过阅读书籍、翻阅报纸、关注新闻、参与讲座论坛、反思社会生活等形式进行学习。其中最重要的方法是阅读书籍，书籍内容理性地告知个体友善知识，人们在阅读书籍之后对社会生活进行感性的反思，感性上升到理性。学习友善知识的目的一方面是为了明确怎么做才是友善的，怎么做才能成为友善的人。另一方面，是为了明确评价自身和他人行为是否友善的依据，"择其善者而从之，其不善者而改之"，知而愿意行，最终树立友善理念。个体除了要自觉向书本学习，还要向他人学习。他人指的是自己的益友，是有德者，他们是活的书本，是践行友善的榜样。个体要经常处在有德性的朋友之间，观察并学习他们的友善行为，认清自己友善践行的不足之处，对自己的举动及时做出规范和调整，从而提高自身的友善修养。学习是友善价值观培育的基础，是前提和指导，一个人学习友善知识，明确是什么，为什么，怎么做，便会愿意成为一个友善的人，会萌生出做一个友善的人的愿望。

自省友善缺失，努力做到个体自律，增强友善修养。如果说自觉进行道德学习是为了增加友善的行为，那么努力做到自律就是为了减少不友善的行为，虽然后者是从相反方向出发，但是它与前者殊途同归，克制自己不友善行为的过程实质上就是提高自身友善修养的过程。个体加强自律，首先就要对不友善的行为有准确的认识，要能够及时发现自己不友善的地方，要做到这一点，就要学会自省，自省意味着对自己的行为进行反思。个体可以利用行为的对比来进行反思，践行主体既要将自己的行为与有德之人进行对比，也要将自己的行为与无德之人进行对比，与有德之人进行对比是为了发现自己做得不够好的地方，即不足之处，而与无德之人进行对比则是为了反观自己的行为，找到自己做的不对的地方，即不当之处，所谓"见不贤而内自省"正是此理。此外，个体还可以通过"反求诸己"的思维模式来促进反思。比如当个体与他人在交往中产生矛盾与冲突时，个体要先从自己身上找原因，这种从内归因的方式就是"反求诸己"的体现，它有利于个体对自身行为进行剖析，在剖析的过程中发现自己不善的地方。其次，个体要在自省的基础上学会自讼，自讼意味着个体能进行自我批评。这需要一定的思想觉悟和勇气，个体需严格要求自己，在发现自己不友善的行为后，不要姑息它们，而应通过自我责备与批评去激发内心的愧疚感和羞耻感，先从内心约束自己。最后，要学会慎独，慎独意味着个体独处时，也能自觉约束自己的行为，这是一种更高程度的自律。其实，不管他人在场还是不在场时，个体都应该规行矩步，尤其是在独处的场合，这是考验个体是否真正友善的时刻，倘若在无人监督的情况下，个体也能谨慎不苟，克制住自己不善的言行，那么其友善的境界将会不断升华，友善的修养也会大幅提高。

三、践行友善美德

想要成为友善的人，就必须要践行友善，也就是必须要有行动。只有具有友善的行为，做了友善的事才是一个真正友善的人。友善美德的践行是具体的，个体要主动将友善美德融入自己的日常生活，既要从小处、易处入手，也要从大处、难处着手，逐步使友善的践行常态化。

从身边点滴做起，在日常生活中践行友善这一美德。友善观念本就来源人们的生活实践，植根于人们的日常生活，所以它的践行也理应回归到日常点滴中。其次，日常生活具有重复性，人们的日常活动也是相对稳定的，如果能将"友善"价值观的践行贯穿到人们的日常点滴中，转化为变动性不大的日常行为，就极易使践行友善成为人的一种习惯，提高友善的践行力度。天下难事，必作于易，天下大事，必作于细，个体从身边点滴来践行友善就是从易处和细处入手来践行友善，这意味着个体将从简单和细微的日常行为做起，比如在生活中讲礼貌，主动向他人问好等。个体从易处和细处开始践行友善是符合实际的，因为友善之举本身就有难易之分，且每个人践行友善的能力和程度又有高低之别，倘若将友善践行的起点定位过高，就会使友善失去人人践行的可能性。比如像见义勇为、无私奉献之类的友善之举就不是人人都可以轻易做到的，但日常生活中的许多小事则不同，比如在公交车上给老弱病残让座、耐心给陌生人指路等，这些简单、细微的友善之举却是每个人都有能力去做的。高尚的行为固然可以体现一个人是否友善，平凡的举动也同样能反映出一个人是否友善，并且生活中，人们面对较多的还是日常琐事，个体在这些琐事中践行友善比于艰难抉择中践行友善更为常态。但这并不是指个体就不用去投身高境界的友善实践，而是说友善践行能力及其程度的提高是一个循序渐进的过程，个体不应忽视身边的点滴，相反要遵循由易到难的原则，使落实小处成为落实大处的基础。

积极参加志愿服务，在志愿活动中践行友善。友善的践行不仅需要个体从身边点滴做起，还需要个体积极参加志愿服务活动。从身边点滴做起是每个人的举手之劳，它是日常生活中一般的友善之举，而志愿服务则是专门向他人提供帮助，是义务性的、不求回报的友善之举，后者无疑代表了更高的友善境界。虽然，在日常点滴中践行友善体现了个体行为的主动性，不过在很多情况下个体对自己顺手而为的友善之举可能浑然不知，这其实就是说个体的友善行为或许只是出于习惯化的思维和机械的日常举动。但是，志愿服务与此不同，参加志愿服务活动的个体大多具备无私奉献的友爱精神，他们对友善有着更深的理解和认同，其行为是在自身友善意识的支配下自觉进行的，这充分体现出了个体的道德自觉性，因而志愿服务代表了更高的友善境界。志愿服务是人们在落实身边的点滴后理应投身的更高境界的友善实践，个体要积极参加各种形式的学雷锋志愿服务活动，可依据自己的年龄，选择适合自己的志愿服务团体，比如少年可加入"少年雷锋团"，青年可加入"青年雷锋团"，老年可加入"老年雷锋团"等，也可根据志愿服务的承办单位，参加学校举办的志愿服务活动或社区举办的志愿服务活动等。同时，个体还需将志愿服务量化，通过量化来促使这种友善实践的常态化。志愿服务不同于日常点滴，首先，志愿服务是有条件的，个体要有一定的时间和精力才能参加志愿服务活动，这就意味着个体不能时刻进行志愿服务般的友善实践，其次，志愿服务不具重复性的特征，它不能像日常点滴般的友善之举一样在重复的基础上实现常态化。正因为如此，更高境界的友善实践才需要量化，应该注重次数的积累，在闲暇之余多多投身到志愿服务活动中去，尽力使志愿服务成为自己经常性的活动。

第四节　友善是社会最温暖的美景

"友善"价值观一直都得到人们的推崇，无论东方文化还是西方文化中，"友善"都被视为宝贵的美德。"友善"是爱的外化和拓展，是构建社会成员之间和谐关系的道德纽带，同时也是维护健康社会秩序的道德基础。它既是一种高尚的道德品质，也富含社会伦理意义，在社会生活中发挥不可替代的作用。当前，我国正处于社会主义现代化建设的关键时期，社会形态、结构都处于转型阶段，"友善"作为一种核心价值观，一方面指引人们人格的完善和公民道德素质的提高，另一方面则对社会关系与社会秩序具有一定的优化作用。友善是社会最温暖的地方，友善对于我们构建和谐社会的美好明天具有积极的指引作用。

一、友善温暖个人

友善就是指像朋友一样善良。作为中华民族优良传统文化的重要组成部分，友善作为道德品质备受推崇，是具有人文关怀的伦理观念，是社会人际交往关系和谐的关键。当前，友善具有个人美德与公民道德规范的双重身份，在协调社会成员之间和谐相处中扮演重要角色。对于个人而言，友善有利于个人的道德发展以及健康成长。

作为公民基本道德规范以及个人应具备的美好道德品质，友善有利于个人的道德发展。友善对个体的价值首先体现为友善是公民的基本道德规范。人的社会性本质决定了友善成为公民的基本道德规范。友善作为公共道德原则，要求人们在社会公共生活中维护自我权力和利益的同时，也维护他人的权利和利益。在社会公共领域中，存在公共利益、公共服务，友善作为公民基本道德规范也体现在为他人满足对公共利益和公共服务的需要创造条件。友善的公民能够在社会提供的有限利益和服务的基础上，努力协调在获取公共利益和公共服务的过程中出现的冲突，并缓解矛盾，消除出现的负面效应，保持彼此间和平共处，并且能够进一步有助于他人实现对公共利益和服务的需求。友善的一个重要作用正是，它制约和减少公民的任意行为和意外事件的发生，让每个公民在公共生活中有所节制，让公共利益和服务得以被充分享用。友善成为公民基本道德规范是人的社会性本质所决定的，在公共领域不断拓展，社会分工进一步细化，社会日益多元化的今天，友善显得更为重要。

对于任何人而言，友善都是一种重要的道德品质。公民的身份规定了任何个人都要在社会中生活，每一位公民都必须与其他公民交往，并且只有在相互交往中才能实现自身的价值。公民在社会中共同生活，有共同利益，同时也在社会生活中满足自己的需求，实现自己的利益，这样必然存在矛盾和冲突。如果没有友善的道德品质，就很难跨过差异和矛盾的沟壑，交往和合作就变得困难，个人的权利和利益也难以顺利实现，社会的正常运作就会受到影响，公共利益也很难得到充分的共享。友善既指向他人也指向自己。公民应该拥有真诚的心，成为善良的人，在公共生活中做到友善，这是公民进入社会共同生活的道德姿态。友善的道德品质促使人们在纷繁复杂的生活中，面对多元的价值观，面对不一样的人时能够主动寻求共同点，谋求彼此的认同，积极履行自己的义务。现代社会对人们的交往方式和能力都提出了更高的要求，友善的品德在人际关系中发挥着越来越重要的作用。友善是美好的道德品质，是基于人们对于友善价值的追求，它不是没有原则的人际交往的技巧，而是人与人之间为了实现友善价值的相互促进和相互帮助。友善品质还表现在家庭关系和工作关系上。在家庭中不友善，就难以和家人和睦相处，在工作上，不和同事友善相处就难以顺利开展工作。另外友善对于提高自身的道德素养，促进自身素质的全面发展具有重要现实意义。友善是一个人良好道德修养的表现。

　　作为人格发展的催化剂与人际关系的润滑剂，友善有利于个人健康成长。把友善说成是个人健康成长的良方主要是因为友善有助于建立良好的人际关系，有助于提高个人的道德修养，有助于人格的完善，在个人成才中不可或缺。友善有助于建立良好的人际关系。友善是抽象的，而平等待人、尊重他人、礼让、宽容、帮助他人等这些内涵把它具体化了，一个人能够做到这些可以说他是个友善的人，是与人为善的人。在人与人交往过程中，我们都希望得到他人的尊重和平等相待，并且是真诚守信的。人心换人心，我们若想得到他人友善相待，必须先做到友善待人。当一个人对他人友善时，往往也会得到他人友善相待，反之亦然。友善是人际关系的"润滑剂"，能够促进良好人际关系的形成。友善是一个人良好的道德修养的体现。在公共场合中，例如排队买票时的点头微笑致意，在办事过程中，彬彬有礼地询问和交谈，公交车上主动让座，等等，这些都是个人道德涵养的体现。友善有助于个人塑造良好的品德，指引人们人格的完善，对个人心理健康有重要意义。追求友善道德境界的过程就是无私奉献、追求崇高，升华人格的过程。友善是社会倡导的价值观，它符合人民的利益诉求，符合社会的发展诉求。友善有助于实现个人利益诉求，有助于实现个人价值追求，有助于实现个人发展需求。因而友善有助于个人的健康成长和发展。在竞争压力越来越大，价值观日益多元化，自我意识日益膨胀，个人主义日趋上升的社会环境下，友善价值观能够引领人们把他人当作社会生活的伙伴，以开放、求同存异的心态对待人与人之间在各个方面的差异，并且意识到公民之间的合作关系，避免仅仅强调自我权力和利益的最大化，这样有助于填充人们之间的沟壑，缓解人们之间的紧张关系，为公民实现自身权力和利益创造良好的社会氛围。

二、友善温暖社会

在社会生活中，友善价值观既是个人的行为准则，亦是公民的道德要求。人们对友善价值观的关注，说明人类道德品质发展迈向了更高的境界，是社会对道德的完善和公民交往的重视。市场经济的发展，竞争压力的增大不可避免地造成人际关系的紧张，培育友善价值观让更多的人关注友善，关心身边的人，在缓解社会矛盾与和谐社会的建设中发挥着重要作用。公民间的友善交往将为社会互信创造良好条件，把友善作为一种社会需要，大力培育和弘扬社会主义友善价值观，才能推动社会和谐发展。

友善价值观的培育有利于新时代市场经济健康发展，推动社会主义市场经济建设。我国社会主义市场经济建设已经取得了很大的成就，改革开放也进入攻坚期和深水期，社会的各项事业也取得了很大的成就，但市场经济的负面影响还是存在。参与社会主义市场的主体有生产者、经营者和消费者。友善对社会主义市场经济的影响可以从友善对这三个主体产生的影响来分析，就是对人的影响。除了对三个主体的影响，友善的社会氛围和公共秩序对社会主义市场经济的健康发展也产生重要的作用。市场经济的激烈竞争带来了人与人之间日趋严重的矛盾，友善所具有的内涵能够化解矛盾。培养友善的品质，在社会中形成友善的风气，能够减少生产者生产假冒伪劣产品，减少经营者的欺行霸市和恶性竞争。友善有助于市场秩序的维护，有助于资源的有效配置。在友善的人际关系中人们之间是相互信任的。而信任则有利于节约社会资源。假如人们之间不友善，不相互信任，使得人们在经济交往过程中，生产者、经营者和消费者之间矛盾增多，而解决矛盾的过程会消耗不必要的人力、财力等，影响了社会生产，影响了社会财富的创造，也使得已有的财富损失。矛盾和摩擦必然会导致内耗，友善能够减少这种磨擦和内耗，友善的人际关系带来的节约效益是我们不可忽视的。友善的人际关系可以使人与人之间的矛盾大事化小，小事化了，甚至化敌为友，从而可以使人们将更多的精力投到实现自身价值并创造社会财富上去。人与人之间友善的关系，带来良好的人文环境和友善的社会氛围，而良好的人文环境和友善的社会氛围可以使个体更能够感受到做人的价值和尊严，更能激发个体生命的创造力，将个体的潜能最大限度地发挥出来，可以使其积极地投入自己的工作中，进而能够更好地发展社会生产力，创造社会财富。

友善价值观的培育有利于服务型政府的建立，推动新型国家与公民关系的形成。服务型政府，就是一切以人民的根本利益为出发点，全心全意为人民服务。要求政府和各级官员坚持以人为本，努力为人民群众提供更多更好的社会公共服务，实现社会福利最大化。友善价值观倡导新型国家与公民关系，强调公民间互信友爱，为建设服务型政府提供思想和道德基础。友善价值观的培育有利于政策制定者树立"以人为本"的思想。友善价值观的培育倡导人与人之间公平相处，互相尊重，要求政府在制定大政方针时从群众的角度出发，去体察民情民意，从身边的小事出发，多关注与群众生活息息相关的大情小事，关注人民最直接的利益获得。做到从群众中来，到群众中去，以顺应民意为目标，以实现最广大人民的根本利益为愿望，在制定政策时，将民生问题放在首要位置。在日常工作中，多让群众监督，利用大众媒体等手段征集人民意见，对工作加以改进。关注最直接问题，真正满足广大群众需求，尽可能解决实际困难，将更快更好地解决人民群众的需求作为政府工作的最终目标。友善价值观的培育有利于国家公职人员改善服务态度。友善作为公民基本道德规范，倡导人与人之间相互尊重、宽容友爱，这些同样适用于群众与政府工作人员之间。政府工作人员在办公时，多换位思考，多以宽容之心看待需要帮助的群众，减少与群众之间的矛盾。日常工作中，政府工作人员不能带入个人情绪，厘清自身职责，摆正自身位置，积极为群众服务，处理好与群众的关系。友善价值观的培育还有助于政府工作人员提升自身道德素质，热爱生活，热爱群众，与群众之间互信互爱，友善相处。

友善价值观的培育有助于政府加强公共服务。服务型政府不仅要直接给人民谋福利，还要间接为人民行方便。群众的生活离不开政府的公共服务。不管是与所有人相关的教育、医疗还是工作、社会福利等等各个方面，政府都应该尽可能地为群众提供便利。无论是物质方面还是精神方面，政府公共服务都有所涉及，友善价值观的培育为政府加强公共服务提供方向，细致入微地关心群众生活，实实在在地提高人民生活水平。这些都对建立服务型政府有巨大的推动作用。

友善价值观的培育有利于社会和谐发展，推动社会主义和谐社会的建设。和谐反映事物之间及事物内部各要素之间多样性统一的关系范畴。和谐表征的是天人、人际、身心关系的相通契合，统一状态，是人们一直追求的一种理想境界。友善的人际关系既是社会主义和谐社会建设的一部分，也是能够促进社会主义和谐社会建设的一个重要因素。友善的人际关系就是人际的和谐，是和谐社会的一个重要标志和建设环节，友善的人际关系和社会主义和谐社会两者是相互促进、共同推进的。中国传统文化崇尚"和"，"和为贵"的思想成为传统道德的一个重要观点和基本原则，"家和万事兴""和气生财"等就体现了这个原则。如何才能达到"和"呢？在现代社会，和谐说的就是"和"，社会的和谐要求人与人之间要友善，友善应成为每个人为人处世的原则。友善有利于社会主义和谐社会建设主要体现在友善有助于建立良好的人际关系，有助于改善不良的社会风气，有助于消解社会心理矛盾，有助于社会成员的团结和互助。激烈的社会竞争和日益多元的社会价值观带来的差异性，个人主义的增长是造成人际关系紧张的几个重要因素。前面提到友善的内涵有平等待人，尊重他人，拥有真诚的心，宽容礼让为先，相互帮助等，因而友善能够帮助人们建立良好的人际关系。现在社会上存在着注重功利，追求金钱，过分追求个人利益，地方主义，小团体主义等不良的社会风气和心理，这些不良社会风气需要倡导友善价值观来进行改善。人们在知识背景、能力、兴趣、外在条件等方面有差别，自然造成了社会群体的分化，社会的分层。在这种背景下，社会成员的心态在某些地方某些时候会出现失衡，比如仇富心理，浮躁的心理，对公共利益的漠视等。要消除这些不良社会心理就要构筑社会成员之间通达的桥梁。倡导和培育友善价值观，能够帮助人们以积极阳光的心态看待其他社会成员和社会现象。友善就是要真诚，不欺骗，心胸坦荡，守信，以宽容之心对待差异，在交往过程中传递爱心，相互帮助，团结他人。友善能够让人在浮躁的社会中追寻生命的意义，寻求人与人之间真挚的情感。

友善是对他人的友好与善良，是构建社会成员之间和谐相处、美好生活的道德纽带，是自爱与他爱的完美结合，体现的是一种和美精神，能够帮助人们正确处理义利关系，推动社会公平公正，促进社会和谐。改革开放三十余年来，我国市场经济体制日益成熟，政治体制不断革新，国际话语权日益提升，整个社会总体呈现良好的发展态势。但是，在迈向现代化的进程中也逐渐呈现出个体化的特征，一方面是个体性和主体性的日益增强，另一方面却是人际关系的日益疏离。倡导友善，可以消除人与人之间的隔膜、冷漠、欺诈、报复等不良心态，引导人们和平共处。培育友善价值观是个长期的系统工程，必须建构长效机制以推动其顺利进行。总之，友善社会建设任重而道远，它不可能一蹴而就，需要个体、社会、国家的共同努力。只有人人都努力培育和积极践行"友善"价值观，才能促进新时代社会的和谐与善治。

第九章　自信才能赢得未来

自信方可赢得未来。自信，是走向成功的伴侣，是战胜困难的利剑，是通向理想彼岸的舟楫。有了它，就迈出了成功的第一步；有了它，就走上了义无反顾的追求路。自信心对于国家发展进步、个人成长成才具有至关重要的作用，它是关涉事业成败的关键要素，因为自信心代表着主体对象的自我认同，以及对客观事业的具体感知。当党和国家拥有高度自信心时，才能引领人民群众坚定对于中国特色社会主义的道路自信、理论自信、制度自信、文化自信；而人民拥有自信心，才能更好投身于新时代中国特色社会主义强国建设、民族复兴与个人成长成才。因此，我们要始终坚信，自信才能赢得未来，自信方可获得成功。

第一节　相信自我才能迈出成功的每一步

自信，是个人对自己所做各种准备的感性评估。相信自己行，是一种信念。自信本身就是一种积极性，自信就是在自我评价上的积极态度。没有自信的积极，是软弱的、低能的、低效的积极。人以其主观性的优异可以主宰世界，那么人生中自信自强将对人生的发展方向起到决定性的作用。自信自强主要表现在生活中自己面对自己的那些薄弱环节所表现的心理状态，而好的心理状态将帮助自己跨过这些薄弱环节所造成的沟壑，当一个人面对着阻拦在他面前的困难时，拥有自信及自强能力的人要比那些没有自信的勇气而放弃的人，生存的概率要高很多。人无完人，也就是人生必定存在艰难的一部分，而拥有自信自强将大大提高你跨过这些困难的概率，而当自己把困难全都甩在身后时，那么人生的发展将进入一个坦途无垠的时期。

一、自信的基本含义

（一）自信的科学内涵

自信的词源解释。自信是一种积极健康的心理品质，它来源于英语"self-confidence"，从字面意思来看，即对自己的积极肯定与确认。自信在中文中解释是：自己相信自己。英语（自信）的解释是：Believe that one is right on something or that one is able to do something. 可见两种不同语境下的词源解释存在巨大文化差异。"自己相信自己"是一个比较模糊的概念，相信什么呢？需要完全地相信吗？英语的解释要明确一些，只要你在某件事情上认为自己是对的，或者认为自己能做某件事就可以拥有自信。讨论自信需要知道我们的文化在构建词语的同时也构建了人的内心真实，因为人是通过语言来思考的，语词既帮助人也限制人对问题的描述与分析。而现代语境下对于"自信"的基本概念有着多种解释，较为权威的定义将自信视为"正确认知自己和评价自己，相信自己有能力并通过不断的努力实现既定的奋斗目标"。自信又分成个人自信和社会自信。个人自信指个人对自我发展、自我完善、自我命运充满信心、抱有积极向上的态度；社会自信则是个人自信本质的反映，表明个人对社会的未来和前途持乐观积极的态度。

自信的心理学解释。从心理学角度来看自信是一种个体相信自己能力的心理状态，就是相信自己、信任自己有能力实现自己预期目标的心理倾向，它建立在正确的自我认知的基础上，是积极自我意识的心理健康表现。在心理学中，与自信心最接近的是班杜拉（A.Bandura）在社会学习理论中提出的自我效能感（self-efficacy）的概念。自我效能感指个体对自身成功应对特定情境的能力的估价。班杜拉认为，自我效能感关心的不是某人具有什么技能，而是个体用其拥有的技能能够做些什么。班杜拉认为，在某一情境下，决定自我效能感的四个主要因素：第一，行为成就。效能期望主要取决于过去发生了什么；以前的成功导致高的效能期望，而以前的失败导致低的效能期望。第二，替代经验。观察他人的成败，可以对自我效能感产生与自己的成败相似的影响，但作用小一些。第三，言语劝说。当你尊敬的人强烈认为你有能力应对某一情境时，自我效能感可以提高。第四，情感唤起。高水平的唤起可导致人们经历焦虑与紧张，并降低自我效能感。

（二）自信的常见误区

我们虽然需要大家变得自信，但是切记不可盲目的自信，自信过犹不及，盲目的自信会使我们变得自大，变得自负。关于自信我们常常有三点误区：一、有自信就一定能成功。成功是由各种各样的因素促成的，而很多人认为有了自信就一定能成功，而不去认真努力，最终当然一败涂地。所以自信是成功的必要因素而不是唯一因素，还有恒心、决心、正确的方向等因素，但成功没有最重要的因素。二、自信是成功的副产品。并非成功才有自信，而成功最多能激发一个人的自信，而自信不是成功的副产品，有许许多多的人成功前都经历了无数失败，难道说他们没有自信吗？还有许多人以没自信为由而逃避某些事，这只是人们逃避责任的一种理由或受自卑心理影响太大所致。三、越自信越好。过度的自信叫自负，不仅对你没有一点帮助，而且会损害你自己。发现自己的长处，是自信的基础。但在不同的环境里，优点显露的机会并不均等。例如，有些学校注重文化课，成绩好的优点就显露，而体育好的未必被人看重；换成体校，情况可能就恰好相反。因此，我们在评价自己的时候,可以采用场景变换的方法,寻找"立体的我",这样我们可能会意外地发现,自己原来有很多优点与长处。

二、自信的四层维度

自信作为一个心理学、社会学、伦理学等多学科的复杂概念,具有多层维度,并且层层递进,在不同层次上对个人发展具有不同影响。首先,自信的第一维度是自尊自强。自信的前提基础是自尊自强,自尊从通俗语义上来讲就是个体的尊严感、荣誉感。所谓自尊又分成个体尊严与集体尊严。保持做人的尊严,就要讲人格、重气节、守法纪、通情义,主要是勇于坚持和追求真理,敢于在实践中检验和发展真理,能做到亚里士多德所讲的"吾爱吾师,但更爱真理"。集体尊严从宏观角度来说,就是作为中国人的尊严感,在这个层面上需要相信我们这个站起来的民族是大有希望的,是一定会走在世界前列的,尤其要有做一个中国人的民族自豪感和自尊心,以热爱和建设祖国为最大光荣,任何时候都牢记振兴中华、强盛祖国的民族责任。其次,自信的第二维度是自立。自信是对自己充分肯定时的心理态度,是战胜困难取得成功的积极力量。而自立是在对自信作出力所能及的不依靠他人劳动或帮助的能力。无论自信与自立产生何种关系,发挥何种作用,重要的是在人生的发展中,它们是人们赖以生存的个性品质和自身价值得以实现的至关因素。人总是在自立的基础上建立自信,从竞争的环境中寻找获胜的机会。可见,没有自立作充实基础的自信是盲目的自信,现实中的生活、工作,乃至事业的成就和成功也是茫然的。对于学生而言,无论现在在校学习,还是将来走向社会或参加工作,自信与自立都将伴随他们一生发展的事业和生活中,对他们的前程和幸福将起到极其重要的作用。再次,自信的第三维度是自我实现。自我实现是指个体的各种才能和潜能在适宜的社会环境中得以充分发挥,实现个人理想和抱负的过程,亦指个体身心潜能得到充分发挥的境界。美国心理学家马斯洛认为这是个体对追求未来最高成就的人格倾向性，是人的最高层次的需要。自我实现从其产生过程上来讲，是行为增力作用上相互矛盾对立的业绩经验感与自我实现需要（属于荣誉心理），在意识过程中的"优越责权意识"的作用下得以相互平衡结合，所形成的一种士气状态。因而自信不仅仅是人的内在的心理活动和隐而不显的心理素质，也不仅仅是精神的兴奋剂和动力源，而且要以自我实现的方式，由隐至显，来实现人的理想和抱负、价值和才干。最后，自信的高级维度是树立科学有效的价值观念。自信不能只停留在完成某项任务时个体的精神状态之中，而应潜移默化地根植于主体本身，成为长期影响个体思想观念与行为方式的价值导向，这个层次上的自信有更充实的内容和更丰富的意义。具体来说，价值观、人生观、世界观是影响个体一生的精神资源，因而自信经由自尊自强、自我实现两个环节之后，将会升华成为主体内在的价值观念，长期有效深入影响着个体发展。

三、自信与成功的逻辑联系

自信彰显在我们的举手投足之间，这是从内而外渗透出来的一股力量，形成的一种气场。自信是潜藏在我们内心的一种无形的资本，造就了我们的个人品牌，使我们赢取别人的信任，在商业中制胜。当然，自信不是空中楼阁，它必须是建立在我们对自己的把握和对自己的态度上面。

（一）自信是成功的强大推动力

自信对主体具有强大激励作用。古往今来，成功人士所具备的共同特质就是高度自信，这足以证明自信是成功的强大推动力、信心是人取得成功的力量源泉。因为自信对主体有着强大激励作用，能够使得主体从情感与行为各个层面积极认同自身、主动接纳自己，从而催生出积极进取、谋求成功的自觉意识与坚定的自我信任感。在个体奋斗过程中，自信能够推动个体不断攻坚克难、克服缺陷，从而勇往直前。

自信能够充分激发个体潜能。自信心不同于自负，这是由于自信心根植于主体对自身的理性认知，因而能恰当地评价自己的个人能力、性格特质与自身缺陷等内在因素，相信自己各方面都有可取之处，还能够看到自己各方面还有很大的潜力可挖和发挥，从而坚持不懈挖掘自身潜能。

自信能够推动个人取得成功。自信，是个人对自己所作各种准备的感性评估。自信它能促进成功。相信自己行，是一种信念。自信不能停留在想象上。要成为自信者，就要像自信者一样去行动。我们在生活中自信地讲话，自信地做事，我们的自信就能真正确立起来。面对社会环境，我们每一个自信的表情、自信的手势、自信的言语都能真正在心理上培养起我们的自信。广义地讲，自信本身就是一种积极性，自信就是在自我评价上的积极态度。狭义地讲，自信是与积极密切相关的事情。没有自信的积极，是软弱的、不彻底的、低能的、低效的积极。自信是发自内心的自我肯定与相信。自信无论在人际交往上、事业上还是在工作上都非常重要。只有自己相信自己，他人才会相信你。自信是对自身力量的确信，深信自己一定能做成某件事，实现所追求的目标。把许多"我能行"的经历归结起来就是自信。

（二）成功能够助推自信发展

自信与成功具有双向联系，自信有助于个体取得成功，而成功的实践则会反过来增进个体自信。一次成功的实践源于多种要素，既包括主体能力、条件支持等外在要素，还包括个体心态、自信心等内在动因，因此成功实践是内外因共同作用的结果。而该实践的成功足以证明个体主观能动性与外在有益要素对于主体发展具有积极作用，因此成功能够助推自信发展。成功对自信的助推作用在现实生活中体现得尤为明显，即当我们在一次演讲比赛中获得鲜花与掌声，并收获荣誉时，我们就有了继续参与该类活动的信心与勇气，甚至我们会在不断积累经验、获得自信的过程中成为该类活动的评审人员。这种情况在日常生活中数不胜数，但我们应充分警惕偶然失败而导致的自卑感、挫败感，以及高度自信而产生的自负心理，因为缺乏自信则会过多关注自身缺点，容易自卑、灰心丧气和自我怀疑；过分自信则享受自身所处环境的优越感，容易骄傲自大、自以为是；最佳自信则能基于自身能力确定目标，对事物形成正确认知，正确评价自我。

第二节　自信需要能力与梦想比翼齐飞

自信是一种个体对自我能力的积极肯定与评价，它对个体自身的发展和成长有重要作用。一方面，自信是一种心态，影响个人的行动与思想。有益于充分调动自身的积极性、能动性和创造性，以形成自身的驱动力，激发个人的潜在能力，使其得到良好的发展，易于我们获取成功；另一方面，自信是个体成长成才的内在需求，是相信自己有能力去实现目标的心理倾向。有益于我们建立积极情绪，在面对困难与挫折时能依据客观现实，正确而理性地看待自己、处理问题，从而增强个体适应社会的能力。

一、能力是自信的基础要素

马克思认为人的能力是综合素质的集中体现，要注重人的体力、智力和能力相结合，从而成为全面发展的人，它不仅包括智力、体力的充分自由发展，也包括人的才能、道德品质等多方面发展，因为只有个体的全面发展才能促进社会的全面协调发展。同时，要注重先天能力的运用和后天能力的培养，合理利用每个人的先天优势结合后天培养来提高应对不良情绪的能力，还要重视每个人的潜力，自身的潜力一旦被激发可转化为一种受自身控制的现实能力。由此可见，主体能力包罗万象，其构成要素复杂多元，而个体的能力则构成自信的基本要素，自信心更多源于主体对自身能力素养的高度认同，在此层面上可以说能力是自信的基础要素。

　　自信固然重要，但若想达到目标，还必须有能力。能力是自信的前提，有能力就不怕比较、了解与选择。如果说自信是成功所必要的精神支撑，那么能力就是成功不可或缺的必备条件。培养自信是比较容易的，当一个母亲每天无数次地跟孩子说："你真聪明，真棒，真能干……"时间久了，这个孩子会变得无比自信，甚至是盲目自信，也可能有一天可能会被真正的挫折彻底打败。当员工们总是谄媚地向领导大放浮夸的赞美之辞，这个领导会自信心爆棚，自我欣赏和自我认可度也会很高，但是有一天可能会突然发现，他已被无意义的褒奖腐蚀掉能力。作为行走的荷尔蒙，我们总是在跑道上异常兴奋，异常自信，一次一次想要挑战自我，可是当不能正确评估自己身体状况和实际能力时，经常会发生受伤和意外，从而自信心大大受挫。因此自信要以能力为前提条件，通过完善的个人能力激发其创造性、主动性与积极性，从而促使主体能有效自我调控、自我激励，怀着乐观自信、肯定自我的心境，把思想由内化向外化升华，具体表现化为自身行为，最大限度地挖掘自身潜能、发挥自身优势。

　　没有建立在实际能力和客观情况上的自信都是盲目的，几次挫折后带来的可能是难以治愈的自卑。所以，在树立自信的同时，能力的培养必不可少。"我相信我能做到！"这句话并不是自带魔力的咒语，他需要付出不断的努力，转化成获得的能力，才能最终实现这个神奇的"咒语"。对于跑步来说，我们体会得更深。三分的自信加七分的努力才能成就一个自信的人。当我们崇拜那些全马轻松取得成功的精英时，当我们在喊着"总有一天我也能做到"的口号的时候，请一定记住，在那些精彩成绩的背后是用努力换取来的能力！是成功带来的自信。成功并不是一件容易的事，相信自己会成功，那么你已经成功了三分之一。剩下的三分之二也会在不断努力地提升能力之后自然到来。因此完善的能力素养能够正确引导主体认识自我、评价自我、肯定自我，提升自信和增强自豪感，既不妄自菲薄也不沾沾自喜，并且推动主体养成具有独立性与积极性的健康人格，培养执着的进取精神、丰富的道德情感和健康的心理素质，使他们能够自觉克服自卑心理，提高心理调节能力，促进个人道德品质和身心健康的协调发展，从而实现个体全面发展。

二、梦想是自信的重要导向

梦想，是对未来的一种期望，指在现在想未来的事或是可以达到但必须努力才可以达到的情况，梦想就是一种让你感到坚持就是幸福的东西，甚至可以视其为一种信仰。中华民族伟大复兴的中国梦、与个人成长成才的梦想，都为国家发展与个人幸福指引方向、激扬力量、召唤未来。站立于国家发展的高度来说，伟大梦想是照亮民族未来的火炬。世界上很少有哪个民族像中华民族这样，历经苦难与辉煌；也很少有哪个国家像中国这样，在持续奋斗中，始终坚持着同一个梦想。中华民族伟大复兴的中国梦，点燃亿万中华儿女团结奋斗的澎湃伟力，汇聚成昂扬奋进的时代旋律。为了这个梦想，近代以来，亿万中华儿女为之魂牵梦萦，几代仁人志士为之上下求索，终于走到了最为接近梦想实现的今天。而立足于个人发展来谈，梦想又成为无数个体不断前行的精神动力，梦想代表着个体成长的奋斗目标，因此推动着我们奋勇前进。在时空场域中，梦想代表着时间纵轴上的最后一环，但现实空间中的梦想是与众多要素相互牵涉的，自信则是其中之一。

梦想是自信的重要导向，因为自信的人们都有充沛的梦想，能够为自己设定远大目标，而这就成为不断提升理想信念、增强个人自信的风向标。人有梦想，不代表就会成功；人有自信，也不代表就会成功。如果将这两样结合在一起，成功的终点站仅与你差一步之遥，因此梦想与自信成为个人成功的助推器。当我们根据自身优势与个人期望明确梦想之后，我们就会不断为之努力，这种努力更多侧重于了解该领域的基础知识、最新动态，并且积极参与相关实践，这些前期努力都会让我们更为全面地认知梦想，也能够在前期体验过程中更为坚定梦想，而细致充分的准备工作将会极大增强实现梦想的自信心。成功要有梦想与自信。也许有人做不到，但要用内心的镜子折射出自己的优点，发现缺点，用自信来弥补它。取长补短，理所当然。那些有梦想，有自信的人，都有一座心中的煤矿。当你向最终的目标挖去时，梦想的宝藏就在眼前，自信心愈来愈多，再努努力，成功就会呈现在你的眼前。在成功与失败之间，勇于挑战，就是成功的彼岸；而失败者缺乏坚持一下的自信与勇气，屈服暂时的困难，在成功向他招手时，放弃迈向成功的一步，自然失去了一切。当自卑、愚笨推翻你生活一切时，人们必将讨厌你。反之，自信、追求包围在你身边时，你便和成功者相提并论。我们的心灵有一块没开垦的地区，一份梦想，一份执着，就会将自信的火种种在柔嫩的心田上。这种子装载我们的梦想，它就生根，发芽，开花，长成参天大树。让我们从现在起拥有一份梦想和一份自信，成功就会离我们越来越近，美好的岁月将铭记我们难忘的成长时光！

三、树立正确的自信观

正确的自信是建立在个人能力的基石之上的，自信需要以能力为前提，以梦想为助力，二者相辅相成，这样才能树立正确的价值观，建构正确且合理的自信心。而梦想就如一粒种子，开花结果自有规律。我们会带着自己的梦想不断地与社会碰撞，从而不断地磨砺自己的梦想，不断地调整自己的梦想，最终变成现实的目标。梦想永远建立在能力与自信之上，只有被现实磨砺过的梦才可能被实现，只有建立在能力基础上的梦才能成功，只有依托于自信的梦才能成真，才能化为你手中的钻石，否则就只是天上的星辰，绚烂却不可及。

人的一生没有一帆风顺的坦途。当你面对失败而优柔寡断，当动摇自信而怨天尤人，当你错失机遇而自暴自弃的时候……你是否会思考：我的自信心呢？其实，自信心就在我们的心中！只要你拥有自信，只要你在不如意时想到自信，自信心就是一种立竿见影特效药，定会医治内心的伤痛。无论你面前是铺满鲜花的幽径，还是荆棘丛生的山谷，你都应勇敢地走下去。要知道痛苦的进取同样会带来自信，只有信心百倍地去追求、去奋斗、去拼搏，才会抓住幸运的机遇，不会留下终身遗憾。朋友，相信自己吧，满怀信心地走完漫长的人生之旅吧！很多故事都告诉我们，自信需要能力与梦想比翼齐飞，二者缺一不可。

第三节 文化自信是最深沉最基本的力量

文化是一个国家、一个民族的灵魂，是中华民族伟大复兴中国梦的精神基因与价值滋养，是我国屹立于世界舞台的重要软实力。而文化自信是"更基础、更广泛、更深厚的自信"，增强文化自觉与文化自信，是坚定中国特色社会主义道路自信、理论自信、制度自信、文化自信的应有之义与关键所在。党的十八大以来，以习近平同志为核心的党中央高度重视文化发展，致力于建设文化强国，为我国文化建设做出了高瞻远瞩的战略规划，这展现了中国政府与人民的精神志气，提振了中华民族的文化自信。而我们提倡的"文化自信"有其深厚根基，是可以真正践行的。因为，我们有优秀传统文化的底蕴，也有在中国革命、建设、改革的伟大实践过程中孕育的革命文化和社会主义先进文化。这种在优秀传统文化基础上的继承和发展，夯实了我们文化建设的根基，奠定了我们文化自信的强大底气。

一、新时代文化自信的生成逻辑

随着中国经济社会的不断变革及全球化进程的不断加深,势必会产生与以往不同的发展趋势和时代要求,这是每个社会演变都会经历和面对的。当前我国正处于多元文化交织、矛盾和摩擦频繁发生的环境下,如何在这样的时代背景下继续推动国家经济的繁荣发展以及民族的兴旺,文化有着不可估量的作用和影响。文化自负和文化自卑均无法适应当前的时代要求,只有高度的文化自信才能为国家的发展和民族的兴旺注入持续的动力。可见,文化自信理念的提出是时代的需求,是中国发展的呼唤,也是在中国特色社会主义形态下,人民群众做出的创造性、历史性的选择。

(一)文化自信的本源

我们应当清晰地意识到当代中国的发展进步是文化自信的"大本大源"。从总体上看,自信心的不断增强,是当今时代中华民族精神风貌的显著特点。我国经济的崛起、科技的进步、国际影响力的增强等,正赢得世界越来越多的关注,并增添国人越来越多的自信。然而,提到当代中国文化,一些人似乎缺少底气,不那么自信。的确,与硬实力的迅速提升相比,与历史上中华文化在世界文化格局中所曾达到的高度、产生的影响相比,当代中国文化建设仍然任重而道远。但是,我们在看到这种现实紧迫性的同时,还应看到经济、政治、文化等的深层交融,看到文化软实力对硬实力提升的推动效应。文化作为精神成果,来自实践,又反作用于实践。这里的实践,不仅仅是指文化建设的实践,经济建设、政治建设、社会建设、生态文明建设的实践等都包含着文化创造,是已有文化成果、文化条件发挥作用的具体实践。当代中国发展进步的实践进程,离不开看似无形却真切存在的文化力量的支撑和推动。同时,这种发展进步也为文化的新发展奠定了物质基础,积累着精神能量。抽去文化的因素,无法全面讲清"中国奇迹";离开当代中国发展进步的整体进程,无法透彻把握当代中国文化发展的客观现实。我们应从中国特色社会主义建设的大格局中看到其中所体现的文化力量、所具有的文化意义，读出应有的文化自信。当代中国的发展进步，是支撑当代中国人文化自信的"大本大源"。

我们要坚定文化自信本质上是对社会主义先进文化的自信，当代中国的创造性实践，是中国特色社会主义伟大实践；当代中国的文化自信，本质上是对社会主义先进文化的自信。增强这种文化自信，不仅要细看中国特色社会主义建设的大格局，还要细看近代以来中华文化的历史变革，看中国特色社会主义文化建设的现实进程，看当代中国不断增强的、指向未来的文化创新能力。中华文化曾在世界文化史上尽得风流，但近代以来也曾在旧制度中根芽渐萎，在西潮冲击下花果飘零。扭转这一困局、实现中华文化浴火重生的，是中国共产党领导的新民主主义革命和以马克思主义为指导的新文化。正如毛泽东同志所指出的："自从中国人学会了马克思列宁主义以后，中国人在精神上就由被动转入主动。从这时起，近代世界历史上那种看不起中国人，看不起中国文化的时代应当完结了。伟大的胜利的中国人民解放战争和人民大革命，已经复兴了并正在复兴着伟大的中国人民的文化。"这种复兴，是中华文化朝着民族的、科学的、大众的社会主义文化方向前进的历史性变革和新生。

中国特色社会主义文化建设的实践成效，在文化事业发展、文化产业壮大、公共文化服务体系构建以及文化市场体系日趋完善等方面，都有着鲜活而具体的体现。一系列人们津津乐道的数据，记述着我国文化软实力和国际竞争力不断增强的步伐，吸引着世人的关注和评说。但是，较之各种各样的数据而言，更有生命力、更富深远意义的，是国人文化意识的普遍觉醒与中华民族整体文化素质和文化建设能力的历史性提升。这种意识、素质和能力，是中华民族实现文化复兴必不可少的条件。从历史前行的这一基础和态势中，我们更有理由树立和增强文化自信。

（二）文化自信的底气

那么我们文化自信的底气所在何处呢？中山大学文化研究所所长、教授李宗桂指出，中华优秀传统文化是我们民族的"根"和"魂"，是海内外中华儿女构建中华民族共有精神家园、增进文化认同和价值认同的最大公约数。同时，它也是我们走向世界、拥抱世界文明的价值根基，是中华民族对人类文明的重要贡献。在和平与发展成为时代主题的今天，中华优秀传统文化是我们与其他国家平等友好交往的重要精神资源，是我们树立和增强文化自信的底气所在。中华优秀传统文化具有崇高的价值追求，中华优秀传统文化，是中华民族在长期发展中形成的价值观念、理想人格、思维方式、伦理观念、审美情趣等。习近平同志指出："中华文明绵延数千年，有其独特的价值体系。"这个独特的价值体系包蕴着丰富的文化内涵和深刻的价值理念。对这些文化内涵和价值理念的概括和评价，人们自可见仁见智。但经过认真思考的研究者和实际工作者都认同习近平同志的见解：要认真汲取中华优秀传统文化的思想精华，深入挖掘和阐发其讲仁爱、重民本、守诚信、崇正义、尚和合、求大同的时代价值。应当说，这六个方面的内容是中华优秀传统文化的核心价值。与这六个方面的核心价值相辅而行的，是道法自然、天人合一、为政以德、和而不同、自强不息、厚德载物、天下为公、义以为上、知行合一、己所不欲勿施于人等重要思想观念。这些思想观念体现了中华民族独特的智慧和力量，在中国传统社会和中华民族发展进程中起到了重大推动作用。直到今天，这些思想观念仍然具有治国安邦、安身立命的重要精神价值。

在中华民族数千年的发展历程中，以优秀传统文化为标识的中华文化积淀着中华民族最深沉的精神追求，为中华民族发展壮大提供了丰厚滋养。以爱国主义为核心，以团结统一、爱好和平、勤劳勇敢、自强不息为价值取向的中华民族精神，成为多元一体的中华民族和中华文化生生不息的精神动力。"正德、利用、厚生、惟和""为天地立心，为生民立命，为往圣继绝学，为万世开太平"，格物致知、诚意正心、修身齐家治国平天下，这些彰显中华特色的价值追求，为中华民族挺起精神脊梁、善用外部条件，实现国家长治久安、民众安身立命提供了基本思维模式和价值理念。中华优秀传统文化蕴含顽强的奋斗精神。中华优秀传统文化的一个重要方面，是自强不息的奋斗精神。《周易》所讲的"天行健，君子以自强不息"，是我们民族的文化基因；"天地之大德曰生""苟日新，日日新，又日新"，这些古代经典里的基本理念，是对我们民族自强不息精神的提炼。值得特别关注的是，自强不息精神往往通过在艰难困苦中磨炼抗争并最终取得胜利而彰显。司马迁在《报任安书》中阐述："西伯拘而演《周易》；仲尼厄而作《春秋》；屈原放逐，乃赋《离骚》；左丘失明，厥有《国语》；孙子膑脚，《兵法》修列；不韦迁蜀，世传《吕览》；韩非囚秦，《说难》《孤愤》；《诗》三百篇，大抵贤圣发愤之所为作也。"这些事例是中华民族志向高远、坚忍不拔的典范。正是在这种自强不息的人文精神激励下，中华民族在无数的艰难坎坷中始终奋力前行，并不断创造新的文化辉煌。中华优秀传统文化与社会主义核心价值观息息相通，为社会主义核心价值观提供精神滋养，社会主义核心价值观是对中华优秀传统文化的创造性转化和创新性发展。我们讲文化自信，应深刻地看到这一点，从而更好地找到文化自信的价值基点。

今天的中国，思想文化领域可谓绚丽多彩；今天的世界，经济全球化、文化多样化是潮流所向。面对此情此景，我们要树立和增强文化自信，大力践行社会主义核心价值观、弘扬中华优秀传统文化，立好自己的"主心骨"，挺起中华文化的"精神脊梁"。在此基础上，还应借鉴吸纳世界各国文化的优长，以成就中国特色社会主义先进文化。对此，费孝通先生的文化价值观可以作为思路，这就是："各美其美，美人之美，美美与共，天下大同。"之所以倡导这种思路，是因为这种思路背后的历史文化支撑是古代经典《中庸》所主张的"万物并育而不相害，道并行而不相悖"。这种文化价值观的本质是"和而不同"，也是我们树立和增强文化自信应坚持的一个基本理念。

二、文化自信的提升路径

文化自信是一种坚定的信念，是对自身文化元素的自信、对自身文化特性的坚守、对自身文化价值的肯定、对自身文化生命力的信任。在新时代，坚定文化自信成为中国特色社会主义发展的重大时代课题，我们应高度重视文化自信的战略意义，找准问题、精准发力，从而多措并举有力提升我国文化自信。以此通过对中华民族五千年不断延续的历史文化的认同，对马克思主义理论指导下形成的中国特色革命文化的肯定，对契合时代特质的中国特色社会主义先进文化的内化。要巩固文化自信，并积极借助世界舞台，持续推动中华文化走出去，在多元文化的碰撞交锋中彰显文化自信。

（一）巩固社会主义意识形态，强化文化自信

马克思主义作为我国主流意识形态，是中国从站起来到富起来，再到强起来的各个历史时期所共同遵循的指导思想，是指导社会各方面建设的有力思想武器，是强化文化自信的重要思想武器。全面把握马克思主义文化观，并将其科学运用于我国文化建设的具体实际，有利于巩固马克思主义在我国意识形态领域的指导地位，明确我国文化发展的基本走向。

中国共产党是一个具有高度文化自觉和自信的政党，在革命、建设、改革的各个时期肩负着推动文化建设繁荣发展的历史使命，在不断深化认识和具体实践中，形成了中国特色社会主义理论体系，为新时代的社会主义强国建设，实现中华民族的伟大复兴提供了宝贵的经验与启示。而意识形态工作是党的一项极端重要的工作，事关党的前途命运，事关国家长治久安，事关

民族凝聚力和向心力。当今世界正经历百年未有之大变局，我国正处于实现中华民族伟大复兴的关键时期。特别是进入新时代，我国意识形态形势日益错综复杂，意识形态安全面临严峻挑战。要落实意识形态工作责任制，注意区分政治原则问题、思想认识问题、学术观点问题，旗帜鲜明地反对和抵制各种错误观点。我们必须把意识形态工作的领导权、管理权、话语权牢牢掌握在手中，任何时候都不能旁落，否则就要犯无可挽回的历史性错误；意识形态工作一定要把围绕中心、服务大局作为基本职责，要胸怀大局、把握大势、着眼大事，找准工作切入点和着力点，做到因势而谋、应势而动、顺势而为；要做好宣传思想工作，增强阵地意识，巩固马克思主义在意识形态领域的指导地位，巩固全党全国人民团结奋斗的共同思想基础，以此巩固提升文化自信。

（二）弘扬中华优秀文化基因，增进文化自信

中华优秀传统文化是中华民族集体智慧的结晶，是中华民族灵魂深处的积淀，应发掘和阐释中华优秀传统文化的精神核心，把其历史意义和现实价值有机结合；革命文化是中国共产党领导人民群众在艰苦奋斗的过程中孕育出的不怕牺牲、英勇无畏的精神，也是中国人民近现代以来积累的宝贵的精神财富。文化自信就是对中国传统文化底蕴的坚定信念，与近代革命文化中的价值资源充分挖掘、合理利用，从而丰富文化自信的深厚内涵。

首先，在不断促进中华优秀传统文化创造性转化、创新性发展中树立和增强文化自信。一个民族的文化自信与其传统文化有着密切关系。丰厚的、创造过辉煌历史的文化遗产，是一个民族文化自信的重要依据。中华民族拥有五千多年文明史，我们的祖先以其特有的勤劳和智慧创造了灿烂的文化，留下了丰富的精神遗产。这是我们树立和增强文化自信的重要来源。中华优秀传统文化不是失去生命的历史文物，也不是只需原封不动地传下去的"传家宝"，而是取之不尽的文化富矿。当前，它仍然存在于人们的现实生活和心灵世界里。我

们不仅要从中汲取文化滋养，而且要努力促进其创造性转化、创新性发展，让这份遗产焕发新的生命力，成为当代中国文化肌体的重要内容。所谓创造性转化，是指按照时代特点和要求，对传统文化中具有时代价值的内容和形式加以改造，赋予其新的时代内涵和现代表达形式。所谓创新性发展，是指按照时代发展的要求，对中华优秀传统文化的内涵加以补充、拓展、完善，为其增添新的内容。传统文化的创造性转化和创新性发展，有利于增强国人的文化自信。

其次，在学习近代革命文化、了解中国共产党人理想信念中涵养文化自信。中国的革命文化主要包括延安精神、雷锋精神、航天精神等。这三种精神代表了我国不同时期的革命精神。延安精神是科学的革命斗争精神，是中国人民在特殊的历史条件下形成的彰显革命气节的文化，也是中国人民为实现社会主义和共产主义战争的最后胜利而树立的崇高理想，强调忠于祖国、不怕牺牲的战争精神。在社会主义建设时期，我国文化硕果累累，毛泽东同志号召向雷锋同志学习。雷锋同志秉承为人民服务的宗旨奉献了自己的一生，他不仅身体力行，最关键的是他的精神永存、延续至今。新时代的雷锋精神已经成为文化自信的一部分。改革开放以来，"两个文明一起抓"的文化方针顺应时代要求，推动文化建设另辟蹊径，促进文化体制彻底改革，催生文化建设取得丰硕成果。神舟六号载人航天飞行圆满成功，这一航天事件所展现的航天精神也成为我国文化自信的重要组成部分。

（三）践行社会主义先进文化，厚植文化自信

先进文化是指面向现代化、面向世界、面向未来的，民族的科学的大众的社会主义文化，其价值取向是有利于个人、家庭、国家、全人类的和谐与全面协调可持续发展，使人们在心灵自由、身体健康、财富自由等方面获得最大满足，全球一体，最终实现多民族、多文化相互尊重竞争和并存而共荣，统一在唯一宇宙之下的共产主义。就新时代中国特色社会主义先进文化而言，其特指以社会主义核心价值体系为代表的价值准则。全球化潮流中面

对多元文化冲击，应加强对社会主义核心价值体系的培育，它有助于坚定意识形态立场、巩固思想统一战线以及维护国家主权完整。

中国特色社会主义事业的蓬勃发展和巨大成就，不仅增强了中国人的社会主义信念，也使世界上向往社会主义的人们增添了信心。在中国特色社会主义事业中，一个很重要的部分就是中国特色社会主义文化。它既是中国特色社会主义事业的文化体现，又对中国特色社会主义事业起着引领和推动作用。伴随着中国特色社会主义事业的不断推进和繁荣发展，中国特色社会主义文化也在不断发展与进步。特别是随着中国特色社会主义道路的确立，我们找到了中国特色社会主义先进文化发展道路，即坚持为人民服务、为社会主义服务的方向，坚持百花齐放、百家争鸣的方针，坚持贴近实际、贴近生活、贴近群众的原则，推动社会主义物质文明和精神文明全面发展，建设面向现代化、面向世界、面向未来的，民族的科学的大众的社会主义文化。培育和践行社会主义核心价值观是中国特色社会主义文化建设的重大战略任务，也是当代中国人文化自信的重要来源。经过长期探索，从构建社会主义核心价值体系开始，我们形成并明确了社会主义核心价值观的基本内容，在全国兴起了培育和践行社会主义核心价值观的热潮。现在，社会主义核心价值观得到人民群众的广泛认同，正在转化为人们的自觉遵循和行动。这进一步增强了我们的价值观自信和文化自信，有助于在多元思潮中保持政治定力、坚定文化立场、提升文化自信、加强文化独立。

（四）积极助推文化产业发展，巩固文化自信

文化与经济作为社会有机体的构成要素，前者对后者具有能动作用。因而中国特色社会主义文化发展能够助推产业兴旺，文化产业化则是产业振兴的推动力量。通过刺激文化消费，拉动经济增长，为新时代文化强国建设提供物质保障。

从努力实现文化事业与文化产业双轮驱动、比翼齐飞中增强文化自信。

中国特色社会主义文化建设是一个系统工程，大体上可分为文化事业和文化产业两个基本方面。这两个方面犹如车之两轮、鸟之双翼，相辅相成、缺一不可。我们党从战略高度和全局视野，制定推动社会主义文化大发展大繁荣的战略方针，作出全面部署，促进了文化的繁荣发展。党的十八大以来，我们坚持社会主义先进文化前进方向，坚持把社会效益放在首位、社会效益和经济效益相统一，深化文化体制机制改革，在推动文化事业全面繁荣、文化产业快速发展方面取得显著成效。我国哲学社会科学、新闻出版、广播影视、文学艺术事业不断发展；公共文化建设全面加强，公共文化服务体系不断完善、服务效能不断提高；文化和科技进一步融合，新型文化业态得到发展，文化产业的规模化、集约化、专业化水平不断提高，日益成为国民经济的支柱产业；文化治理体制和文化生产经营机制进一步完善，现代文化市场体系不断健全，文化市场进一步繁荣；文化领域进一步对外开放，文化走出去战略取得实质性成效等等。所有这些都壮大了我国文化软实力，提升了我国文化竞争力，为我们树立和增强文化自信提供了源源不断的动力。

（五）系统整合外来有益文化，拓展文化自信

马克思主义文化观将资产阶级开创的世界文学看作历史趋势，揭示了精神生产的世界性，这为多元文化的交流借鉴奠定了理论基础。"各民族的精神产品成了公共的财产。民族的片面性和局限性日益成为不可能，于是由许多种民族的和地方的文学形成了一种世界的文学"。

当今世界进入了一个多层次、多元化问题交融的历史阶段。仅仅依靠单个国家、地区或者仅依靠单一的政治的、经济的或者科技的方法手段，已经无法解决世界面临的动态开放的复杂发展问题。这需要总结人类文明发展的历史经验，预测人类全球化的共同未来，指出一条全新的途径。新时代应将本土优秀文化资源与外来有益治理方案统筹于发展过程，在充分发挥本土资源优势的同时，以开放心态包容多元文化，积极借鉴世界各国文化发展的有

益成果。文明交流是不同文明形态的社会主体之间,以平等友好的态度进行双方或多方的对话、交往、借鉴与融合。文明交流只能在文化自信的基础上开展。只有对自己的文化有充足的自信,才能客观地认识不同文明的特点、把握人类文明发展的大趋势,才愿意去推动不同文明间的平等对话和交流,从而自觉主动地去理解、学习、借鉴和汲取其他文明中的优秀成分,更好地促进自己文明的发展。因此,新时代中国特色社会主义文化自信应坚持世界眼光,充分借助中西优秀文化资源,形成科学有效的乡村文化治理方案,以此增强我国在处理国际文化问题中的话语权,为我国走近世界舞台中央奠定认同基础和支持力度。

文化兴则国运兴,文化强则民族强,文明特别是思想文化是一个国家、一个民族的灵魂。无论哪一个国家、哪一个民族,如果不珍惜自己的思想文化,丢掉了思想文化这个灵魂,这个国家、这个民族是立不起来的。正如习近平所说:"站立在960万平方公里的广袤土地上,吸吮着中华民族漫长奋斗积累的文化养分,拥有13亿中国人民聚合的磅礴之力,我们走自己的路,具有无比广阔的舞台,具有无比深厚的历史底蕴,具有无比强大的前进定力。中国人民应该有这个信心,每一个中国人都应该有这个信心。"因此我们应坚定中国特色社会主义的文化自信,它积淀着中华民族最深沉的精神追求,代表着中华民族独特的精神标识。它铸就着中华民族之魂,是有力推动中华民族伟大复兴中国梦的不竭力量源泉。

第四节　自信方可赢得未来

自信方可赢得未来。自信是人生道路上的不竭动力,缺乏自信可能导致在失败中不断循环往复。而有自信,才会有拼搏的激情,才有可能奋勇向前、永不退缩;自信是人生道路上的一剂良药,自信的人才会在失败中吸取教训、在苦难中收获成长，从而将自己锻炼成为一个全新的自我。因而，自信方可赢得人生精彩未来，充满自信的人有着势必成功的底气与挑战困难的勇气，会在人生路上不断创造辉煌，赢得属于自己的未来。

一、自信的力量

我们对未来的自信，源于国家面貌发生了前所未有的变化，源于人民群众从国家发展巨变中增强了获得感、幸福感、安全感，源于中国国际地位的大幅提升，源于个人综合素养的不断提升。这些都让我们对国家发展前景与个人美好未来充满憧憬和信心。因此，自信有着强大力量，是未来前行道路上扬帆起航的不竭动力。

（一）自信是强大的力量

自信是一种强大的力量，他使失败者勇敢地应对艰难挑战，能够使懦弱者变得强大。一个人成功与否，并不在于他拥有多少资源，多好的环境，而在于他是否自信。从古论今，哪一个伟人不是自信地生活着，勇敢地应对生活的挑战，才造就伟大的事业。因而自信是强大的力量，这充分体现在三个层面：首先，自信是健康的心理状态，自信心是相信自己有能力实现目标的心理倾向，是推动人们进行活动的一种强大动力，也是人们完成活动的有力保证，它是一种健康的心理状态；其次，自信是成功的保证，是相信自己有力量克服困难，实现一定愿望的一种情感。有自信心的人能够正确地、实事求是地估价自己的知识、能力，能虚心接受他人的正确意见，对自己所从事的事业充满信心。再次，自信是承受挫折，克服困难的保证，自信心是一种内在的精神力量，它能鼓舞人们去克服困难，不断进步。高尔基指出："只有满怀信心的人，才能在任何地方都把自己沉浸在生活中，并实现自己的理想。"战胜逆境最重要的是树立坚定的信心，自信心可以使人藐视困难，战胜邪恶，集中全部智慧和精力去迎接各种挑战。

自信是人生路上不可估量的动力源泉。自信是"会当凌绝顶，一览众山小"的气魄；自信是"天生我材必有用，千金散去还复来"的豪情。人生，短暂也罢，漫长也好，需要我们用心去感悟，用心去品味。佛家说：一叶一菩提。农夫讲：一花一世界。各领风骚，各具韵律。人生一世，草木一春，没有人在生命的所有季节里不受到一丝严寒酷暑、风霜雨雪的侵袭。只是在相同的景况下，每个人不同的心态决定了自己的人生成败。人世沧桑，几多悲欢，一帆风顺的能有几人？恩恩怨怨，坎坎坷坷，没有人能够不应对，弱者在泪水中沉沦，强者在磨难中拼搏。岁月如奔流的溪水，一去不返；亦如天际的那片白云，飘走得无声无息。季节的轮回，是自然的规律，不容你改变，但人生的四季，却能够留住春天的葱茏。强者不必须是胜利者，但是胜利者必须都是自信的人。

（二）自信是奋斗的力量

在实现中华民族伟大复兴的关键时期，大力培育新时代中国人民的奋斗精神，引导他们将"奋斗"作为自我人生最亮丽的底色，推动新时代中国人民接力奋斗、永久奋斗，是新时代发展的客观要求，也是个体成长成才的主观需要。而自信是人生奋斗的重要力量，人生需要目标，有目标才有奋斗，有奋斗才有充实感。要充实必定要自信。人生并非是一帆风顺，永无波澜，它是一条充满艰辛坎坷、曲折，充满挑战，充满挫折的旅途。当新的一天又到来时，你是否把自己定格在忙碌中？当太阳升起时，你是否把握住那每一缕阳光？有目标有自信的人，在忙碌中依然能感受太阳的温暖，依然能嗅出生活的七彩光环，因为只有自信才能体验出人生的内涵。人生充满自信才能拼搏奋斗、勇往直前，因此自信是奋斗的力量。自信是对自己正确评价后所产生出来的一种坚定的自我信任感，它可以激励人们为自己选择一些难走但又是必经的人生之"路"，并义无反顾地走下去。在拼搏奋斗道路上，自信推动着我们披荆斩棘，不畏前行、克服阻碍。

（三）自信是创造的力量

自信人生，万象更新。我们坚信，"自信创造感动，创新创造奇迹"，就只待朝夕。自信就是对某种理念、行为、事业等的自我信任，是在价值认知基础上的内在动力源泉。自信与否决定了个人在工作中是被动还是主动，是守旧还是创新，是得过且过还是满怀激情，是疲于应付还是勇于承担。个人自信是一切自信的基础，是提高工作效率的强大动力。在践行"万象精神"中坚持个人自信，就是相信自己有胜任工作的能力，相信自己在公司的地位和作用不可取代，相信自己的才能与公司平台相结合可以创造奇迹。有了个人自信，就会以饱满的激情投入工作，注重细节，不畏困难，不找借口，创造感动。自信作为人的心理素质的核心内容之一，是人最基本的内在品质，是创新创造的关键力量。自信是个体本身蕴含的一种巨大能量，它不但是人格的重要组成部分，更是创新创造、赢得成功的前提条件，在一定程度上是指导个体行为的思考方式，会影响整个人格的健全发展，它的获取过程需要个体的主动学习、开拓创新。它可以化为个人行为的内在动力，充分发挥主观能动性，不断积极进取。倘若一个人内心有了成功的自信，就会时常保持最佳状态，全身心倾注在追求的目标上，并不断拓展思路、获得成功。

二、自信开创美好未来

自信，是个人可贵的品质，是国家发展的基石，它对个体一生的发展，无论在智力上还是体力上，抑或在处事能力上，都有着关键性的作用。新时代的中国人民作为社会的中流砥柱，肩负着国家繁荣、民族振兴的神圣使命，其综合素质的高低，直接关系到祖国的未来、民族的希望。因为我们需要树立理性的自信观，用自信开创美好未来。

（一）自信赢得个人未来

自信是生命的基石、人生的根本。拥有自信，你才能像海燕一样，在暴风雨来临时无所畏惧勇敢搏击；你才能在人生的征途上昂扬奋进，拼搏进取，创造辉煌。当有一天蓦然回首时，你的回忆里才会多一些色彩斑斓，少一些苍白无力。自信让你把激情岁月描绘成一幅难以忘怀的人生画卷。自信是人生的太阳，它将永久照耀着你的人生之路。只有自己肯定自己，相信自己，才能让别人不敢轻视你，你才能登上生命的最高峰，俯视群峰，生命的春天才会在你心中永驻。虽然春天里也有凄风冷雪，风霜尘埃，但只要你在这春天里，努力去实践你肩负的职责，心中的理想，一路轻盈地前行，坚定你的信念，人生就会在你面前展开新的天地。自信，终将成为你人生路上披荆斩棘不可估量的力量源泉！

自信是个人成功的前提，你拥有自信，就拥有成功的一半机会。一个人如果下定决心做成某件事，那么他就会凭借意志的驱动和潜意识的力量，跨越前进道路上的重重障碍，所谓有志者事竟成。其实"塑造一个完美的自我"，这个目标人人都能够实现，只要你意识到自己是大自然的一分子，树立起征服前行路上艰难困阻的勇气，这种坚定的信心能帮助你创造和谐的心理、生理韵律，建立起自己理想的自我形象，就能够体现出自己人格行为就应具有的魅力。自信的力量往往是惊人的，它能够改变恶劣的现状，造成令人难以置信的圆满结局。因此我们凡事就应想远点才好，淡化痛苦，超然洒脱，就能意外增添几许欢乐。人生中，用不着事事求别人理解，也用不着事事都思考别人怎样说，你不欠别人一个解释，别人也未必理解你什么，只要有颗永恒的自信心，就应为自己的前程而执着。如此想想，你就坦然简单了许多，我们不必期望每个梦想都能成真，不必在乎每一个得失和错漏，不要总是想着自己得到没有，因为人生，不可能总是精彩。生活原本就是多样化的，快乐，痛苦，失望，忧伤，都是一次一次选取的阅历，一次一次人生的体验。只要不丧失自信，推开窗，窗外的天空永久是一片蔚蓝。日月星辰给每个人的光明都是平等的，不要怨天尤人，更不要意志消沉，要相信，当你的汗水洒过之后，就会有沉甸甸的果实挂在人生的枝头。只要你昂起头，就能够寻觅到属于自己的那片天空，只要你肯弯腰，就能够采摘到自己喜爱的花束，命运就握在你自己手中。

（二）自信开创国家未来

随着中国特色社会主义进入新时代，我国国内外形势正在发生深刻而复杂的变化，我国发展仍处于重要战略机遇期，前景十分光明，主要表现为我国取得全方位、深层次的发展成就，即经济建设取得重大成就、全面深化改革取得重大突破、民主法治建设迈出重大步伐、思想文化建设取得重大进展、人民生活不断改善、生态文明建设成效显著、强军兴军开创新局面、港澳台工作取得新进展、全方位外交布局深入展开、全面从严治党成效卓著。这些多领域的巨大成就也巩固夯实着中国人民对于国家的深度认同。但与此同时，我国面临的风险挑战日益多元，这对新时代中国人民坚定"四个自信"提出了更高要求。因此新的时代条件下，我们更应提升自信、登高望远、居安思危，勇于变革、勇于创新，永不僵化、永不停滞，以永不懈怠的精神状态和一往无前的奋斗姿态，继续朝着实现中华民族伟大复兴的宏伟目标奋勇前进。

首先，坚定道路自信，开创国家未来。中国特色社会主义道路是实现社会主义现代化、创造人民美好生活的必由之路。道路自信，是中国共产党带领中国人民决胜全面建成小康社会，实现社会主义现代化的基石。坚定中国特色社会主义道路自信，有利于明确党的执政方向，有利于强化广大人民群众对中国特色社会主义道路的认同、帮助人民树立为实现社会主义现代化而奋斗终生的信心和决心。因此，全党全国各族人民要深刻领会道路自信的科学内涵，对道路自信有清醒认识，始终保持积极向上、开拓进取的精神状态。其次，坚定理论自信，开创国家未来。中国特色社会主义理论体系是指导党和人民实现中华民族伟大复兴的正确理论。我们要加强理论自觉，深入学习马克思主义经典著作，深刻感悟马克思主义中国化的历史进程，深切认同中国特色社会主义理论。当前，理论自信的重点在于深入学习贯彻习近平新时代中国特色社会主义思想。它是党的十八大以来以习近平同志为核心的党中央治国理政的集体智慧结晶，是马克思主义中国化的最新理论成果，我们要系统深入学习其思想精髓，掌握主要理论成果和丰富内涵，厘清这一科学理论体系的内在结构和发展主线，以此更好地指导实践，并在实践中继续发展和完善中国特色社会主义理论体系，使其保持持久的生命力和强大的解释力。其次，坚定制度自信，开创国家未来。中国特色社会主义制度是当代中国发展进步的根本制度保障。中国特色社会主义制度是党和人民在长期实践探索中形成的科学制度体系，是当代中国发展进步的根本制度保障。只有坚定制度自信，才能使之更趋完善、更加有效，才能推动中国特色社会主义事业不断发展、行稳致远。最后，坚定文化自信，开创国家未来。中国特色社会主义文化是激励全党全国各族人民奋勇前进的强大精神力量。文化自信是中国特色社会主义建设的重要精神引擎，一个国家的文化自信就是本国人民对于以价值观和信念为核心的本国文化的确信和坚守。新时代下，全面建设社会主义现代化国家，必须坚持中国特色社会主义文化发展道路，增强文化自信，围绕举旗帜、聚民心、育新人、兴文化、展形象建设社会主义文化强国，发展面向现代化、面向世界、面向未来的，民族的科学的大众的社会主义文化，激发全民族文化创新创造活力，增强实现中华民族伟大复兴的精神力量。在多种意识形态、价值观念、异质文化的交流和碰撞中，我们更应发挥文化自信的基础作用，为国家发展提供精神滋养。

　　使命呼唤担当，使命引领未来，立足于新时代中国特色社会主义快速发展、不断向前的今天，自信对于国家富强、民族振兴、人民幸福具有重要价值意义。中国人民应坚定"四个自信"，并加强个人自信，书写无悔于时代、无愧于自己的人生华章。从而在习近平新时代中国特色社会主义思想的伟大实践中,在党的坚强领导与个人顽强奋斗下,不断奋进,凝聚起同心共筑中国梦的磅礴力量!

后　记

　　随着对社会主义核心价值观认识的深入，大家越来越认识到党的这一重大理论创新成果的重要性，越来越认识到社会主义核心价值观必须和中华优秀传统文化相结合的紧迫性，越来越认识到用社会主义核心价值观滋养人们行为的必要性。"文运同国运相牵，文脉同国脉相连"。我们正在进行强国建设和民族复兴的伟大事业，需要凝聚起强大的精神力量，作为身处这一伟大时代的理论工作者，我们在培育和践行社会主义核心价值观方面肩负的责任重大，使命崇高。《中华优秀传统文化与社会主义核心价值观研究》是作者对这一时代主题回应而贡献的智慧和汗水，虽然我本人对于这一重大理论和现实问题进行了长期的思考，阅读了学界的一些研究成果，获得了稍许心得，也一直有在这方面做些事情的冲动和想法，但总觉得有力不从心之感。习近平文化思想为我深入思考这一时代课题指明了方向，提供了世界观和方法论。中华优秀传统文化博大精深、社会主义核心价值观内涵深刻，如何把这两个方面有力有效地融合起来是一个宏大的系统工程，需要理论界和实践部门的共同努力，由于作者本人知识储备、学术视野、写作水平等多方面原因的限制，书中观点难免有疏漏、偏颇之处，敬请大家海涵谅解，批评指正。

　　这本书能够顺利出版，离不开甘肃省社会科学院书记、院长李兴文同志，副院长王俊莲同志、董积生同志，纪委书记王琦同志的大力支持，离不开社科院科研处刘玉顺等同志的关心支持，兰州大学马克思主义学院研究生田春晖等同志在资料搜集、校对书稿等方面为本书的出版付出了艰辛的努力。

　　本书完稿之时，恰逢我本人工作发生了较大的变化，我从工作了20多年的党校调任到甘肃省社会科学院工作，感谢组织多年的培养和教育，愿以此书作为小小的礼物以志纪念。

2023年12月7日